Fernando Pessoa
Vida e obras do engenheiro Álvaro de Campos

Fernando Pessoa
Vida e obras do engenheiro Álvaro de Campos

EDIÇÃO **TERESA RITA LOPES**

global
editora

Vida e obras do engenheiro Alvaro de Campos.

ITINERÁRIO – ÍNDICE GERAL

Agradecimentos **9**

Preâmbulo de Teresa Rita Lopes **11**

Símbolos, abreviaturas e outras convenções **21**

Iconografia inaugural **23**

Posfácio **423**

LIVRO I
O ENGENHEIRO SENSACIONISTA
31

LIVRO II
O ENGENHEIRO METAFÍSICO
189

LIVRO III
O ENGENHEIRO APOSENTADO
309

APÊNDICE
Fragmentos das "grandes odes" **391**

Esboços, rascunhos, fragmentos **405**

Na fronteira entre duas autorias **415**

AGRADECIMENTOS

Além de agradecer aos autores das edições que tomei como referência, que, mesmo quando deles discordo, me prestam o serviço de ter palmilhado e explorado o mesmo campo, assim como a Michael Howard, autor da bela foto de Tavira (p. 25), deixo um particular abraço de gratidão para a minha amiga Clarinha (Maria Clara Seabra), que desde há três anos me acompanha nas trabalhosas mas também jubilosas aventuras pessoanas que já deram vida a quatro livros, contando com este.

PREÂMBULO DE TERESA RITA LOPES

Pessoa escreveu que Campos «é a personagem de uma peça. O que falta é a peça.» (65-10). E também, textualmente, que «o dramaturgo é o máximo do poeta» (76-84). É conhecida mas não levada a sério a afirmação pessoana de que cada um dos seus heterónimos constitui um drama e, todos juntos, outro drama. Escreveu também Pessoa que tinha previsto a «evolução» da cada uma dessas personagens, e que pensava publicar esses livros com os seus horóscopos (biografias abreviadas, afinal) e, até, fotografias! E romanceou a vida das suas principais personagens através de vários textos em prosa, sobretudo «Notas para a recordação do meu mestre Caeiro», assinadas por Álvaro de Campos, pouco antes de morrer. Na célebre carta a Adolfo Casais Monteiro, em Janeiro do ano da morte, fez a biografia sucinta e o retrato físico e moral dos três heterónimos, fixando-os para a posteridade. Por isso, a esta ficção, a do livro de cada um, comecei a chamar romance-drama: é que Pessoa conta, indirectamente, a vida da suas personagens através dos monólogos que, dramaticamente, os exprimem, seguindo a tal «evolução» que declarou estar «prevista». Previu mesmo o título «Vida e obras de» (veja-se o fac-símile na p. 5), que nunca, antes destas minhas edições, foi aproveitado para designar estes livros. Que «todos juntos fazem outro drama» é interacção que não podemos esquecer – Pessoa referiu-se mesmo a essa «entre-acção» – apesar de não ter organizado a peça que, juntos, compõem (já o tentei várias vezes: são inesgotáveis as possibilidades).

Por tudo isto, organizar estes livros como as anteriores edições os têm apresentado é não só diminuir-lhes o alcance como, até, falseá-lo. A primeira edição, da Ática, arruma os poemas em duas diferentes gavetas: a dos que têm título e a dos que o não têm. Mas a Edição Crítica segue semelhante critério de boticário, atendendo às meras exterioridades dos poemas: sem ou com data, com ou sem atribuição... Nenhuma edição ainda respeitou a índole de ficção dramatizada que cada livro nasceu para ser. A última, de Pizarro/Cardiello, seguindo os critérios (que longamente tenho criticado) da Edição dita Crítica, desperdiçou o longo labor que, sei calcular, cada um desses livros custou às pessoas nomeadas, torna a servir-nos Pessoa em gavetinhas de boticário – por vezes gavetinhas dentro de outras gavetinhas, em notas finais e caracteres ínfimos a que nenhum leitor se sujeitará, a menos que a sua função de pesquisador a isso o obrigue.

Confesso que o meu maior prazer seria que esta série «Vida e Obras de...» contentasse Pessoa, onde quer que esteja, nessa sua ambição de contar a «vida e obras» das suas personagens através dos seus poemas, respeitando o desenrolar dessas vidas e a «evolução» da sua maneira de dizer e de viver.

A primeira dificuldade com que o organizador de uma edição de Campos se depara é a da identificação dos poemas atribuíveis, já que Pessoa se abstém, as mais das vezes, dessa indicação. Incorreremos em erro se rejeitarmos sistematicamente poemas rimados: Campos assinou vários desses poemas, até sonetos, em todas as fases da sua vida. Quanto ao verso livre, também foi praticado por Alberto Caeiro. E o ortónimo também dele se serviu em várias situações, a que poderemos chamar facetas, já que Pessoa é sempre indiscutivelmente multifacetado.

A prática do versilibrismo, por assim dizer, como disse Pessoa, começa em 1913. Pessoa atribui a Walt Whitman essa inspiração, mas creio que tal «modernice» foi sobretudo fomentada pelo Futurismo, de que Sá-Carneiro, em Paris, era intermediário. Publico, em Apêndice, um poema inédito, datado de 1913, que seria atribuível a Campos se fosse datado de um ano mais tarde. Há, contudo, que admitir que Campos já existia, em botão, antes da «Ode Triunfal», de Junho de 1914 (data indicada no final da «Ode Triunfal» que as cartas trocadas entre Pessoa e Sá-Carneiro confirmam – é fictícia a que figura na carta a Casais Monteiro, de 8 de Março). Tem havido confusão, até a EC a estabeleceu, entre poemas de Campos e alguns do ortónimo, de 1915 e 1916, como «Casa Branca Nau Preta» que não suportam essa atribuição: a linguagem aí usada é descritiva, autodescritiva: o sujeito não se exprime directamente, como Campos, fala de, enquanto que Campos, dramaticamente, se fala. (Aliás, Pessoa publicou esse poema na revista algarvia *Heraldo,* assinado com o seu próprio nome.)

É claro que é preciso fazer uso de muita intuição e bastante convívio com o autor para tentar atribuir a Campos os poemas que Pessoa lhe destinaria, se lhe tivesse publicado os dois livros, «de versos» e de «prosas», que prevê numa nota. Diria mesmo que nem Pessoa saberia sempre, ao terminar um poema, quem era o seu autor… Isso não aconteceria em relação a Ricardo Reis e Alberto Caeiro (apesar de os especialistas autores de edições pessoanas terem várias vezes confundido os seus poemas, como tenho assinalado nas minhas anteriores edições). Mas a fronteira entre o ortónimo e Campos é, por vezes, como assinalo oportunamente, muito ténue. A inclusão, no activo de Campos, de poemas como os que preferi pôr, em Apêndice, «na fronteira entre duas autorias» não comprometeria, contudo, a coerência do romance-drama que é a *Vida e Obras de Álvaro de Campos*. Porquê? Tentemos comparar as duas personagens (não esquecer que Pessoa disse, em «Autopsicografia», que o poeta era sempre «um fingidor», médium de si próprio, como afirmou ser…).

Pela descrição feita a Casais Monteiro, na já referida carta, Campos era Pessoa em edição melhorada: menos dois anos, mais dois centímetros, feições de «judeu português»… Viveu através dele a vida para que se confessou «incompetente», teve mulheres e homens, viajou que se fartou, disse todos os palavrões que a sua bem-educada timidez nunca lhe permitiria pronunciar na vida. Campos é, sem dúvida o *alter ego* mais completo da galeria pessoana. Sá-Carneiro sublinhou a simbiose dos dois, chamando ao amigo, numa carta: «Fernando Álvaro Pessoa de Campos»!

Campos seguiu a evolução de Pessoa, no que diz respeito à vida e à obra, tal como os semi-heterónimos do Desassossego. Foi Poeta Decadente, ingressou na militância neopagã e foi, mais do que Pessoa, moderno, até futurista (refere-se-lhe, numa carta a Côrtes-Rodrigues, como «Álvaro futurista»…).

Na última fase, a sua poesia aproxima-se da de Mário de Sá-Carneiro, o «Esfinge Gorda», o que diz, disfemisticamente, «arrotando Império astral». Praticam a mesma ousadia do prosaico que nunca tivera direito de entrada na poesia: Campos até escreve, para declarar que estava acabado como poeta «Puseram-me uma tampa» e especifica: como aos «penicos altos» usados na província... Sublinhe-se, contudo, que cada um mantém sempre as suas próprias feições, por mais próximos que os sintamos.

Costumo dizer que Campos é afilhado de Sá-Carneiro: que não teria mesmo existido se o encontro deste com Pessoa não tivesse acontecido.

Quando, no início de 1912, Pessoa e Sá-Carneiro começaram a praticar, epistolarmente, uma fecunda amizade de que nasceria a verdadeira poesia de ambos, Pessoa ainda era considerado, até por Mário, o «crítico da *Águia*», a revista portuense órgão da corrente Renascença que lançou o Saudosismo, capitaneada por Teixeira de Pascoais. O nacionalismo de Pessoa, empenhado num verdadeiro «renascimento» cultural da pátria, identificou-se inicialmente com os ideais dos renascentistas nortenhos mas, em breve, deles se afastou, influenciado por Sá-Carneiro que ridicularizava – como se pode ler nas cartas – o seu provincianismo.

A estada de quatro anos em Paris, cortada por vindas a Lisboa, donde fugia o mais cedo que podia, estabeleceu a ponte que conduziu Pessoa até à Modernidade, cujos ecos lhe chegavam através do amigo. Pôs-se mesmo a tencionar escrever um artigo sobre Picabia! O Futurismo dominava o horizonte cultural da época.

É curioso constatar que Sá-Carneiro só episodicamente se libertou da «gaiola» do verso medido e rimado (Campos escreveu: «como se pode sentir nessas gaiolas?!») mas de que Pessoa se evadia repetidamente desde 1913, antes do parto heteronímico.

A história desse «parto» tem sido mal contada. Pessoa, na mencionada carta a Casais Monteiro, criou uma ficção que explicaria a relação dramática das personagens do que chamou o «drama em gente», e como elas teriam nascido as três no mesmo dia 8 de Março de 1914, umas em reacção às outras. A verdade é revelada pelos textos, e vou tentar resumi-la. O primeiro «autor» verdadeiramente moderno, encarregado de escrever «cinco odes futuristas» e «poemas interseccionistas», de que nomeia «Chuva Oblíqua», foi... não Álvaro de Campos mas Alberto Caeiro, num dia não registado nesse plano mas seguramente entre Março e Junho de 1914, em que Campos veio ao mundo. E repare-se que Caeiro, nessa lista do fac-símile, já tinha escrito 42 poemas de que indica o início, para integrar a obra que intitula «O Guardador de Rebanhos». Recordemos que esse poeta moderno dá, nesse entretanto, uma entrevista no Casino de Vigo, em que mete a ridículo Pascoais e os seus! Só depois de Campos se manifestar, em Junho, Pessoa recambia Caeiro para o Ribatejo apascentar as suas ovelhas-pensamentos e redistribui os papéis, passando para Álvaro a pasta das «cinco odes» e, até, a da «Chuva Oblíqua».

É preciso, contudo, para plenamente entender a função que os heterónimos são chamados a representar, atender a algo que não tem sido devidamente levado em conta: o denominado Neopaganismo, ou Novo Paganismo Português, ou Paganismo Superior, a que, habitualmente, se não dá mais importância que aos ismos literários inventados e praticados pela dupla Pessoa-Sá-Carneiro, apostados em formar uma escola, a que Pessoa chamava «de Lisboa» (por oposição à do Porto). Como Pessoa confessa numa longa carta de Janeiro de 1915 ao amigo açoriano Côrtes-Rodrigues – dizendo ser, como ele, «um espírito religioso» –, o que verdadeiramente lhe importava era «o fim criador de civilização» da sua literatura. E o Neopaganismo tinha esse alcance civilizacional.

A sua total ruptura com o catolicismo em que fora baptizado e educado acontecera antes, quando recontactou a família judia de Tavira, descendente de cristãos-novos – como Campos! Pessoa foi assim, através dele, o judeu português que se absteve de praticamente ser mas de cujas raízes sefarditas se orgulhava (escreve que esses judeus peninsulares são a aristocracia). Pessoa nunca se assumiu, na sua própria pessoa, como judeu, apesar do amigo e colega de aventuras literárias, Mário Saa, o «denunciar» como tal no seu livro *A Invasão dos Judeus*, e de Campos, numa entrevista, proclamar «O futuro império de Israel»!

Convencido de que a decadência de Portugal se devia à acção do que chamava «a Igreja de Roma», mas de que o povo não podia passar sem uma religião, Pessoa pôs-se a imaginar a repaganização do nosso cristianismo, eivado de raízes pagãs. Ainda animado por esse impulso escreveu, no ano da morte, um poema triplo aos três Santos Populares, António, João e Pedro, que não passavam, a seu ver, de deuses pagãos, intitulado «Praça da Figueira». Foi assim que Caeiro foi feito ser o Mestre desse novo mito do Neopaganismo Português que tentou criar («quero ser um criador de mitos», escreveu) tratando de lhe arranjar uns discípulos, os dois outros heterónimos, Ricardo Reis e Álvaro de Campos, e o semi-heterónimo, prosador teórico desse Novo Paganismo, sociólogo e filósofo, António Mora («Em prosa é mais difícil de se outrar», afirmou).

Campos apenas pôde ter, nessa missão, um papel acessório: por isso lhe reservou, nas listas de obras em prol do Neopaganismo, o livro com título de «Acessórios». Teve, contudo, que se render à evidência, com o passar do tempo e o desenvolver da obra, de que Campos extravasava desse ínfimo recipiente... Pôs-se, por isso, a chamar-lhe «Engenheiro Sensacionista»... A verdade é que o Sensacionismo só começou a existir quando encarnou numa personagem: ele. Antes disso, Pessoa cultivou o verso branco, como poeta paúlico e interseccionista, mas só com a «Ode Triunfal» se libertou da canga decadentista. Campos fez questão de declarar num poema que, a. de C. («Antes de Caeiro», e o piscar de olho à designação da era «antes de Cristo» parece-me existir...) era apenas «o Poeta Decadente» que evolui no palco do poema «Opiário», escrito já depois dessa Ode mas com data anterior, na ficção do «romance-drama» que se pôs a contar. (Veja-se as anotações, no final dos «Três Sonetos» iniciais.) Pessoa começou a forjar então a vida-obra de Campos, antes e depois do contacto com o «Grande Libertador» Caeiro, intitulando «Autoscopia» essa fase a. de C. – antes da revelação do lado de Fora da vida, em que o Poeta significativamente não usava ainda o verso livre. De «poeta decadente, estupidamente pretensioso», como recorda no tal poema em que evoca o Mestre, Campos transformou-se em quem verdadeiramente era – como acontece com toda a iniciação.

Campos calou-se com a morte de Caeiro, em Abril de 1916, ou pouco depois. Por isso Pessoa erradamente atribui a Caeiro, numa lista, poemas acontecidos em 1919 (ver meu posfácio). Só regressa do seu sono de belo-adormecido em 1923.

Convém distinguir as diferentes fases pelas quais a poesia de Campos se reparte.

A primeira é a do Poeta Decadente à maneira dos franceses, (é um Des Esseintes português, da bíblia dos Decadentes franceses, *À Rebours,* desse Huysmans que Pessoa menciona nos seus escritos). Faz, para entreter o *spleen*, uma viagem ao Oriente, de barco, em que conta como então se via ser: ocioso, viciado em ópio, aspirando a ter «poemas e novelas publicados por Plon e no Mercure». Ao conhecer Caeiro, sofre uma espécie de «iniciação», como confessa: nasce outro, embora muito diferente do Mestre. De Londres, escreve a «Ode Triunfal», a que se seguem outras «grandes odes» para o projectado livro *Arco do Triunfo* de um Campos euforicamente virado para Fora, cantor da civilização moderna – até previu um poema intitulado «Electricidade» – contrastando com o anterior, morbidamente introvertido, o de «Autoscopia». Mas é preciso reparar que nunca se limitou a essa euforia: as por ele chamadas «grandes odes» foram arquitectadas como sinfonias, com vários andamentos, seguindo o percurso solar que lhes quer imprimir. Mas a verdade é que o que nos sabe a mais autêntico, nesses poemas, é o seu último andamento, correspondente ao declinar do dia. As passagens que mais nos agradam são as da tarde e da noite (também assim aconteceu a Côrtes-Rodrigues, o que fez Pessoa referir-se a Campos, numa carta, como «o seu poeta, o da tarde e da noite», aludindo seguramente ao entusiasmo manifestado por «Dois excertos de odes», intitulados por Pessoa: «Fim de duas odes, naturalmente».

Há, contudo, que reconhecer nesta fase, em que Pessoa se mede com os Futuristas, o gosto pelos poemas longos da sua formação clássica, respeitando as três partes da Ode – Estrofe, Antístrofe e Épodo –, como diz num poema da última fase, a do «Engenheiro Aposentado». Além disso, queria que os seus poemas tivessem vários andamentos como as sinfonias, mas só na «Ode Marítima» levou plenamente a cabo esse desejo, das outras grandes odes apenas deixou passagens – e assim se resignou a publicá-los. Do «Arco do Triunfo» ficou a desenhada e imaginada estrutura, mas nunca construída.

A poesia do primeiro Campos, antes de Caeiro, deveria figurar com o título de «Autoscopia» (que quer dizer visão para dentro de si) e a poesia que se segue, depois do milagroso encontro com Caeiro, virada para fora, a das grandes e trepidantes odes, receberá então o glorioso título de «Arco do Triunfo».

A diferença entre o jovem e impetuoso Campos das odes Triunfal e Marítima pode ser percebida comparando-as com a «Tabacaria» («le plus beau poème du monde», lhe chamou Rémy Hourcade num jornal francês): por isso chamei ao

Engenheiro desta fase «Metafísico». Foi-se o interesse ávido pelas viagens e pelas maravilhas do progresso – que, em carta a Sá-Carneiro, Pessoa diz nunca ter, afinal, experimentado. Voltou, então, para onde sempre estivera, a braços consigo próprio: «E eu que me aguente comigo e com os comigos de mim!».

O Engenheiro Metafísico revolve-se no desconforto da sua insónia de existir, das suas perguntas sem resposta. Por vezes, hesitamos em atribuir certos poemas que nos parecem desta fase ao drama prosseguido durante toda a vida, «Fausto», mas de que Pessoa não realizou senão passagens do que chamou «Primeiro Fausto» – primeiro painel do tríptico previsto. Tal como o Livro do Desassossego, este diário sob forma de monólogo dramático, foi praticado por Pessoa a vida toda. Convém não esquecer que Pessoa considera que «o dramaturgo é o máximo do poeta» e que os monólogos de Campos são sempre poesia dramática. Por isso, considero irrelevante que alguns dos poemas que, embora sem atribuição, incluí no «livro» de Campos possam ser considerados falas de Fausto. Talvez nem Pessoa soubesse bem, quando escreveu esses textos, em nome de quem falava...

Com o passar dos anos, Campos regressou definitivamente do lá-fora que o atraíra, e seguimo-lo a visitar, em 1931, Tavira, a sua cidade natal, apesar de aí se confessar «estrangeiro aqui como em toda a parte» (Ricardo Reis afirmou: «Somos estrangeiros onde quer que estejamos»...). Nesta fase o surpreendemos num interior doméstico, convivendo conjugalmente com uma companheira que toca piano, faz *crochet* ou dormita a seu lado numa cadeira de praia, na «Costa do Sol» (título de uma série de sonetos), com fundo de mar.

São poemas característicos desta fase os que poderemos apelidar de «monodiálogos», em que diz tu a uma presença adivinhada: de mulher (ou de acaso, ou companheira habitual ou simplesmente evocada) ou de homem – interlocutor com que estabelece um diálogo que apenas podemos seguir através das reacções expressas.

A insónia crónica – de existir – acentua-se nesta fase.

As «grandes odes» são apenas uma nostalgia, expressa num poema. Aposentou-se de todas «as viagens físicas e psíquicas» e perdeu o fôlego das anteriores euforias. Agora o verso é curto e num ritmo curiosamente descendente.

O esfacelamento do discurso seu característico (que podemos apreciar nos dois poemas datados de 1919, que, por isso, considero errado atribuir a Caeiro) também oportunamente persiste, exprimindo o estilhaçado pensamento no seu titubeante desenrolar. Isso não impede, contudo, que «o coração» – a palavra e o sentimento – seja omnipresente.

Na sua última fase, Campos apura-se a manifestar, por palavras e metáforas de um prosaísmo por vezes chocante, a decadência da sua verve. Afirma, como já vimos, «Puseram-me uma tampa» – mas vai mais longe, precisando que é como a «desses penicos altos que se usavam na província».

Os sonetos com que o autor quis encerrar o livro aproximam-se do estilo de auto-ironia dos primeiros poemas rimados de Campos-Decadente, permitindo-se a inconveniência do palavrão (que, ao longo do livro, largamente praticou), sublinhando talvez essa «inconsciência alcoólica» que lhe é atribuída. O poema «Véspera de viagem» encena a última viagem, no «Comboio Definitivo».

Pessoa previu um poema para começar o livro e outro para o fechar – respeitei naturalmente esse desejo. Mas como lhe sobrou tempo de vida e não conseguiu calar-se, acrescentei, como *post scriptum*, os seis poemas (atendendo às datas) que compôs para lá do último que previu para finalizar o livro.

SÍMBOLOS, ABREVIATURAS E OUTRAS CONVENÇÕES

☐   espaço em branco deixado pelo autor

[ ]   intervenção do editor

[?]   leitura duvidosa

[.]   palavra não lida — um ponto para cada palavra

dact.   dáctilo-escrito

ms.   manuscrito

EC   *Poemas de Álvaro de Campos*, Edição Crítica de Fernando Pessoa, Série Menor, Ed. Cleonice Berardinelli, Lisboa, Imprensa Nacional-Casa da Moeda, 1992.

P/C   *Obra Completa de Álvaro de Campos*, Ed. Jerónimo Pizarro e Antonio Cardiello, Lisboa, Tinta-da-China, 2014.

PPC   *Pessoa por Conhecer* (vol. I e II), Teresa Rita Lopes. Lisboa, Ed. Estampa, 1990.

Nas notas finais indico, entre parênteses rectos, as cotas do Espólio 3 da Biblioteca Nacional em que estão depositados os originais, a partir dos quais fixei estes textos; as indicações abreviadas de «recto» (^{r}) e «verso» (^{v}) visam encaminhar o leitor para essa localização na folha original.

    A data do poema, explícita ou deduzida, figura no canto inferior direito, uma espécie de notação diarística que permitirá ao leitor acompanhar o desenvolvimento orgânico da obra (entre parênteses rectos, as deduzidas).

    Abstenho-me de assinalar a atribuição a Álvaro de Campos quando é expressa; quando não, apresento as minhas razões.

    Coloco em rodapé as variantes – alternativas que o autor sugere a si próprio, entre parênteses, por cima, por baixo, ao lado da(s) palavra(s) na linha corrida, sem as riscar – e, em itálico, as palavras do texto a que correspondem.

    Acrescento, sem sinalizar, óbvia pontuação ausente por lapso; quando não é óbvia, acrescento-a entre parênteses rectos.

    Como nos volumes anteriores desta série pessoana, actualizei a ortografia, mantendo, embora, alguns traços peculiares a Campos que se afastam da regra seguida quando a rima ou o ritmo o exigem.

Fernando Pessoa, foto isolada de um grupo (anos 30)

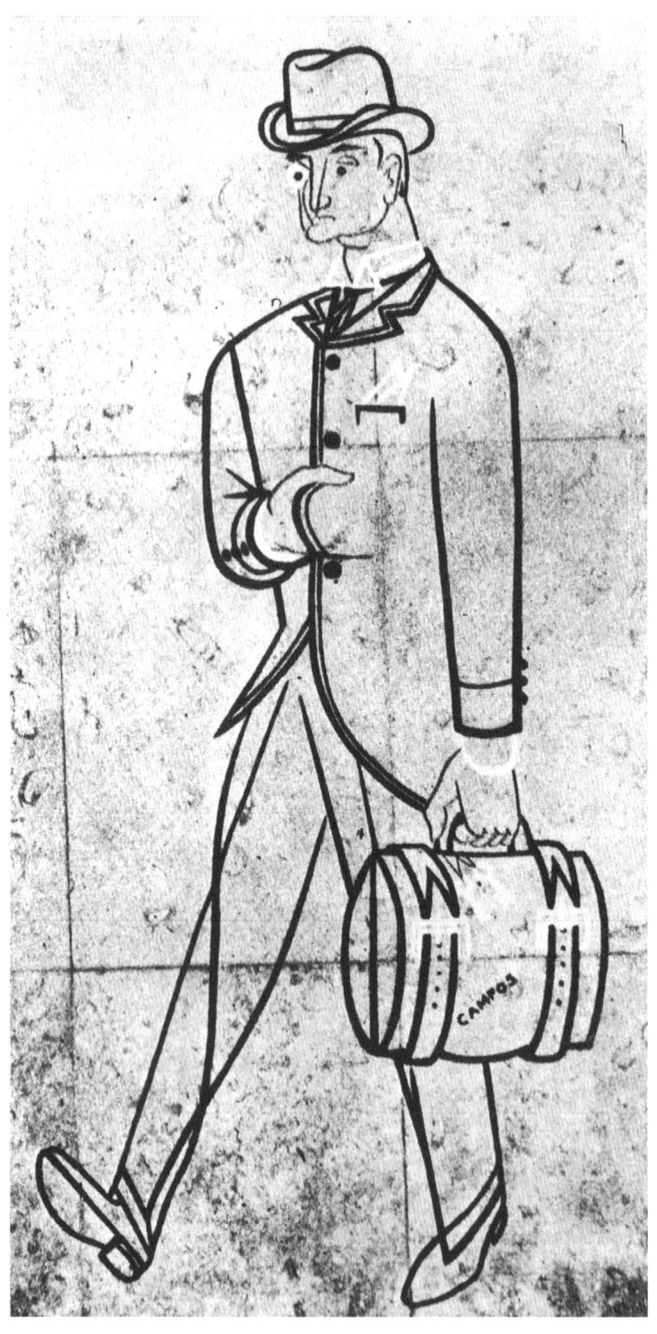

Álvaro de Campos, pormenor de um painel de Almada Negreiros, na Faculdade de Letras da Universidade de Lisboa

Foto de Michael Howard

Foto de Tavira, cidade natal de Álvaro de Campos

«Lisbon revisited», fotografia da época

Paris, Arco do Triunfo, título encarado para o 1º livro de A. de C., postal de Mário de Sá-Carneiro

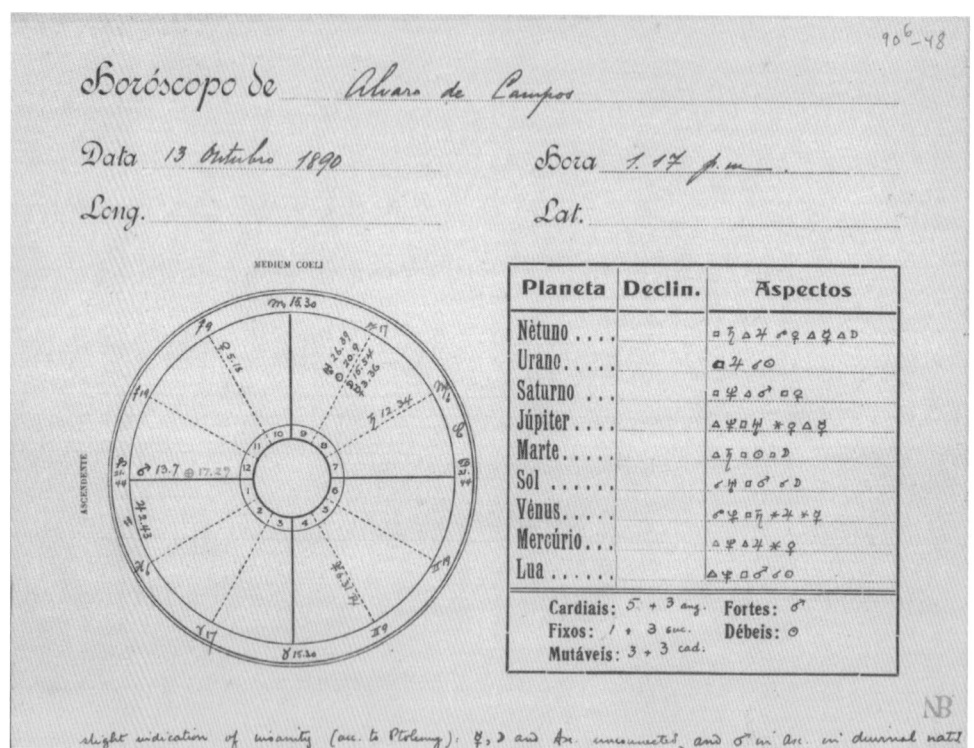

Horóscopo de A. de C., estabelecido por Pessoa (posteriormente, muda a data de 13 para 15 de Outubro)

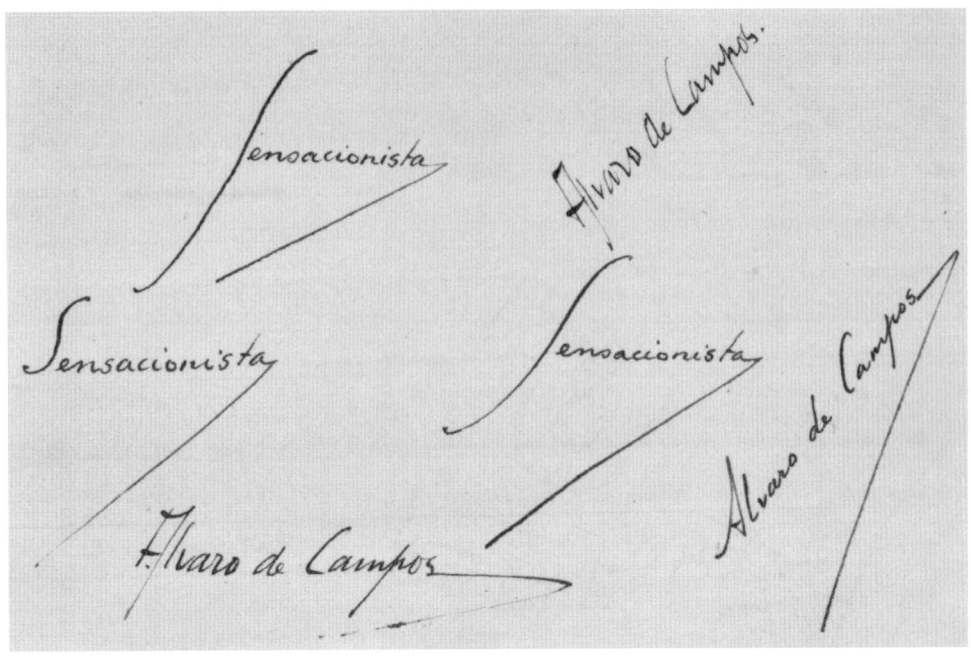

Ensaios de assinaturas do Álvaro de Campos dos primeiros tempos – «Sensacionista»

LIVRO I
O engenheiro sensacionista (1913-1922)

AUTOSCOPIA
Antes de Caeiro
1913-1914

1

Tão pouco heráldica a vida!
Tão sem tronos e ouropéis quotidianos!
Tão de si própria oca, tão do sentir-se despida,
Afogai-me, ó ruído da acção, no som dos vossos oceanos!

Sede abençoados, □ carros, comboios e trens,
Respirar regular de fábricas, motores trementes a atroar
Com vossa crónica □
Sede abençoados, vós ocultais-me a mim...

Vós ocultais o silêncio real e inteiro da Hora
Vós despis de seu murmúrio o mistério
Aquele que dentro de mim quase grita, quase, quase chora
Dorme em vosso embalar férreo, □

Levai-me para longe de eu saber que vida é que sinto
Enchei de banal e de material o meu ouvido vosso
A vida que eu vivo – ó □ – é a vida que me minto
Só tenho aquilo que □; só quero o que ter não posso.[1]

---

[1] O texto traz uma indicação prévia: «The beginning of Alvaro de Campos» (Começo de Álvaro de Campos).

2

Viagem

Sonhar um sonho é perder outro. Tristonho
Fito a ponte pesada e calma...
Cada sonho é um existir de outro sonho,
Ó eterna desterrada em ti própria, ó minha alma!

Sinto em meu corpo mais conscientemente
O rodar estremecido do comboio. Pára?...
Com um como que intento intermitente
De □ mal roda, estaca. Numa estação, clara
De realidade e gente e movimento.

Olho p'ra fora... Cesso... Estagno em mim.
Resfolegar da máquina... Carícia de vento
Pela janela que se abre... Estou desatento...
Parar... seguir... parar... Isto é sem fim.[1]

Ó o horror da chegada! Ó horror. Ó nunca
Chegares, ó ferro em trémulo seguir!
À margem da viagem prossegue... Trunca
A realidade, passa ao lado do ir
E pelo lado interior da Hora
Foge, usa a eternidade, vive...
Sobrevive ao momento □ vai!
Suavemente... suavemente, mais suavemente e demora
□ entra na gare... Range-se... estaca... É agora!

Tudo o que fui de sonho, o eu-outro que tive
Resvala-me pela alma... Negro declive
Resvala, some-se, para sempre se esvai
E da minha consciência um Eu que não obtive
Dentro em mim de mim cai.[2]

---

1 Verso dubitado. Todo o poema parece ser um rascunho.
2 Os dois últimos versos estão dubitados. Ausente de EC e de P/C.

3

Lentidão dos vapores pelo mar...
Tanto que ver, tanto que abarcar.
No eterno presente da pupila
Ilhas ao longe, costas a despontar
Na imensidão oceânica e tranquila.

Mais depressa... Sigamos... Hoje é o real...
O momento embriaga... A alma esquece
Que existe no mover-se... Cais, carnal...
Para os botes no cais quem é que desce?
Que importa? Vamos! Tudo é tão real!

Quantas vidas que ignoro que me ignoram!
Passo por casas, fumo em chaminés
Interiores que adivinho! Choram
Em mim desejos lívidos, resvés
Do tédio de ser isto aqui, e ali
Outro não-eu... Sigamos... Outra terra!

Quantas paisagens vivi!
Planícies! mares! serras
Ao longe! Pareceis,[1] com tanta curva,
Pinheirais! Igualdade das culturas!
Dias monótonos de chuva...
Noites de lua nova – canto de ruelas escuras,
Antros... Dias de sol – de agasalho
De que o olhar abrasa e amodorrado
Mal tem espaço para desejar...
Campos cheios de vultos em trabalho
À sombra de um carvalho ali isolado
– Ah e eu passo! – um mendigo a descansar.

O longe! O além! O outro! A rota! Ir!
Ir absolutamente! ir entregadamente
Ir sem mais consciência de sentir
Que tem um suicida na corrente
Que passa a dor da morte na água a rir.[2]

---
1 Vírgula ausente, por lapso, do manuscrito.
2 Os três últimos versos da estrofe estão dubitados

  Sonho-desolação!¹
Ó meu desejo e tédio das viagens,
Cansado anseio do meu coração –
  Cidades, brumas, margens
  De rios desejadas para olhar...
  Costa triste, ermo mar
  Barulhando segredos,
Negrume cortiçado dos rochedos
Donde pulsa chiando a espuma na água
  – *Frio*² pela consciência dos meus nervos –³
  De não estar eu a ver-vos, ódio-mágoa!
*Ó Tédio! só*⁴ pensar estar a ver-vos...

Gozo gloriosamente estéril e oco
De encher de memórias de cidades,
De campos fugitivos, feitos pouco
Na fuga do comboio – saciedades
Só pensadas de velha bancarrota
Surpresas no olhar sobre colinas,
Rios sob pontes, águas instantâneas,
Grandes cidades através neblinas,
Fábricas – fumo e fragor – sonhos insónias...
Mares súbitos, através carruagens,
Vistos por meu olhar sempre cansado.
Tudo isto cansa, só de imaginado
Tenho em minha alma o *tédio das viagens*⁵

Que quero eu ser? Eu que desejo qu'rer?
Feche eu os olhos, e o comboio seja
Apenas um estremecimento a encher
Meu corpo inerte, meu cérebro que nada deseja
E já não quer saber o que é viver...

Minuto exterior pulsando em mim
Minuciosamente, entreondulando
Numa oscilada indecisão sem fim
Meu corpo inerte... Sigo, recostando
Minha cabeça no vidro que me treme
De encontro à consciência o meu ser todo;

---
1 Variante sobreposta a «Sonho»: «Ânsia».
2 Variante sobreposta: «Fresco».
3 Verso dubitado.
4 Variante subposta: «Tédio só de».
5 Sob «o tédio das viagens», expressão não lida.

Para que viajar? O tédio vai ao leme
De cada meu angustiado modo.

Por entre árvores – fumo...
Ó domésticos ☐ escondidos!
Ó tédio... Ó dor... O vago é o meu rumo.
Viajo só pelos meus sentidos.
Dói-me a monotonia dessa viagem...
Peso-me... Entreolho sem me levantar
Estações ☐ ... Campolides... Reagem
Inutilmente em mim desejos de gozar...[1]

4

Carnaval

a

A vida é uma tremenda bebedeira.
Eu nunca tiro dela outra impressão.
Passo nas ruas, tenho a sensação
De um carnaval cheio de cor e poeira...

A cada hora tenho a dolorosa
Sensação, agradável todavia,
De ir aos encontrões *atrás da*[2] alegria
Duma plebe farsante e copiosa...

Cada momento é um carnaval imenso,
Em que ando misturado sem querer.
Se penso nisso maça-me viver
E eu, que amo a intensidade, acho isto intenso.

De mais... Balbúrdia que entra pela cabeça
Dentro a quem quer parar um só momento
Em ver *onde é que tem o*[3] pensamento
Antes que o ser e a lucidez lhe esqueça...

---

1   Ausente de EC e de P/C.
2   Variante sobreposta: «través a».
3   Variante subposta: «o que é que faz ao».

Automóveis, veículos, ☐
As ruas cheias, ☐
Fitas de cinema correndo sempre
E nunca tendo um sentido preciso.

Julgo-me bêbado, sinto-me confuso,
Cambaleio nas minhas sensações,
Sinto uma súbita falta de corrimões
No pleno dia da cidade ☐

Uma pândega esta existência toda...
Que embrulhada se mete por mim dentro
E sempre em mim desloca o crente centro
Do meu psiquismo, que anda sempre à roda...

E contudo eu estou como ninguém
De amoroso acordo com isto tudo...
Não encontro em mim, quando me estudo,
Diferença entre mim e isto que tem

Esta balbúrdia de carnaval tolo,
Esta mistura de europeu e zulu
Este batuque tremendo e chulo
E elegantemente em desconsolo...

Que tipos! Que agradáveis e antipáticos!
Como eu sou deles com um nojo a eles!
O mesmo tom europeu em nossas peles
E o mesmo ar conjuga-nos ☐[1]

Tenho às vezes o tédio de ser eu
Com esta forma de hoje e estas maneiras...
Gasto inúteis horas inteiras
A descobrir quem sou; e nunca deu

Resultado a pesquisa... Se há um plano
Que eu forme, na vida que talho para mim
Antes que eu chegue desse plano ao fim
Já estou como antes fora dele. É engano[2]

---
1 Os dois últimos versos da estrofe estão dubitados.
2 O autor separou com um traço este verso do que se segue, para indicar o início de outra estrofe.

A gente ter confiança em quem tem ser...[1]
☐

Olho p'ró tipo como eu que aí vem...
☐
Como se veste ☐ bem
Porque é uma necessidade que ele tem
Sem que ele tenha essa necessidade.

Ah, tudo isto é para dizer apenas
Que não estou bem na vida, e quero ir
Para um lugar mais sossegado, ouvir
Correr os rios e não ter mais penas.

Sim, estou farto do corpo e da alma
Que esse corpo contém, ou é, ou faz-se...
Cada momento é um corpo no que nasce...
Mas o que importa é que não tenho calma.

Não tenciono escrever outro poema
Tenciono só dizer que me aborreço.
A hora a hora minha vida meço
E acho-a um lamentável estratagema

De Deus para com o bocado de matéria
Que resolveu tomar para meu corpo...
Todo o conteúdo de mim é porco
E de uma chatíssima miséria.

Só é decente ser outra pessoa,
Mas isso é porque a gente a vê por fora...
Qualquer coisa em mim parece agora
☐

b

É Carnaval, e estão as ruas cheias
De gente que conserva a sensação,
Tenho intenções, pensamento, ideias,
Mas não posso ter máscara nem pão.

---

[1] Este verso não teve seguimento. A estrofe seguinte também não passou de um esboço. EC e P/C interromperam aqui o poema.

Esta gente é igual, eu sou diverso –
Mesmo entre os poetas não me aceitariam.
Às vezes nem sequer ponho isto em verso –
E o que digo, eles nunca assim diriam.

Que pouca gente a muita gente aqui!
Estou cansado, com cérebro e cansaço.
Vejo isto, e fico, extremamente aqui
Sozinho com o tempo e com o espaço.

De trás de máscaras nosso ser espreita,
De trás de bocas um mistério acode
Que meus versos anódinos enjeita
☐

Sou maior ou menor? Com mãos e pés
E boca falo e mexo-me no mundo.
Hoje, que todos são máscaras, és
Um ser máscara-gestos, em tão fundo...

c

3[1]

☐ não tenho compartimentos estanques
Para os meus sentimentos e emoções...

Vidas, realmente se misturam
O que era cérebro acaba sentimento
Minha unidade morre ao relento
☐

Quando quero pensar, sinto, não sei
Se me sinto quem sou e queria.
Psique de fora da psicologia,
Vivo fora da ☐ e da lei[2]

---
1   Numeração do autor.
2   Toda a estrofe está dubitada.

Amorfo anexo ao mundo exterior
Reproduzindo tudo o que nele há
Sem que em meu ser qualquer ser meu me vá
Compensar pessoalmente a minha dor.[1]

Não: sempre as dores doutra gente que é eu
(Sempre alegrias de várias pessoas)
[...]
Sempre de um centro diferente e meu.

Carnaval de □
Bebendo p'ra se sentir alegres e outros
Outros bebendo como eles □ se sentem
Tendo de ser alegres □

Deem-me um sentir que cansa e é bom e cessa
Prendam-me para que eu não faça mais versos
Façam *ad finem* com que o sentir cesse
Proíbam-me pensar com a cabeça.

Dói-me a vida em todos os meus poros
Estala-me na cabeça o coração,
□
Para que escrevo? É uma pura perda.
□
Depois [....]
Se escrevo o que sinto □. *Bom.*[2] Merda.

Pronto. Acabou-se. Quebro a pena e a tinta
Entorno-a aqui só para a entornar...
Não haver vida que se possa DAR!
Não haver alma com que não se sinta!

Não haver como essa alma consertar-me
Com cordéis ou arames que se aguentem
Com ferros e madeiras que não mentem
E me deem unidade no aguentar-me!

Não haver □
Não haver, não [......]
Não haver. Não Haver![3]

---

1   A expressão «minha dor» está dubitada.
2   Variante sobreposta: «Seja».
3   Ausente de EC e de P/C.

d

Aquela falsa e triste semelhança
Entre quem julgo ser e quem eu sou.
Sou a máscara que volve a ser criança,
Mas reconheço, adulto, aonde estou.

Isto não é o Carnaval, nem eu.
Tenho vontade de dormir, e ando.
O que passa ondeando, em torno meu
Passa ☐

Dormir, despir-me deste mundo ultraje,
Como quem despe um dominó roubado.
Despir a alma postiça como a um traje.
☐

Tenho náusea carnal do meu destino.
Quase me cansa me cansar. E vou,
Anónimo, ☐ menino,
Por meu ser fora à busca de quem sou.[1]

---

[1] Ausente da EC.

5

Opiário

Ao senhor Mário de Sá-Carneiro

É antes do ópio que a minh'alma é doente.
Sentir a vida convalesce e estiola
E eu vou buscar ao ópio que consola
Um Oriente ao oriente do Oriente.

Esta vida de bordo há-de matar-me.
São dias só de febre na cabeça
E, por mais que procure até que adoeça,
Já não encontro a mola pra adaptar-me.

Em paradoxo e incompetência astral
Eu vivo a vincos d'ouro a minha vida,
Onda onde o pundonor é uma descida
E os próprios gozos gânglios do meu mal.

É por um mecanismo de desastres,
Uma engrenagem com volantes falsos,
Que passo entre visões de cadafalsos
Num jardim onde há flores no ar, sem hastes.

Vou cambaleando através do lavor
Duma vida-interior de renda e laca.
Tenho a impressão de ter em casa a faca
Com que foi degolado o Precursor.

Ando expiando um crime numa mala,
Que um avô meu cometeu por requinte.
Tenho os nervos na forca, vinte a vinte,
E caí no ópio como numa vala.

Ao toque adormecido da morfina
Perco-me em transparências latejantes
E numa noite cheia de brilhantes
Ergue-se a lua como a minha Sina.

Eu, que fui sempre um mau estudante, agora
Não faço mais que ver o navio ir

Pelo canal de Suez a conduzir
A minha vida, ânfora[1] na aurora.

Perdi os dias que já aproveitara.
Trabalhei para ter só o cansaço
Que é hoje em mim uma espécie de braço
Que ao meu pescoço me sufoca e ampara.

E fui criança como toda a gente.
Nasci numa província portuguesa
E tenho conhecido gente inglesa
Que diz que eu sei inglês perfeitamente.

Gostava de ter poemas e novelas
Publicados por Plon e no *Mercure*,
Mas é impossível que esta vida dure.
Se nesta viagem nem houve procelas!

A vida a bordo é uma coisa triste
Embora a gente se divirta às vezes.
Falo com alemães, suecos e ingleses
E a minha mágoa de viver persiste.

Eu acho que não vale a pena ter
Ido ao Oriente e visto a Índia e a China.
A terra é semelhante e pequenina
E há só uma maneira de viver.

Por isso eu tomo ópio. É um remédio.
Sou um convalescente do Momento.
Moro no rés-do-chão do pensamento
E ver passar a Vida faz-me tédio.

Fumo. Canso. Ah uma terra aonde, enfim,
Muito a leste não fosse o oeste já!
Pra que fui visitar a Índia que há
Se não há Índia senão a alma em mim?

Sou desgraçado por meu morgadio.
Os ciganos roubaram minha Sorte.
Talvez nem mesmo encontre ao pé da morte
Um lugar que me abrigue do meu frio.

---

1 Em *Orpheu* e edições posteriores, «camfora», que não faz sentido e deve ser gralha propiciada pela alteração da grafia: Pessoa teria escrito «amphora». Só assim se explica o m antes do f.

Eu fingi que estudei engenharia.
Vivi na Escócia. Visitei a Irlanda.
Meu coração é uma avozinha que anda
Pedindo esmola às portas da Alegria.

Não chegues a Port-Said, navio de ferro!
Volta à direita, nem eu sei para onde.
Passo os dias no *smoking-room* com o conde –
Um escroc francês, conde de fim de enterro.

Volto à Europa descontente, e em sortes
De vir a ser um poeta sonambólico.
Eu sou monárquico mas não católico
E gostava de ser as coisas fortes.

Gostava de ter crenças e dinheiro,
Ser vária gente insípida que vi.
Hoje, afinal, não sou senão, aqui,
Num navio qualquer um passageiro.

Não tenho personalidade alguma.
É mais notado que eu esse criado
De bordo que tem um belo modo alçado
De *laird* escocês há dias em jejum.

Não posso estar em parte alguma. A minha
Pátria é onde não estou. Sou doente e fraco.
O comissário de bordo é velhaco.
Viu-me co'a sueca... e o resto ele adivinha.

Um dia faço escândalo cá a bordo,
Só para dar que falar de mim aos mais.
Não posso com a vida, e acho fatais
As iras com que às vezes me debordo.

Levo o dia a fumar, a beber coisas,
Drogas americanas que entontecem,
E eu já tão bêbado sem nada! Dessem
Melhor cérebro aos meus nervos como rosas.

Escrevo estas linhas. Parece impossível
Que mesmo ao ter talento eu mal o sinta!
O facto é que esta vida é uma quinta
Onde se aborrece uma alma sensível.

Os ingleses são feitos pra existir.
Não há gente como esta pra estar feita
Com a Tranquilidade. A gente deita
Um vintém e sai um deles a sorrir.

Pertenço a um género de portugueses
Que depois de estar a Índia descoberta
Ficaram sem trabalho. A morte é certa.
Tenho pensado nisto muitas vezes.

Leve o diabo a vida e a gente tê-la!
Nem leio o livro à minha cabeceira.
Enoja-me o Oriente. É uma esteira
Que a gente enrola e deixa de ser bela.

Caio no ópio por força. Lá querer
Que eu leve a limpo uma vida destas
Não se pode exigir. Almas honestas
Com horas pra dormir e pra comer,

Que um raio as parta! E isto afinal é inveja.
Porque estes nervos são a minha morte.
Não haver um navio que me transporte
Para onde eu nada queira que o não veja.

Ora! Eu cansava-me do mesmo modo.
Qu'ria outro ópio mais forte pra ir de ali
Para sonhos que dessem cabo de mim
E pregassem comigo nalgum lodo.

Febre! Se isto que tenho não é febre,
Não sei como é que se tem febre e sente.
O facto essencial é que estou doente.
Está corrida, amigos, esta lebre.

Veio a noite. Tocou já a primeira
Corneta, pra vestir para o jantar.
Vida social por cima! Isso! E marchar
Até que a gente saia pla coleira.

Porque isto acaba mal e há-de haver
(Olá!) sangue e um revólver lá prò fim
Deste desassossego que há em mim
E não há forma de se resolver.

E quem me olhar, há-de me achar banal,
A mim e à minha vida... Ora! um rapaz...

O meu próprio monóculo me faz
Pertencer a um tipo universal.

Ah quanta alma haverá, que ande metida
Assim como eu na Linha, e como eu mística!
Quantos sob a casaca característica
Não terão como eu o horror à vida?

Se ao menos eu por fora fosse tão
Interessante como sou por dentro!
Vou no Maelstrom, cada vez mais prò centro.
Não fazer nada é a minha perdição.

Um inútil. Mas é tão justo sê-lo!
Pudesse a gente desprezar os outros
E, ainda que co'os cotovelos rotos,
Ser herói, doido, amaldiçoado ou belo!

Tenho vontade de levar as mãos
À boca e morder nelas fundo e a mal.
Era uma ocupação original
E distraía os outros, os tais sãos.

O absurdo como uma flor da tal Índia
Que não vim encontrar na Índia, nasce
No meu cérebro farto de cansar-se.
A minha vida mude-a Deus ou finde-a...

Deixem-me[1] estar aqui, nesta cadeira,
Até virem meter-me no caixão.
Nasci pra mandarim de condição,
Mas faltam-me o sossego, o chá e a esteira.

Ah que bom que era ir daqui de caída
Prà cova por um alçapão de estouro!
A vida sabe-me a tabaco louro.
Nunca fiz mais do que fumar a vida.

E afinal o que quero é fé, é calma,
E não ter essas sensações confusas.
Deus que acabe com isto! Abra as eclusas
E basta de comédias na minh'alma!

1914, Março.
No Canal de Suez, a bordo.

---

1   Em *Orpheu* 1, «Deixe-me», o que parece gralha: o sujeito não se dirige a uma segunda pessoa no singular mas no plural.

6
Três sonetos

I

[A Raul de Campos][1]

Quando olho para mim não me percebo.
Tenho tanto a mania de sentir
Que me extravio às vezes ao sair
Das próprias sensações que eu recebo.

O ar que respiro, este licor que bebo
Pertencem ao meu modo de existir,
E eu nunca sei como hei-de concluir
As sensações que a meu pesar concebo.

Nem nunca, propriamente, reparei
Se na verdade sinto o que sinto. Eu
Serei tal qual pareço em mim? Serei

Tal qual me julgo verdadeiramente?
Mesmo ante as sensações sou um pouco ateu,
Nem sei bem se sou eu quem em mim sente.

Lisboa, (seis a sete meses antes do *Opiário*) Agosto 1913[2]

II

A Praça da Figueira de manhã,
Quando o dia é de sol (como acontece
Sempre em Lisboa), nunca em mim esquece,
Embora seja uma memória vã.

---

1 Dedicatória no projecto 144Y-62ᵛ. Noutro projecto (48C-26), os três sonetos são dedicados a Fernando Pessoa.
2 Data fictícia. A data presumível é 1915, dada a dois poemas, sem atribuição, escritos na mesma folha – «O Barco Abandonado» (12/12/1915) e «Brise Marine» (21/12/1915).

Há tanta coisa mais interessante
Que aquele lugar lógico e plebeu,
Mas amo aquilo, mesmo aqui... Sei eu
Porque o amo? Não importa nada. Adiante...

Isto de sensações só vale a pena
Se a gente se não põe a olhar pra elas.
Nenhuma delas em mim é serena...

De resto, nada em mim é certo e está
De acordo comigo próprio. As horas belas
São as dos outros, ou as que não há.

                Londres (uns cinco meses antes do *Opiário*) Outubro 1913

III

[A Daisy Mason] [1]

Olha, Daisy, quando eu morrer tu hás-de
Dizer aos meus amigos aí de Londres,
Que, embora não o sintas, tu escondes
A grande dor da minha morte. Irás de

Londres pra York, onde nasceste (dizes –
Que eu nada que tu digas acredito...)
Contar àquele pobre rapazito
Que me deu tantas horas tão felizes

(Embora não o saibas) que morri.
Mesmo ele, a quem eu tanto julguei amar,
Nada se importará. Depois vai dar

A notícia a essa estranha Cecily
Que acreditava que eu seria grande...
Raios partam a vida e quem lá ande!...

        (A bordo do navio em que embarcou para o Oriente; uns quatro
        meses antes do *Opiário*, portanto) Dezembro 1913

---

1   Dedicatória no projecto 144Y-62ᵛ, encarando abreviar Mason para M.

7

Barrow-on-furness

I

Sou vil, sou reles, como toda a gente,
Não tenho ideais, mas não os tem ninguém.
Quem diz que os tem é como eu, mas mente.
Quem diz que busca é porque não os tem.

É com a imaginação que eu amo o bem.
Meu baixo ser porém não mo consente.
Passo, fantasma do meu ser presente,
Ébrio, por intervalos, de um Além.

Como todos não creio no que creio.
Talvez possa morrer por esse ideal.
Mas, enquanto não morro, falo e leio.

Justificar-me? Sou quem todos são...
Modificar-me? Para meu igual?...
– Acaba lá com isso, ó coração!

II

Deuses, forças, almas de ciência ou fé,
Eh! Tanta explicação que nada explica!
Estou sentado no cais, numa barrica,
E não compreendo mais do que de pé.

Porque o havia de compreender?
Pois sim, mas também porque o não havia?
Água do rio, correndo suja e fria,
Eu passo como tu, sem mais valer...

Ó universo, novelo emaranhado,
Que paciência de dedos de quem pensa
Em outra coisa te põe separado?

Deixa de ser novelo o que nos fica...
A que brincar? Ao amor?, à indif'rença?
Por mim, só me levanto da barrica.

III

Corre, raio de rio, e leva ao mar
A minha indiferença subjetiva!
Qual «leva ao mar»! Tua presença esquiva
Que tem comigo e com o meu pensar?

Lesma de sorte! Vivo a cavalgar
A sombra de um jumento. A vida viva
Vive a dar nomes ao que não se activa,
Morre a pôr etiquetas ao grande ar...

Escancarado Furness, mais três dias
Te aturarei, pobre engenheiro preso
A sucessibilíssimas vistorias...

Depois, ir-me-ei embora, eu e o desprezo
(E tu irás do mesmo modo que ias),
Qualquer, na *gare*, de cigarro aceso...

IV

Conclusão a sucata!... Fiz o cálculo,
Saiu-me certo, fui elogiado...
Meu coração é um enorme estrado
Onde se expõe um pequeno animálculo...

A microscópio de desilusões
Findei, prolixo nas minúcias fúteis...
Minhas conclusões práticas, inúteis...
Minhas conclusões teóricas, confusões...

Que teorias há para quem sente
O cérebro quebrar-se, como um dente
Dum pente de mendigo que emigrou?

Fecho o caderno dos apontamentos
E faço riscos moles e cinzentos
Nas costas do envelope do que sou...

V

Há quanto tempo, Portugal, há quanto
Vivemos separados! Ah, mas a alma,
Esta alma incerta, nunca forte ou calma,
Não se distrai de ti, nem bem nem tanto.

Sonho, histérico oculto, um vão recanto...
O rio Furness, que é o que aqui banha,
Só ironicamente me acompanha,
Que estou parado e ele correndo tanto...

Tanto? Sim, tanto relativamente...
Arre, acabemos com as distinções,
As subtilezas, o interstício, o entre,

A metafísica das sensações –[1]
Acabemos com isto e tudo mais...
Ah, que ânsia humana de ser rio ou cais!

---

1   No único testemunho de que dispomos, o da Ática, este verso aparece agregado à estrofe anterior, desfazendo a apresentação do soneto que é.

ARCO DO TRIUNFO
Depois de Caeiro
1914-1922

8

Ode triunfal

À dolorosa luz das grandes lâmpadas eléctricas da fábrica
Tenho febre e escrevo.
Escrevo rangendo os dentes, fera para a beleza disto,
Para a beleza disto totalmente desconhecida dos antigos.

Ó rodas, ó engrenagens, r-r-r-r-r-r-r eterno!
Forte espasmo retido dos maquinismos em fúria!
Em fúria fora e dentro de mim,
Por todos os meus nervos dissecados fora,
Por todas as papilas fora de tudo com que eu sinto!
Tenho os lábios secos, ó grandes ruídos modernos,
De vos ouvir demasiadamente de perto,
E arde-me a cabeça de vos querer cantar com um excesso
De expressão de todas as minhas sensações,
Com um excesso contemporâneo de vós, ó máquinas!

Em febre e olhando os motores como a uma Natureza tropical –
Grandes trópicos humanos de ferro e fogo e força –
Canto, e canto o presente, e também o passado e o futuro,
Porque o presente é todo o passado e todo o futuro
E há Platão e Virgílio dentro das máquinas e das luzes eléctricas
Só porque houve outrora e foram humanos Virgílio e Platão,
E pedaços do Alexandre Magno do século talvez cinquenta,
Átomos que hão-de ir ter febre para o cérebro do Ésquilo do século cem,
Andam por estas correias de transmissão e por estes êmbolos e por estes volantes,
Rugindo, rangendo, ciciando, estrugindo, ferreando,
Fazendo-me um excesso de carícias ao corpo numa só carícia à alma.

Ah, poder exprimir-me todo como um motor se exprime!
Ser completo como uma máquina!
Poder ir na vida triunfante como um automóvel último-modelo!
Poder ao menos penetrar-me fisicamente de tudo isto,
Rasgar-me todo, abrir-me completamente, tornar-me passento
A todos os perfumes de óleos e calores e carvões
Desta flora estupenda, negra, artificial e insaciável!

Fraternidade com todas as dinâmicas!
Promíscua fúria de ser parte-agente

Do rodar férreo e cosmopolita
Dos comboios estrénuos,
Da faina transportadora-de-cargas dos navios,
Do giro lúbrico e lento dos guindastes,
Do tumulto disciplinado das fábricas,
E do quase-silêncio ciciante e monótono das correias de transmissão!

Horas europeias, produtoras, entaladas
Entre maquinismos e afazeres úteis!
Grandes cidades paradas nos cafés,
Nos cafés – oásis de inutilidades ruidosas
Onde se cristalizam e se precipitam
Os rumores e os gestos do Útil
E as rodas, e as rodas-dentadas e as chumaceiras do Progressivo!
Nova Minerva sem-alma dos cais e das gares!
Novos entusiasmos de estatura do Momento!
Quilhas de chapas de ferro sorrindo encostadas às docas,
Ou a seco, erguidas, nos planos-inclinados dos portos!
Atividade internacional, transatlântica, *Canadian-Pacific*!
Luzes e febris perdas de tempo nos bares, nos hotéis,
Nos *Longchamps* e nos *Derbies* e nos *Ascots*,
E *Piccadillies* e *Avenues de l'Opéra* que entram
Pela minh'alma dentro!

Hé-lá as ruas, hé-lá as praças, hé-lá-hô *la foule*!
Tudo o que passa, tudo o que pára às montras!
Comerciantes; vadios; escrocs exageradamente bem-vestidos;
Membros evidentes de *clubs* aristocráticos;
Esquálidas figuras dúbias; chefes de família vagamente felizes
E paternais até na corrente de oiro que atravessa o colete
De algibeira a algibeira!
Tudo o que passa, tudo o que passa e nunca passa!
Presença demasiadamente acentuada das *cocottes*[1];
Banalidade interessante (e quem sabe o quê por dentro?)
Das burguesinhas, mãe e filha geralmente,
Que andam na rua com um fim qualquer;
A graça feminil e falsa dos pederastas que passam, lentos;
E toda a gente simplesmente elegante que passeia e se mostra
E afinal tem alma lá dentro!

(Ah, como eu desejaria ser o *souteneur* disto tudo!)

---

[1] Por aparente esquecimento, a palavra não está em itálico no texto da revista, procedimento seguido em todo o poema.

A maravilhosa beleza das corrupções políticas,
Deliciosos escândalos financeiros e diplomáticos,
Agressões políticas nas ruas,
E de vez em quando o cometa dum regicídio
Que ilumina de Prodígio e Fanfarra os céus
Usuais e lúcidos da Civilização quotidiana!

Notícias desmentidas dos jornais,
Artigos políticos insinceramente sinceros,
Notícias *passez à-la-caisse*, grandes crimes –
Duas colunas deles passando para a segunda página!
O cheiro fresco a tinta de tipografia!
Os cartazes postos há pouco, molhados!
Vients-de-paraître amarelos com uma cinta branca!
Como eu vos amo a todos, a todos, a todos,
Como eu vos amo de todas as maneiras,
Com os olhos e com os ouvidos e com o olfato
E com o tacto (o que palpar-vos representa para mim!)
E com a inteligência como uma antena que fazeis vibrar!
Ah, como todos os meus sentidos têm cio de vós!

Adubos, debulhadoras a vapor, progressos da agricultura!
Química agrícola, e o comércio quase uma ciência!
Ó mostruários dos caixeiros-viajantes,
Dos caixeiros-viajantes, cavaleiros-andantes da Indústria,
Prolongamentos humanos das fábricas e dos calmos escritórios!

Ó fazendas nas montras! ó manequins! ó últimos figurinos!
Ó artigos inúteis que toda a gente quer comprar!
Olá grandes armazéns com várias secções!
Olá anúncios eléctricos que vêm e estão e desaparecem!
Olá tudo com que hoje se constrói, com que hoje se é diferente de ontem!
Eh, cimento armado, beton de cimento, novos processos!
Progressos dos armamentos gloriosamente mortíferos!
Couraças, canhões, metralhadoras, submarinos, aeroplanos!

Amo-vos a todos, a tudo, como uma fera.
Amo-vos carnivoramente,
Pervertidamente e enroscando a minha vista
Em vós, ó coisas grandes, banais, úteis, inúteis,
Ó coisas todas modernas,
Ó minhas contemporâneas, forma actual e próxima
Do sistema imediato do Universo!
Nova Revelação metálica e dinâmica de Deus!

Ó fábricas, ó laboratórios, ó *music-halls*, ó Luna-Parks,
Ó couraçados, ó pontes, ó docas flutuantes –
Na minha mente turbulenta e encandescida
Possuo-vos como a uma mulher bela,
Completamente vos possuo como a uma mulher bela que não se ama,
Que se encontra casualmente e se acha interessantíssima.

Eh-lá-hô fachadas das grandes lojas!
Eh-lá-hô elevadores dos grandes edifícios!
Eh-lá-hô recomposições ministeriais!
Parlamentos, políticas, relatores de orçamentos,
Orçamentos falsificados!
(Um orçamento é tão natural como uma árvore
E um parlamento tão belo como uma borboleta.)

Eh-lá o interesse por tudo na vida,
Porque tudo é a vida, desde os brilhantes nas montras
Até à noite ponte misteriosa entre os astros
E o mar antigo e solene, lavando as costas
E sendo misericordiosamente o mesmo
Que era quando Platão era realmente Platão
Na sua presença real e na sua carne com a alma dentro,
E falava com Aristóteles, que havia de não ser discípulo dele.

Eu podia morrer triturado por um motor
Com o sentimento de deliciosa entrega duma mulher possuída.
Atirem-me para dentro das fornalhas!
Metam-me debaixo dos comboios!
Espanquem-me a bordo de navios!
Masoquismo através de maquinismos!
Sadismo de não sei quê moderno e eu e barulho!

Up-lá-hô *jockey* que ganhaste o Derby,
Morder entredentes o teu *cap* de duas cores!

(Ser tão alto que não pudesse entrar por nenhuma porta!
Ah, olhar é em mim uma perversão sexual!)

Eh-lá, eh-lá, eh-lá, catedrais!
Deixai-me partir a cabeça de encontro às vossas esquinas,
E ser levantado da rua cheio de sangue
Sem ninguém saber quem eu sou!

Ó *tramways*, funiculares, metropolitanos,
Roçai-vos por mim até ao espasmo!

Hilla! hilla! hilla-hô!
Dai-me gargalhadas em plena cara,
Ó automóveis apinhados de pândegos e de putas,
Ó multidões quotidianas nem alegres nem tristes das ruas,
Rio multicolor anónimo e onde eu não me posso banhar como quereria!
Ah, que vidas complexas, que coisas lá pelas casas de tudo isto!
Ah, saber-lhes as vidas a todos, as dificuldades de dinheiro,
As dissensões domésticas, os deboches que não se suspeitam,
Os pensamentos que cada um tem a sós consigo no seu quarto
E os gestos que faz quando ninguém o pode ver!
Não saber tudo isto é ignorar tudo, ó raiva,
Ó raiva que como uma febre e um cio e uma fome
Me põe a magro o rosto e me agita às vezes as mãos
Em crispações absurdas em pleno meio das turbas
Nas ruas cheias de encontrões!

Ah, e a gente ordinária e suja, que parece sempre a mesma,
Que emprega palavrões como palavras usuais,
Cujos filhos roubam às portas das mercearias
E cujas filhas aos oito anos – e eu acho isto belo e amo-o! –
Masturbam homens de aspecto decente nos vãos de escada.
A gentalha que anda pelos andaimes e que vai para casa
Por vielas quase irreais de estreiteza e podridão.
Maravilhosa gente humana que vive como os cães,
Que está abaixo de todos os sistemas morais,
Para quem nenhuma religião foi feita,
Nenhuma arte criada,
Nenhuma política destinada para eles!
Como eu vos amo a todos, porque sois assim,
Nem imorais de tão baixos que sois, nem bons nem maus,
Inatingíveis por todos os progressos,
Fauna maravilhosa do fundo do mar da vida!

(Na nora do quintal da minha casa
O burro anda à roda, anda à roda,
E o mistério do mundo é do tamanho disto.
Limpa o suor com o braço, trabalhador descontente.
A luz do sol abafa o silêncio das esferas
E havemos todos de morrer,
Ó pinheirais sombrios ao crepúsculo,
Pinheirais onde a minha infância era outra coisa
Do que eu sou hoje...)

Mas, ah outra vez a raiva mecânica constante!
Outra vez a obsessão movimentada dos ómnibus.
E outra vez a fúria de estar indo ao mesmo tempo dentro de todos os comboios
De todas as partes do mundo,
De estar dizendo adeus de bordo de todos os navios,
Que a estas horas estão levantando ferro ou afastando-se das docas.
Ó ferro, ó aço, ó alumínio, ó chapas de ferro ondulado!
Ó cais, ó portos, ó comboios, ó guindastes, ó rebocadores!

Eh-lá grandes desastres de comboios!
Eh-lá desabamentos de galerias de minas!
Eh-lá naufrágios deliciosos dos grandes transatlânticos!
Eh-lá-hô revoluções aqui, ali, acolá,
Alterações de constituições, guerras, tratados, invasões,
Ruído, injustiças, violências, e talvez para breve o fim,
A grande invasão dos bárbaros amarelos pela Europa,
E outro Sol no novo Horizonte!

Que importa tudo isto, mas que importa tudo isto
Ao fúlgido e rubro ruído contemporâneo,
Ao ruído cruel e delicioso da civilização de hoje?
Tudo isso apaga tudo, salvo o Momento,
O Momento de tronco nu e quente como um fogueiro,
O Momento estridentemente ruidoso e mecânico,
O Momento dinâmico passagem de todas as bacantes
Do ferro e do bronze e da bebedeira dos metais.

Eia comboios, eia pontes, eia hotéis à hora do jantar,
Eia aparelhos de todas as espécies, férreos, brutos, mínimos,
Instrumentos de precisão, aparelhos de triturar, de cavar,
Engenhos, brocas, máquinas rotativas!
Eia! eia! eia!
Eia electricidade, nervos doentes da Matéria!
Eia telegrafia-sem-fios, simpatia metálica do Inconsciente!
Eia túneis, eia canais, Panamá, Kiel, Suez!
Eia todo o passado dentro do presente!
Eia todo o futuro já dentro de nós! eia!
Eia! eia! eia!
Frutos de ferro e útil da árvore-fábrica cosmopolita!
Eia! eia! eia! eia-hô-ô-ô!
Nem sei que existo para dentro. Giro, rodeio, engenho-me.
Engatam-me em todos os comboios.
Içam-me em todos os cais.

Giro dentro das hélices de todos os navios.
Eia! eia-hô! eia!
Eia! sou o calor mecânico e a electricidade!
Eia! e os *rails* e as casas de máquinas e a Europa!
Eia e hurrah por mim-tudo e tudo, máquinas a trabalhar, eia!

Galgar com tudo por cima de tudo! Hup-lá!

Hup lá, hup lá, hup-lá-hô, hup-lá!
Hé-há! Hé-hô! Ho-o-o-o-o!
Z-z-z-z-z-z-z-z-z-z-z!

Ah não ser eu toda a gente e toda a parte!

Londres, 1914-Junho.
Alvaro de Campos.
Dum livro chamado *Arco do Triunfo*, a publicar.

9

Dois excertos de odes
(Fins de duas odes, naturalmente)

[I]

Vem, Noite antiquíssima e idêntica,
Noite Rainha nascida destronada,
Noite igual por dentro ao silêncio, Noite
Com as estrelas lantejoulas rápidas
No teu vestido franjado de Infinito.

Vem, vagamente,
Vem, levemente,
Vem sozinha, solene, com as mãos caídas
Ao teu lado, vem
E traz os montes longínquos para ao pé das árvores próximas,
Funde num campo teu todos os campos que vejo,
Faze da montanha um bloco só do teu corpo,
Apaga-lhe todas as diferenças que de longe vejo,[1]
Todas as estradas que a sobem,
Todas as várias árvores que a fazem verde-escuro ao longe,
Todas as casas brancas e com fumo entre as árvores,
E deixa só uma luz e outra luz e mais outra,
Na distância imprecisa e vagamente perturbadora,
Na distância subitamente impossível de percorrer.

Nossa Senhora
Das coisas impossíveis que procuramos em vão,
Dos sonhos que vêm ter connosco ao crepúsculo, à janela,
Dos propósitos que nos acariciam
Nos grandes terraços dos hotéis cosmopolitas[2]
Ao som europeu das músicas e das vozes longe e perto,
E que doem por sabermos que nunca os realizaremos...
Vem, e embala-nos,

---
1 No testemunho 70-3, a «vejo» segue-se «de dia», ausente da Ática porque, presumivelmente, eliminado por Pessoa.
2 O testemunho 70-3ʳ acrescenta «sobre o mar,».

Vem e afaga-nos,
Beija-nos silenciosamente na fronte,
Tão levemente na fronte que não saibamos que nos beijam
Senão por uma diferença na alma
E um vago soluço partindo melodiosamente[1]
Do antiquíssimo de nós
Onde têm raiz todas essas árvores de maravilha
Cujos frutos são os sonhos que afagamos e amamos
Porque os sabemos fora de relação com o que há[2] na vida.

Vem soleníssima,
Soleníssima e cheia
De uma oculta vontade de soluçar,
Talvez porque a alma é grande e a vida pequena,
E todos os gestos não saem do nosso corpo
E só alcançamos onde o nosso braço chega,
E só vemos até onde chega o nosso olhar.

Vem, dolorosa,
Mater-Dolorosa das Angústias dos Tímidos,
Turris-Ebúrnea das Tristezas dos Desprezados,
Mão fresca sobre a testa em febre dos Humildes,
Sabor de água sobre os lábios secos dos Cansados.
Vem, lá do fundo
Do horizonte lívido,
Vem e arranca-me
Do solo de angústia e de inutilidade[3]
Onde vicejo.[4]
Apanha-me do meu solo, malmequer esquecido,[5]
Folha a folha lê em mim não sei que sina
E desfolha-me para teu agrado,
Para teu agrado silencioso e fresco.
Uma folha de mim lança para o Norte,
Onde estão as cidades de Hoje que eu tanto amei[6];
Outra folha de mim lança para o Sul,
Onde estão os mares[7] que os Navegadores abriram;
Outra folha minha atira ao Ocidente,

---

1   Em 70-3ʳ, «misericordiosamente».
2   Em 70-3ʳ, «pode haver».
3   A expressão «e de inutilidade» terá sido acrescentada por Pessoa no testemunho usado pela Ática.
4   Pessoa terá eliminado de 70-3ᵛ os dois versos seguintes: «Do solo de inquietação e vida-de-mais e falsas sensações / Donde naturalmente nasci.»
5   No testemunho da Ática foi eliminado um verso de facto excrescente: «E entre ervas altas malmequer ensombrado,».
6   Em 70-3ᵛ, em vez da forma simplificada «que eu tanto amei»: «cujo ruído amei como a um corpo.»
7   Segue-se, em 70-3ᵛ, «e as aventuras que se sonham.»

Onde arde ao rubro tudo o que talvez seja o Futuro,[1]
Que eu sem conhecer adoro;
E a outra, as outras,[2] o resto de mim
Atira ao Oriente,
Ao Oriente donde vem tudo, o dia e a fé,
Ao Oriente pomposo e fanático e quente,
Ao Oriente excessivo que eu nunca verei,
Ao Oriente budista, bramânico,[3] sintoísta,
Ao Oriente que é[4] tudo o que nós não temos,
Que é[5] tudo o que nós não somos,
Ao Oriente onde – quem sabe? – Cristo talvez ainda hoje viva,
Onde Deus talvez exista realmente[6] e mandando tudo...

Vem sobre os mares,
Sobre os mares maiores,
Sobre os mares sem horizontes precisos,
Vem e passa a mão[7] pelo dorso de fera,
E acalma-o misteriosamente,
Ó domadora hipnótica das coisas que se agitam muito!

Vem, cuidadosa,
Vem, maternal,
Pé ante pé enfermeira antiquíssima, que te sentaste
À cabeceira dos deuses das fés já perdidas,
E que viste nascer Jeová e Júpiter,
E sorriste porque tudo te é falso e inútil.[8]

Vem, Noite silenciosa e extática,
Vem envolver[9] na noite manto branco
O meu coração...
Serenamente como uma brisa na tarde leve,[10]
Tranquilamente como um gesto materno afagando,
Com as estrelas luzindo[11] nas tuas mãos

---

1 Pessoa, no original da Ática, terá corrigido para maiúscula o f de «futuro» e eliminado os dois versos seguintes: «E há ruídos de grandes máquinas e grandes desertos rochosos / Onde as almas se tornam selvagens e a moral não chega.».
2 Em 70-3ᵛ, seguem-se, em vez de «o resto de mim», «todas as outras folhas» e dois versos eliminados: «Ó oculto tocar--a-rebate dentro em minha alma! –»
3 Em 70-3ᵛ, «bramanista».
4 Acrescentei o «é», cuja ausência é lapso da Ática. É esta a forma do testemunho 70-3ᵛ.
5 Idem.
6 Em 70-3ᵛ, «com corpo».
7 No testemunho da Ática, simplificadamente: «pelo dorso».
8 Em 70-3ᵛ, «salvo a treva e o silêncio, / E o grande Espaço Misterioso para além deles...» em vez de simplesmente «inútil».
9 Em 70-4ʳ, segue-se «no teu manto leve».
10 Em 70-4ʳ, em vez de «leve», «lenta».
11 Segue-se, em vez de «nas tuas mãos», em 70-4ʳ: «(ó Mascarada do Além!) / Pó de ouro no teu cabelo negro,».

E a lua máscara misteriosa[1] sobre a tua face.
Todos os sons soam de outra maneira
Quando tu vens.
Quando tu entras baixam todas as vozes,
Ninguém te vê entrar,
Ninguém sabe quando entraste,
Senão de repente, vendo que tudo se recolhe,
Que tudo perde as arestas e as cores,
E que no alto céu ainda claramente azul[2]
Já crescente nítido, ou círculo branco, ou mera luz nova que vem
A lua começa a ser real.

[II]

Ah o crepúsculo, o cair da noite, o acender das luzes nas grandes cidades,
E a mão de mistério que abafa o bulício,
E o cansaço de tudo em nós que nos corrompe
Para uma sensação exata e precisa[3] e activa da Vida!
Cada rua é um canal de uma Veneza de tédios
E que misterioso o fundo unânime das ruas,
Das ruas ao cair da noite, ó Cesário Verde, ó Mestre,
Ó do «Sentimento de um Ocidental»!

Que inquietação profunda, que desejo de outras coisas,
Que nem são países, nem momentos, nem vidas,
Que desejo talvez de outros modos de estados de alma
Humedece interiormente o instante lento e longínquo!

Um horror sonâmbulo entre luzes que se acendem,
Um pavor terno e líquido, encostado às esquinas
Como um mendigo de sensações impossíveis
Que não sabe quem lhas possa dar...

---

1   Em vez de «a lua máscara misteriosa», EC e P/C, seguindo, como sempre, o testemunho 70-4ʳ, escrevem, recorrendo às variantes, EC: «o quarto minguante máscara misteriosa», e P/C: «o quarto minguante tempo».
2   Fiéis ao mencionado testemunho (porque publicado em *Revista de Portugal*, por mão alheia, três anos depois da morte de Pessoa), EC e P/C dão o golpe de misericórdia neste magnífico poema, estropiando assim os versos finais, depois do acrescento «e branco no horizonte,»: «já crescente nítido, ou círculo amarelento, ou mera esparsa brancura, / A lua começa o seu dia.». Por seu turno, a Ática separa o último verso do poema por gralha ou infeliz iniciativa.
3   Pessoa terá acrescentado «e precisa» no testemunho da Ática.

Quando eu morrer,
Quando me for, ignobilmente,[1] como toda a gente,
Por aquele caminho cuja ideia se não pode encarar de frente,[2]
Por aquela porta a que, se pudéssemos assomar, não assomaríamos,
Para aquele porto que o capitão do Navio não conhece,
Seja por esta hora condigna dos tédios que tive,
Por esta hora mística e espiritual e antiquíssima,
Por esta hora em que talvez, há muito mais tempo do que parece,
Platão sonhando viu a ideia de Deus
Esculpir corpo e existência nitidamente plausível
Dentro do seu pensamento exteriorizado como um campo.

Seja por esta hora que me leveis a enterrar,
Por esta hora que eu não sei como viver,
Em que não sei que sensações ter ou fingir que tenho,
Por esta hora cuja misericórdia é torturada e excessiva,
Cujas sombras vêm de qualquer outra coisa que não as coisas,
Cuja passagem não roça vestes no chão da Vida Sensível
Nem deixa perfume nos caminhos do Olhar.

Cruza as mãos sobre o joelho, ó companheira que eu não tenho nem quero ter,
Cruza as mãos sobre o joelho e olha-me em silêncio
A esta hora em que eu não posso ver que tu me olhas,
Olha-me em silêncio e em segredo e pergunta a ti própria –
Tu que me conheces – quem eu sou...

[30/6/1914]

---

[1] Em 70-4r, fonte das duas edições anteriormente nomeadas, «hirto e diferente», em vez de «ignobilmente». No testemunho da Ática, o verso seguinte, que essas edições mantiveram, foi eliminado.
[2] Substituí o ponto final por vírgula, óbvia aqui. Assim também em 70-4v.

10

Tudo se funde no movimento
☐
E cada arbusto fitado
Nem é o terceiro que está a seguir.

A bondade da chama nocturna em casas distantes,
Os lares dos outros meras estrelas humanas na noite

A indefinida felicidade para nós de ver outros a distância.[1]

11

Chove muito, chove excessivamente...
Chove e de vez em quando faz um vento frio...
Estou triste, muito triste, como *se o dia fosse eu.*[2]

Num dia no meu futuro em que chova assim também
E eu, à janela, de repente me lembre do dia de hoje,
Pensarei eu «ah, nesse tempo eu era mais feliz»
Ou pensarei «ah, que tempo triste foi aquele»!
Ah, meu Deus, eu que pensarei deste dia nesse dia
E o que serei, de que forma; o que me será o passado que é hoje só presente?...
O ar está mais desagasalhado, mais frio, mais triste
E há uma grande dúvida de chumbo no meu coração...

20/11/1914

---

1   No final, dois versos e meio riscados – «Quimera moderna do movimento / Da ânsia da fuga a nós mesmos, / Estátua partida ☐» – e o que parece ser o início da palavra Álvaro.
    Embora seja perfeitamente atribuível a Campos esta exaltação do «movimento», o poema não figura nem em EC nem em P/C.
2   Variante sobreposta: «eu fosse o dia».

12

O melodioso sistema do Universo,
O grande festival pagão de haver o sol e a lua
E a titânica dança das estações
E o ritmo plácido das eclípticas
Mandando tudo estar calado.
E atender apenas ao brilho exterior do Universo.[1]

27/11/1914

13

Os mortos! Que prodigiosamente
E com que horrível reminiscência
Vivem na nossa recordação deles!

A minha velha tia na sua antiga casa, no campo
Onde eu era feliz e tranquilo e a criança que eu era...
Penso nisso e uma saudade toda raiva repassa-me...
E, além disso, penso, ela já morreu há anos...
Tudo isto, vendo bem, é misterioso como um lusco-fusco...
Penso, e todo o enigma do universo repassa-me.
Revejo aquilo na imaginação com tal realidade
Que depois, quando penso que aquilo acabou
E que ela está morta,
Encaro com o mistério mais palidamente
Vejo-o mais escuro, mais impiedoso, mais longínquo
E nem choro, de atento que estou ao terror da vida...[2]

Como eu desejaria ser parte da noite,
Parte sem contornos da noite, um lugar qualquer no espaço
Não propriamente um lugar, por não ter posição nem contornos,
Mas noite na noite, uma parte dela, pertencendo-lhe por todos os lados
E unido e afastado companheiro da minha ausência de existir...

Aquilo era tão real, tão vivo, tão atual!...
Quando em mim o revejo, está outra vez vivo em mim...

---

[1] Verso dubitado.
[2] O poeta encarou terminar o poema, que datou, depis de «terror da vida», mas continuou na mesma página, e, após 5 linhas de um texto semelhante, retoma as evocações de infância: «Aquilo era tão real...». Decidi considerar (bem ao jeito de Campos) estes cinco versos como uma divagação de que regressa. Se fosse outro poema, Pessoa teria assinalado.

Pasmo de que coisa tão real pudesse passar...
E não existir hoje e hoje ser tão diverso...
Corre para o mar a água do rio, abandona a minha vista,
Chega ao mar e perde-se no mar,
Mas a água perde-se de si-própria?
Uma coisa deixa de ser o que é absolutamente
Ou pecam de vida os nossos olhos e os nossos ouvidos
E a nossa consciência exterior do Universo?
Onde está hoje o meu passado?
Em que baú o guardou Deus que não sei dar com ele?
Quando o revejo em mim, onde é que o estou vendo?
Tudo isto deve ter um sentido – talvez muito simples –
Mas por mais que pense não atino com ele.

13/12/1914

14

Através do ruído do café cheio de gente
Chega-me a brisa que passa pelo convés
Nas longas viagens, no alto mar, no verão
Perto dos trópicos (no amontoado nocturno do navio –
Sacudido regularmente pela hélice palpitante –
Vejo passar os uniformes brancos dos oficiais de bordo).
E essa brisa traz um ruído de mar-alto, pluromar
E a nossa civilização não pertence à minha reminiscência.

1/5/1915

15

O binómio de Newton é tão belo como a Vénus de Milo.
O que há é pouca gente para dar por isso,

(Alvaro de Campos)

Óóóó---óóóóóóóóó---óóóóóóóóóóóóóóó

                    (O vento lá fora)

16

Ode marítima

A Santa Rita Pintor

Sozinho, no cais deserto, a esta manhã de verão,
Olho pró lado da barra, olho pró Indefinido,
Olho e contenta-me ver,
Pequeno, negro e claro, um paquete entrando.
Vem muito longe, nítido, clássico à sua maneira.
Deixa no ar distante atrás de si a orla vã do seu fumo.
Vem entrando, e a manhã entra com ele, e no rio,
Aqui, acolá, acorda a vida marítima,
Erguem-se velas, avançam rebocadores,
Surgem barcos pequenos detrás dos navios que estão no porto.
Há uma vaga brisa.
Mas a minh'alma está com o que vejo menos.
Com o paquete que entra,
Porque ele está com a Distância, com a Manhã,
Com o sentido marítimo desta Hora,
Com a doçura dolorosa que sobe em mim como uma náusea,
Como um começar a enjoar, mas no espírito.

Olho de longe o paquete, com uma grande independência de alma,
E dentro de mim um volante começa a girar, lentamente.

Os paquetes que entram de manhã na barra
Trazem aos meus olhos consigo
O mistério alegre e triste de quem chega e parte.
Trazem memórias de cais afastados e doutros momentos
Doutro modo da mesma humanidade noutros portos.
Todo o atracar, todo o largar de navio,
É – sinto-o em mim como o meu sangue –
Inconscientemente simbólico, terrivelmente
Ameaçador de significações metafísicas
Que perturbam em mim quem eu fui...

Ah, todo o cais é uma saudade de pedra!
E quando o navio larga do cais
E se repara de repente que se abriu um espaço

Entre o cais e o navio,
Vem-me, não sei porquê, uma angústia recente,
Uma névoa de sentimentos de tristeza
Que brilha ao sol das minhas angústias relvadas
Como a primeira janela onde a madrugada bate,
E me envolve como uma recordação duma outra pessoa
Que fosse misteriosamente minha.

Ah, quem sabe, quem sabe,
Se não parti outrora, antes de mim,
Dum cais; se não deixei, navio ao sol
Oblíquo da madrugada,
Uma outra espécie de porto?
Quem sabe se não deixei, antes de a hora
Do mundo exterior como eu o vejo
Raiar-se para mim,
Um grande cais cheio de pouca gente,
Duma grande cidade meio-desperta,
Duma enorme cidade comercial, crescida, apopléctica,
Tanto quanto isso pode ser fora do Espaço e do Tempo?

Sim, dum cais, dum cais dalgum modo material,
Real, visível como cais, cais realmente,
O Cais Absoluto por cujo modelo inconscientemente imitado,
Insensivelmente evocado,
Nós os homens construímos
Os nossos cais nos nossos portos,
Os nossos cais de pedra actual sobre água verdadeira,
Que depois de construídos se anunciam de repente
Coisas-Reais, Espíritos-Coisas, Entidades em Pedra-Almas,
A certos momentos nossos de sentimento-raiz
Quando no mundo-exterior como que se abre uma porta
E, sem que nada se altere,
Tudo se revela diverso.

Ah o Grande Cais donde partimos em Navios-Nações!
O Grande Cais Anterior, eterno e divino!
De que porto? Em que águas? E porque penso eu isto?
Grande Cais como os outros cais, mas o Único.
Cheio como eles de silêncios rumorosos nas antemanhãs,
E desabrochando com as manhãs num ruído de guindastes
E chegadas de comboios de mercadorias,
E sob a nuvem negra e ocasional e leve

Do fumo das chaminés das fábricas próximas
Que lhe sombreia o chão preto de carvão pequenino que brilha,
Como se fosse a sombra duma nuvem que passasse sobre água sombria.

Ah, que essencialidade de mistério e sentidos parados
Em divino êxtase revelador
Às horas cor de silêncios e angústias
Não é ponte entre qualquer cais e O Cais!
Cais negramente reflectido nas águas paradas,
Bulício a bordo dos navios,
Ó alma errante e instável da gente que anda embarcada,
Da gente simbólica que passa e com quem nada dura,
Que quando o navio volta ao porto
Há sempre qualquer alteração a bordo!

Ó fugas contínuas, idas, ebriedade do Diverso!
Alma eterna dos navegadores e das navegações!
Cascos reflectidos devagar nas águas,
Quando o navio larga do porto!
Flutuar como alma da vida, partir como voz,
Viver o momento tremulamente sobre águas eternas.
Acordar para dias mais directos que os dias da Europa,
Ver portos misteriosos sobre a solidão do mar,
Virar cabos longínquos para súbitas vastas paisagens
Por inumeráveis encostas atónitas...

Ah, as praias longínquas, os cais vistos de longe,
E depois as praias próximas, os cais vistos de perto.
O mistério de cada ida e de cada chegada,
A dolorosa instabilidade e incompreensibilidade
Deste impossível universo
A cada hora marítima mais na própria pele sentido!
O soluço absurdo que as nossas almas derramam
Sobre as extensões de mares diferentes com ilhas ao longe,
Sobre as ilhas longínquas das costas deixadas passar,
Sobre o crescer nítido dos portos, com as suas casas e a sua gente,
Para o navio que se aproxima.

Ah, a frescura das manhãs em que se chega,
E a palidez das manhãs em que se parte,
Quando as nossas entranhas se arrepanham
E uma vaga sensação parecida com um medo
– O medo ancestral de se afastar e partir,

O misterioso receio ancestral à Chegada e ao Novo –
Encolhe-nos a pele e agonia-nos,
E todo o nosso corpo angustiado sente,
Como se fosse a nossa alma,
Uma inexplicável vontade de poder sentir isto doutra maneira:
Uma saudade a qualquer coisa,
Uma perturbação de afeições a que vaga pátria?
A que costa? a que navio? a que cais?
Que se adoece em nós o pensamento,
E só fica um grande vácuo dentro de nós,
Uma oca saciedade de minutos marítimos,
E uma ansiedade vaga que seria tédio ou dor
Se soubesse como sê-lo...

A manhã de verão está, ainda assim, um pouco fresca.
Um leve torpor de noite anda ainda no ar sacudido.
Acelera-se ligeiramente o volante dentro de mim.
E o paquete vem entrando, porque deve vir entrando sem dúvida,
E não porque eu o veja mover-se na sua distância excessiva.

Na minha imaginação ele está já perto e é visível
Em toda a extensão das linhas das suas vigias.
E treme em mim tudo, toda a carne e toda a pele,
Por causa daquela criatura que nunca chega em nenhum barco
E eu vim esperar hoje ao cais, por um mandado oblíquo.

Os navios que entram a barra,
Os navios que saem dos portos,
Os navios que passam ao longe
(Suponho-me vendo-os duma praia deserta) –
Todos estes navios abstractos quase na sua ida,
Todos estes navios assim comovem-me como se fossem outra coisa
E não apenas navios, navios indo e vindo.

E os navios vistos de perto, mesmo que se não vá embarcar neles,
Vistos de baixo, dos botes, muralhas altas de chapas,
Vistos dentro, através das câmaras, das salas, das despensas,
Olhando de perto os mastros, afilando-se lá pró alto,
Roçando pelas cordas, descendo as escadas incómodas,
Cheirando a untada mistura metálica e marítima de tudo aquilo –
Os navios vistos de perto são outra coisa e a mesma coisa,
Dão a mesma saudade e a mesma ânsia doutra maneira.

Toda a vida marítima! tudo na vida marítima!
Insinua-se no meu sangue toda essa sedução fina
E eu cismo indeterminadamente as viagens.
Ah, as linhas das costas distantes, achatadas pelo horizonte!
Ah, os cabos, as ilhas, as praias areentas!
As solidões marítimas como certos momentos no Pacífico
Em que não sei por que sugestão aprendida na escola
Se sente pesar sobre os nervos o facto de que aquele é o maior dos oceanos
E o mundo e o sabor das coisas tornam-se um deserto dentro de nós!
A extensão mais humana, mais salpicada, do Atlântico!
O Índico, o mais misterioso dos oceanos todos!
O Mediterrâneo, doce, sem mistério nenhum, clássico, um mar pra bater
De encontro a esplanadas olhadas de jardins próximos por estátuas brancas!
Todos os mares, todos os estreitos, todas as baías, todos os golfos,
Queria apertá-los ao peito, senti-los bem e morrer!

E vós, ó coisas navais, meus velhos brinquedos de sonho!
Componde fora de mim a minha vida interior!
Quilhas, mastros e velas, rodas do leme, cordagens,
Chaminés de vapores, hélices, gáveas, flâmulas,
Galdropes, escotilhas, caldeiras, colectores, válvulas,
Caí por mim dentro em montão, em monte,
Como o conteúdo confuso de uma gaveta despejada no chão!
Sede vós o tesouro da minha avareza febril,
Sede vós os frutos da árvore da minha imaginação,
Tema de cantos meus, sangue nas veias da minha inteligência,
Vosso seja o laço que me une ao exterior pela estética,
Fornecei-me metáforas, imagens, literatura,
Porque em real verdade, a sério, literalmente,
Minhas sensações são um barco de quilha pró ar,
Minha imaginação uma âncora meio submersa,
Minha ânsia um remo partido,
E a tessitura dos meus nervos uma rede a secar na praia!

Soa no acaso do rio um apito, só um.
Treme já todo o chão do meu psiquismo.
Acelera-se cada vez mais o volante dentro de mim.

Ah, os paquetes, as viagens, o não-se-saber-o-paradeiro
De Fulano-de-tal, marítimo, nosso conhecido!
Ah, a glória de se saber que um homem que andava connosco
Morreu afogado ao pé duma ilha do Pacífico!
Nós que andámos com ele vamos falar nisso a todos,

Com um orgulho legítimo, com uma confiança invisível
Em que tudo isso tenha um sentido mais belo e mais vasto
Que apenas o ter-se perdido o barco onde ele ia
E ele ter ido ao fundo por lhe ter entrado água prós pulmões!

Ah, os paquetes, os navios-carvoeiros, os navios de vela!
Vão rareando – ai de mim! – os navios de vela nos mares!
E eu, que amo a civilização moderna, eu que beijo com a alma as máquinas,
Eu o engenheiro, eu o civilizado, eu o educado no estrangeiro,
Gostaria de ter outra vez ao pé da minha vista só veleiros e barcos de madeira,
De não saber doutra vida marítima que a antiga vida dos mares!
Porque os mares antigos são a Distância Absoluta,
O Puro Longe, liberto do peso do Actual...
E ah, como aqui tudo me lembra essa vida melhor,
Esses mares, maiores, porque se navegava mais devagar.
Esses mares, misteriosos, porque se sabia menos deles.

Todo o vapor ao longe é um barco de vela perto.
Todo o navio distante visto agora é um navio no passado visto próximo.
Todos os marinheiros invisíveis a bordo dos navios no horizonte
São os marinheiros visíveis do tempo dos velhos navios,
Da época lenta e veleira das navegações perigosas,
Da época de madeira e lona das viagens que duravam meses.

Toma-me pouco a pouco o delírio das coisas marítimas,
Penetram-me fisicamente o cais e a sua atmosfera,
O marulho do Tejo galga-me por cima dos sentidos,
E começo a sonhar, começo a envolver-me do sonho das águas,
Começam a pegar bem as correias-de-transmissão na minh'alma
E a aceleração do volante sacode-me nitidamente.

Chamam por mim as águas,
Chamam por mim os mares.
Chamam por mim, levantando uma voz corpórea, os longes,
As épocas marítimas todas sentidas no passado, a chamar.

Tu, marinheiro inglês, Jim Barns meu amigo, foste tu
Que me ensinaste esse grito antiquíssimo, inglês,
Que tão venenosamente resume
Para as almas complexas como a minha
O chamamento confuso das águas,
A voz inédita e implícita de todas as coisas do mar,
Dos naufrágios, das viagens longínquas, das travessias perigosas.
Esse teu grito inglês, tornado universal no meu sangue,

Sem feitio de grito, sem forma humana nem voz,
Esse grito tremendo que parece soar
De dentro duma caverna cuja abóbada é o céu
E parece narrar todas as sinistras coisas
Que podem acontecer no Longe, no Mar, pela Noite...
(Fingias sempre que era por uma escuna que chamavas,
E dizias assim, pondo uma mão de cada lado da boca,
Fazendo porta-voz das grandes mãos curtidas e escuras:

Ahò-ò-ò-ò-ò-ò-ò-ò-ò-ò-ò---yyyy...
Schooner ahò-ò-ò-ò-ò-ò-ò-ò-ò-ò-ò-ò----yyyy...)

Escuto-te de aqui, agora, e desperto a qualquer coisa.
Estremece o vento. Sobe a manhã. O calor abre.
Sinto corarem-me as faces.
Meus olhos conscientes dilatam-se.
O êxtase em mim levanta-se, cresce, avança,
E com um ruído cego de arruaça acentua-se
O giro vivo do volante.

Ó clamoroso chamamento
A cujo calor, a cuja fúria fervem em mim
Numa unidade explosiva todas as minhas ânsias,
Meus próprios tédios tornados dinâmicos, todos!...
Apelo lançado ao meu sangue
Dum amor passado, não sei onde, que volve
E ainda tem força para me atrair e puxar,
Que ainda tem força para me fazer odiar esta vida
Que passo entre a impenetrabilidade física e psíquica
Da gente real com que vivo!

Ah seja como for, seja para onde for, partir!
Largar por aí fora, pelas ondas, pelo perigo, pelo mar,
Ir para Longe, ir para Fora, para a Distância Abstracta,
Indefinidamente, pelas noites misteriosas e fundas,
Levado, como a poeira, plos ventos, plos vendavais!
Ir, ir, ir, ir de vez!
Todo o meu sangue raiva por asas!
Todo o meu corpo atira-se prà frente!
Galgo pla minha imaginação fora em torrentes!
Atropelo-me, rujo, precipito-me!...
Estoiram em espuma as minhas ânsias
E a minha carne é uma onda dando de encontro a rochedos!

Pensando nisto – ó raiva! pensando nisto – ó fúria!
Pensando nesta estreiteza da minha vida cheia de ânsias,
Subitamente, tremulamente, extraorbitadamente,
Com uma oscilação viciosa, vasta, violenta,
Do volante vivo da minha imaginação,
Rompe, por mim, assobiando, silvando, vertiginando,
O cio sombrio e sádico da estrídula vida marítima.

Eh marinheiros, gajeiros! eh tripulantes, pilotos!
Navegadores, mareantes, marujos, aventureiros!
Eh capitães de navios! homens ao leme e em mastros!
Homens que dormem em beliches rudes!
Homens que dormem co'o Perigo a espreitar plas vigias!
Homens que dormem co'a Morte por travesseiro!
Homens que têm tombadilhos, que têm pontes donde olhar
A imensidade imensa do mar imenso!
Eh manipuladores dos guindastes de carga!
Eh amainadores de velas, fogueiros, criados de bordo!
Homens que metem a carga nos porões!
Homens que enrolam cabos no convés!
Homens que limpam os metais das escotilhas!
Homens do leme! homens das máquinas! homens dos mastros!
Eh-eh-eh-eh-eh-eh-eh!
Gente de *bonet* de pala! Gente de camisola de malha!
Gente de âncoras e bandeiras cruzadas bordadas no peito!
Gente tatuada! gente de cachimbo! gente de amurada!
Gente escura de tanto sol, crestada de tanta chuva,
Limpa de olhos de tanta imensidade diante deles,
Audaz de rosto de tantos ventos que lhes bateram a valer!
Eh-eh-eh-eh-eh-eh-eh!
Homens que vistes a Patagónia!
Homens que passastes pela Austrália!
Que enchestes o vosso olhar de costas que nunca verei!
Que fostes a terra em terras onde nunca descerei!
Que comprastes artigos toscos em colónias à proa de sertões!
E fizestes tudo isso como se não fosse nada,
Como se isso fosse natural,
Como se a vida fosse isso,
Como nem sequer cumprindo um destino!
Eh-eh-eh-eh-eh-eh!
Homens do mar actual! homens do mar passado!
Comissários de bordo! escravos das galés! combatentes de Lepanto!

Piratas do tempo de Roma! Navegadores da Grécia!
Fenícios! Cartagineses! Portugueses atirados de Sagres
Para a aventura indefinida, para o Mar Absoluto, para realizar o Impossível!
Eh-eh-eh-eh-eh-eh-eh-eh-eh!
Homens que erguestes padrões, que destes nomes a cabos!
Homens que negociastes pela primeira vez com pretos!
Que primeiro vendestes escravos de novas terras!
Que destes o primeiro espasmo europeu às negras atónitas!
Que trouxestes ouro, missanga, madeiras cheirosas, setas,
De encostas explodindo em verde vegetação!
Homens que saqueastes tranquilas povoações africanas,
Que fizestes fugir com o ruído de canhões essas raças,
Que matastes, roubastes, torturastes, ganhastes
Os prémios de Novidade de quem, de cabeça baixa
Arremete contra o mistério de novos mares! Eh-eh-eh-eh-eh!
A vós todos num, a vós todos em vós todos como um,
A vós todos misturados, entrecruzados,
A vós todos sangrentos, violentos, odiados, temidos, sagrados,
Eu vos saúdo, eu vos saúdo, eu vos saúdo!
Eh-eh-eh-eh eh! Eh eh-eh-eh eh! Eh-eh-eh-eh-eh eh!
Eh-lahô-lahô-laHO-lahá-á-á-à-à!

Quero ir convosco, quero ir convosco,
Ao mesmo tempo com vós todos
Pra toda a parte pr'onde fostes!
Quero encontrar vossos perigos frente a frente,
Sentir na minha cara os ventos que engelharam as vossas,
Cuspir dos lábios o sal dos mares que beijaram os vossos,
Ter braços na vossa faina, partilhar das vossas tormentas,
Chegar como vós, enfim, a extraordinários portos!
Fugir convosco à civilização!
Perder convosco a noção da moral!
Sentir mudar-se no longe a minha humanidade!
Beber convosco em mares do sul
Novas selvajarias, novas balbúrdias da alma,
Novos fogos centrais no meu vulcânico espírito!
Ir convosco, despir de mim – ah! põe-te daqui pra fora! –
O meu traje de civilizado, a minha brandura de acções,
Meu medo inato das cadeias,
Minha pacífica vida,
A minha vida sentada, estática, regrada e revista!

No mar, no mar, no mar, no mar,
Eh! pôr no mar, ao vento, às vagas,
A minha vida!
Salgar de espuma arremessada pelos ventos
Meu paladar das grandes viagens.
Fustigar de água chicoteante as carnes da minha aventura,
Repassar de frios oceânicos os ossos da minha existência,
Flagelar, cortar, engelhar de ventos, de espumas, de sóis,
Meu ser ciclónico e atlântico,
Meus nervos postos como enxárcias,
Lira nas mãos dos ventos!

Sim, sim, sim... Crucificai-me nas navegações
E as minhas espáduas gozarão a minha cruz!
Atai-me às viagens como a postes
E a sensação dos postes entrará pela minha espinha
E eu passarei a senti-los num vasto espasmo passivo!
Fazei o que quiserdes de mim, logo que seja nos mares,
Sobre conveses, ao som de vagas,
Que me rasgueis, mateis, firais!
O que quero é levar prà Morte
Uma alma a transbordar de Mar,
Ébria a cair das coisas marítimas,
Tanto dos marujos como das âncoras, dos cabos,
Tanto das costas longínquas como do ruído dos ventos,
Tanto do Longe como do Cais, tanto dos naufrágios
Como dos tranquilos comércios,
Tanto dos mastros como das vagas,
Levar prà Morte com dor, voluptuosamente,
Um corpo cheio de sanguessugas, a sugar, a sugar,
De estranhas verdes absurdas sanguessugas marítimas!

Façam enxárcias das minhas veias!
Amarras dos meus músculos!
Arranquem-me a pele, preguem-na às quilhas.
E possa eu sentir a dor dos pregos e nunca deixar de sentir!
Façam do meu coração uma flâmula de almirante
Na hora de guerra dos velhos navios!
Calquem aos pés nos conveses meus olhos arrancados!
Quebrem-me os ossos de encontro às amuradas!
Fustiguem-me atado aos mastros, fustiguem-me!
A todos os ventos de todas as latitudes e longitudes
Derramem meu sangue sobre as águas arremessadas

Que atravessam o navio, o tombadilho, de lado a lado,
Nas vascas bravas das tormentas!

Ter a audácia ao vento dos panos das velas!
Ser, como as gáveas altas, o assobio dos ventos!
A velha guitarra do Fado dos mares cheios de perigos,
Canção para os navegadores ouvirem e não repetirem!

Os marinheiros que se sublevaram
Enforcaram o capitão numa verga.
Desembarcaram um outro numa ilha deserta.
Marooned!
O sol dos trópicos pôs a febre da pirataria antiga
Nas minhas veias intensivas.
Os ventos da Patagónia tatuaram a minha imaginação
De imagens trágicas e obscenas.
Fogo, fogo, fogo, dentro de mim!
Sangue! sangue! sangue! sangue!
Explode todo o meu cérebro!
Parte-se-me o mundo em vermelho!
Estoiram-me com o som de amarras as veias!
E estala em mim, feroz, voraz,
A canção do Grande Pirata,
A morte berrada do Grande Pirata a cantar
Até meter pavor plas espinhas dos seus homens abaixo.
Lá da ré a morrer, e a berrar, a cantar:

> *Fifteen men on the Dead Man's Chest.*
> *Yo-ho ho and a bottle of rum!*

E depois a gritar, numa voz já irreal, a estoirar no ar:

Darby M'Graw-aw-aw-aw-aw!
Darby M'Graw-aw-aw-aw-aw-aw-aw!
Fetch a-a-aft the ru-u-u-u-u-u-u-u-um, Darby.

Eia, que vida essa! essa era a vida, eia!
Eh-eh-eh-eh-eh-eh-eh!
Eh-lahô-lahô!-laHO-lahá-á-á-à-à!
Eh-eh-eh-eh-eh-eh-eh!

Quilhas partidas, navios ao fundo, sangue nos mares!
Conveses cheios de sangue, fragmentos de corpos!
Dedos decepados sobre amuradas!
Cabeças de crianças, aqui, acolá!

Gente de olhos fora, a gritar, a uivar!
Eh-eh-eh-eh-eh-eh-eh-eh-eh-eh!
Eh-eh-eh-eh-eh-eh-eh-eh-eh-eh!
Embrulho-me em tudo isto como uma capa no frio!
Roço-me por tudo isto como uma gata com cio por um muro!
Rujo como um leão faminto para tudo isto!
Arremeto como um toiro louco sobre tudo isto!
Cravo unhas, parto garras, sangro dos dentes sobre isto!
Eh-eh-eh-eh-eh-eh-eh-eh-eh-eh!

De repente estala-me sobre os ouvidos,
Como um clarim a meu lado,
O velho grito, mas agora irado, metálico,
Chamando a presa que se avista,
A escuna que vai ser tomada:

Ahó-ó-ó-ó-ó-ó-ó-ó-ó-ó-ó-------yyyy...
Schooner ahó-ó-ó-ó-ó-ó-ó-ó-ó-ó-ó-ó-------yyyy...

O mundo inteiro não existe para mim! Ardo vermelho!
Rujo na fúria da abordagem!
Pirata-mor! César-Pirata!
Pilho, mato, esfacelo, rasgo!
Só sinto o mar, a presa, o saque!
Só sinto em mim bater, baterem-me
As veias das minhas fontes!
Escorre sangue quente a minha sensação dos meus olhos!
Eh-eh-eh-eh-eh-eh-eh-eh-eh-eh!

Ah piratas, piratas, piratas!
Piratas, amai-me e odiai-me!
Misturai-me convosco, piratas!

Vossa fúria, vossa crueldade como falam ao sangue
Dum corpo de mulher que foi meu outrora e cujo cio sobrevive!

Eu queria ser um bicho representativo de todos os vossos gestos,
Um bicho que cravasse dentes nas amuradas, nas quilhas,
Que comesse mastros, bebesse sangue e alcatrão nos conveses,
Trincasse velas, remos, cordame e poleame,
Serpente do mar feminina e monstruosa cevando-se nos crimes!

E há uma sinfonia de sensações incompatíveis e análogas,
Há uma orquestração no meu sangue de balbúrdias de crimes,
De estrépitos espasmados de orgias de sangue nos mares,

Furibundamente, como um vendaval de calor pelo espírito,
Nuvem de poeira quente anuviando a minha lucidez
E fazendo-me ver e sonhar isto tudo só com a pele e as veias!

Os piratas, a pirataria, os barcos, a hora,
Aquela hora marítima em que as presas são assaltadas,
E o terror dos apresados foge prà loucura – essa hora,
No seu total de crimes, terror, barcos, gente, mar, céu, nuvens,
Brisa, latitude, longitude, vozearia,
Queria eu que fosse em seu Todo meu corpo em seu Todo, sofrendo,
Que fosse meu corpo e meu sangue, compusesse meu ser em vermelho,
Florescesse como uma ferida comichando na carne irreal da minha alma!

Ah, ser tudo nos crimes! ser todos os elementos componentes
Dos assaltos aos barcos e das chacinas e das violações!
Ser quanto foi no lugar dos saques!
Ser quanto viveu ou jazeu no local das tragédias de sangue!
Ser o pirata-resumo de toda a pirataria no seu auge,
E a vítima-síntese, mas de carne e osso, de todos os piratas do mundo!

Ser no meu corpo passivo a mulher-todas-as-mulheres
Que foram violadas, mortas, feridas, rasgadas pelos piratas!
Ser no meu ser subjugado a fêmea que tem de ser deles
E sentir tudo isso – todas estas coisas duma só vez – pela espinha!

Ó meus peludos e rudes heróis da aventura e do crime!
Minhas marítimas feras, maridos da minha imaginação!
Amantes casuais da obliquidade das minhas sensações!
Queria ser Aquela que vos esperasse nos portos,
A vós, odiados amados do seu sangue de pirata nos sonhos!
Porque ela teria convosco, mas só em espírito, raivado
Sobre os cadáveres nus das vítimas que fazeis no mar!
Porque ela teria acompanhado vosso crime, e na orgia oceânica
Seu espírito de bruxa dançaria invisível em volta dos gestos
Dos vossos corpos, dos vossos cutelos, das vossas mãos estranguladoras!
E ela em terra, esperando-vos, quando viésseis, se acaso viésseis,
Iria beber nos rugidos do vosso amor todo o vasto,
Todo o nevoento e sinistro perfume das vossas vitórias,
E através dos vossos espasmos silvaria um sabbat de vermelho e amarelo!

A carne rasgada, a carne aberta e estripada, o sangue correndo!
Agora, no auge conciso de sonhar o que vós fazíeis,
Perco-me todo de mim, já não vos pertenço, sou vós,
A minha feminilidade que vos acompanha é ser as vossas almas!

Estar por dentro de toda a vossa ferocidade, quando a praticáveis!
Sugar por dentro a vossa consciência das vossas sensações
Quando tingíeis de sangue os mares altos,
Quando de vez em quando atiráveis aos tubarões
Os corpos vivos ainda dos feridos, a carne rosada das crianças
E leváveis as mães às amuradas para verem o que lhes acontecia!

Estar convosco na carnagem, na pilhagem!
Estar orquestrado convosco na sinfonia dos saques!
Ah, não sei quê, não sei quanto queria eu ser de vós!
Não era só ser-vos a fêmea, ser-vos as fêmeas, ser-vos as vítimas,
Ser-vos as vítimas – homens, mulheres, crianças, navios –,
Não era só ser a hora e os barcos e as ondas,
Não era só ser vossas almas, vossos corpos, vossa fúria, vossa posse,
Não era só ser concretamente vosso acto abstracto de orgia,
Não era só isto que eu queria ser – era mais que isto o Deus-isto!
Era preciso ser Deus, o Deus dum culto ao contrário,
Um Deus monstruoso e satânico, um Deus dum panteísmo de sangue,
Para poder encher toda a medida da minha fúria imaginativa,
Para poder nunca esgotar os meus desejos de identidade
Com o cada, e o tudo, e o mais-que-tudo das vossas vitórias!

Ah, torturai-me para me curardes!
Minha carne – fazei dela o ar que os vossos cutelos atravessam
Antes de caírem sobre as cabeças e os ombros!
Minhas veias sejam os fatos que as facas trespassam!
Minha imaginação o corpo das mulheres que violais!
Minha inteligência o convés onde estais de pé matando!
Minha vida toda, no seu conjunto nervoso, histérico, absurdo,
O grande organismo de que cada acto de pirataria que se cometeu
Fosse uma célula consciente – e todo eu turbilhonasse
Como uma imensa podridão ondeando, e fosse aquilo tudo!

Com tal velocidade desmedida, pavorosa,
A máquina de febre das minhas visões transbordantes
Gira agora que a minha consciência, volante,
É apenas um nevoento círculo assobiando no ar.

> *Fifteen men on the Dead Man's Chest*
> *Yo-ho ho and a bottle of rum!*

Eh-lahô-lahô-laHO------láhá-á-ááá------ààà...

Ah! a selvageria desta selvageria! Merda
Pra toda a vida como a nossa, que não é nada disto!
Eu pr'aqui engenheiro, prático à força, sensível a tudo
Pr'aqui parado, em relação a vós, mesmo quando ando;
Mesmo quando ajo, inerte; mesmo quando me imponho, débil;
Estático, quebrado, dissidente cobarde da vossa Glória,
Da vossa grande dinâmica estridente, quente e sangrenta!

Arre! por não poder agir de acordo com o meu delírio!
Arre! por andar sempre agarrado às saias da civilização!
Por andar com a *douceur des moeurs* às costas, como um fardo de rendas!
Moços de esquina – todos nós o somos – do humanitarismo moderno!
Estupores de tísicos, de neurasténicos, de linfáticos,
Sem coragem para ser gente com violência e audácia,
Com a alma como uma galinha presa por uma perna!

Ah, os piratas! os piratas!
A ânsia do ilegal unido ao feroz,
A ânsia das coisas absolutamente cruéis e abomináveis,
Que rói como um cio abstracto os nossos corpos franzinos,
Os nossos nervos femininos e delicados,
E põe grandes febres loucas nos nossos olhares vazios!

Obrigai-me a ajoelhar diante de vós!
Humilhai-me e batei-me!
Fazei de mim o vosso escravo e a vossa coisa!
E que o vosso desprezo por mim nunca me abandone,
Ó meus senhores! ó meus senhores!

Tomar sempre gloriosamente a parte submissa
Nos acontecimentos de sangue e nas sensualidades estiradas!
Desabai sobre mim, como grandes muros pesados,
Ó bárbaros do antigo mar!
Rasgai-me e feri-me!
De leste a oeste do meu corpo
Riscai de sangue a minha carne!
Beijai com cutelos de bordo e açoites e raiva
O meu alegre terror carnal de vos pertencer,
A minha ânsia masoquista em me dar à vossa fúria,
Em ser objecto inerte e sentiente da vossa omnívora crueldade,
Dominadores, senhores, imperadores, corcéis!
Ah, torturai-me,
Rasgai-me e abri-me!

Desfeito em pedaços conscientes
Entornai-me sobre os conveses,
Espalhai-me nos mares, deixai-me
Nas praias ávidas das ilhas!

Cevai sobre mim todo o meu misticismo de vós!
Cinzelai a sangue a minh'alma
Cortai, riscai!
Ó tatuadores da minha imaginação corpórea!
Esfoladores amados da minha carnal submissão!
Submetei-me como quem mata um cão a pontapés!
Fazei de mim o poço para o vosso desprezo de domínio!

Fazei de mim as vossas vítimas todas!
Como Cristo sofreu por todos os homens, quero sofrer
Por todas as vossas vítimas às vossas mãos,
Às vossas mãos calosas, sangrentas e de dedos decepados
Nos assaltos bruscos de amuradas!

Fazei de mim qualquer coisa como se eu fosse
Arrastado – ó prazer, ó beijada dor! –
Arrastado à cauda de cavalos chicoteados por vós...
Mas isto no mar, isto no ma-a-a-ar, isto no MA-A-A-AR!
Eh-eh-eh-eh-eh! Eh-eh-eh-eh-eh-eh! EH-EH-EH-EH-EH-EH! No MA-A-AA-AR!
Yeh eh-eh-eh-eh-eh! Yeh-eh-eh-eh-eh-eh! Yeh-eh-eh-eh-eh-eh-eh!
Grita tudo! tudo a gritar! ventos, vagas, barcos,
Marés, gáveas, piratas, a minha alma, o sangue, e o ar, e o ar!
Eh-eh-eh-eh! Yeh-eh-eh-eh-eh! Yeh-eh-eh-eh-eh-eh! Tudo canta a gritar!

    FIFTEEN MEN ON THE DEAD MAN'S CHEST.
    YO-HO-HO AND A BOTTLE OF RUM!

Eh-eh-eh-eh-eh-eh-eh! Eh-eh-eh-eh-eh-eh-eh! Eh-eh-eh-eh-eh-eh-eh!
Eh-lahô-lahô-laHO-O-O-ôô-lahá-á á-----ààà!

AHÓ-Ó-Ó-Ó-Ó-Ó-Ó-Ó-Ó-Ó-----yyy!...
SCHOONER AHÓ-Ó-Ó-Ó-Ó-Ó-Ó-Ó-Ó — yyyy!...

Darby M'Graw-aw-aw-aw-aw-aw!
DARBY M'GRAW-AW-AW-AW-AW-AW-AW!
FETCH A-A-AFT THE RU-U-U-U-U-UM, DARBY!

Eh-eh-eh-eh-eh-eh-eh-eh-eh-eh eh-eh-eh!
EH-EH EH-EH-EH EH-EH EH-EH EH-EH-EH!
EH-EH-EH-EH-EH-EH-EH-EH-EH EH EH-EH!

EH-EH-EH-EH-EH-EH-EH-EH-EH-EH-EH-EH!
EH-EH-EH-EH-EH-EH-EH-EH-EH-EH-EH!

Parte-se em mim qualquer coisa. O vermelho anoiteceu.
Senti demais para poder continuar a sentir.
Esgotou-se-me a alma, ficou só um eco dentro de mim.
Decresce sensivelmente a velocidade do volante.
Tiram-me um pouco as mãos dos olhos os meus sonhos.
Dentro de mim há só um vácuo, um deserto, um mar nocturno.
E logo que sinto que há um mar nocturno dentro de mim,
Sobe dos longes dele, nasce do seu silêncio,
Outra vez, outra vez, o vasto grito antiquíssimo.
De repente, como um relâmpago de som, que não faz barulho mas ternura,
Subitamente abrangendo todo o horizonte marítimo
Húmido e sombrio marulho humano nocturno,
Voz de sereia longínqua chorando, chamando,
Vem do fundo do Longe, do fundo do Mar, da alma dos Abismos,
E à tona dele, como algas, bóiam meus sonhos desfeitos...

Ahó-ó-ó-ó-ó-ó-ó-ó-ó-ó-ó---yy...
Schooner ahó-ó-ó-ó-ó-ó-ó-ó-ó-ó-ó-ó-ó----yy......

Ah, o orvalho sobre a minha excitação!
O frescor nocturno no meu oceano interior!
Eis tudo em mim de repente ante uma noite no mar
Cheia de enorme mistério humaníssimo das ondas nocturnas.
A lua sobe no horizonte
E a minha infância feliz acorda, como uma lágrima, em mim.
O meu passado ressurge, como se esse grito marítimo
Fosse um aroma, uma voz, o eco duma canção
Que fosse chamar ao meu passado
Por aquela felicidade que nunca mais tornarei a ter.

Era na velha casa sossegada, ao pé do rio...
(As janelas do meu quarto, e as da casa-de-jantar também,
Davam, por sobre umas casas baixas, para o rio próximo,
Para o Tejo, este mesmo Tejo, mas noutro ponto, mais abaixo...
Se eu agora chegasse às mesmas janelas não chegava às mesmas janelas.
Aquele tempo passou como o fumo dum vapor no mar alto...)

Uma inexplicável ternura,
Um remorso comovido e lacrimoso,
Por todas aquelas vítimas – principalmente as crianças –

Que sonhei fazendo ao sonhar-me pirata antigo,
Emoção comovida, porque elas foram minhas vítimas;
Terna e suave, porque não o foram realmente;
Uma ternura confusa, como um vidro embaciado, azulada,
Canta velhas canções na minha pobre alma dolorida.

Ah, como pude eu pensar, sonhar aquelas coisas?
Que longe estou do que fui há uns momentos!
Histeria das sensações – ora estas, ora as opostas!
Na loura manhã que se ergue, como o meu ouvido só escolhe
As coisas de acordo com esta emoção – o marulho das águas,
O marulho leve das águas do rio de encontro ao cais...,
A vela passando perto do outro lado do rio,
Os montes longínquos, dum azul japonês,
As casas de Almada,
E o que há de suavidade e de infância na hora matutina!...

Uma gaivota que passa,
E a minha ternura é maior.

Mas todo este tempo não estive a reparar para nada.
Tudo isto foi uma impressão só da pele, como uma carícia.
Todo este tempo não tirei os olhos do meu sonho longínquo,
Da minha casa ao pé do rio,
Da minha infância ao pé do rio,
Das janelas do meu quarto dando para o rio de noite,
E a paz do luar esparso nas águas!...
Minha velha tia, que me amava por causa do filho que perdeu...,
Minha velha tia costumava adormecer-me cantando-me
(Se bem que eu fosse já crescido demais para isso)...
Lembro-me e as lágrimas caem sobre o meu coração e lavam-no da vida,
E ergue-se uma leve brisa marítima dentro de mim.
Às vezes ela cantava a «Nau Catrineta»:

> *Lá vai a Nau Catrineta*
> *Por sobre as águas do mar...*

E outras vezes, numa melodia muito saudosa e tão medieval,
Era a «Bela Infanta»... Relembro, e a pobre velha voz ergue-se dentro de mim
E lembra-me que pouco me lembrei dela depois, e ela amava-me tanto!
Como fui ingrato para ela – e afinal que fiz eu da vida?
Era a «Bela Infanta»... Eu fechava os olhos e ela cantava:

> *Estando a Bela Infanta*
> *No seu jardim assentada...*

Eu abria um pouco os olhos e via a janela cheia de luar
E depois fechava os olhos outra vez, e em tudo isto era feliz.

> *Estando a Bela Infanta*
> *No seu jardim assentada,*
> *Seu pente de ouro na mão,*
> *Seus cabelos penteava...*

Ó meu passado de infância, boneco que me partiram!

Não poder viajar pra o passado, para aquela casa e aquela afeição,
E ficar lá sempre, sempre criança e sempre contente!

Mas tudo isto foi o Passado, lanterna a uma esquina de rua velha.
Pensar isto faz frio, faz fome duma coisa que se não pode obter.
Dá-me não sei que remorso absurdo pensar nisto.
Oh turbilhão lento de sensações desencontradas!
Vertigem ténue de confusas coisas na alma!
Fúrias partidas, ternuras como carrinhos de linha com que as crianças brincam,
Grandes desabamentos de imaginação sobre os olhos dos sentidos,
Lágrimas, lágrimas inúteis,
Leves brisas de contradição roçando pela face a alma...

Evoco, por um esforço voluntário, para sair desta emoção,
Evoco, com um esforço desesperado, seco, nulo,
A canção do Grande Pirata, quando estava a morrer:

> *Fifteen men on the Dead Man's Chest.*
> *Yo-ho-ho and a bottle of rum!*

Mas a canção é uma linha recta mal traçada dentro de mim...

Esforço-me e consigo chamar outra vez ante os meus olhos na alma,
Outra vez, mas através duma imaginação quase literária,
A fúria da pirataria, da chacina, o apetite, quase do paladar, do saque,
Da chacina inútil de mulheres e de crianças,
Da tortura fútil, e só para nos distrairmos, dos passageiros pobres,
E a sensualidade de escangalhar e partir as coisas mais queridas dos outros,
Mas sonho isto tudo com um medo de qualquer coisa a respirar-me sobre a nuca.

Lembro-me de que seria interessante
Enforcar os filhos à vista das mães
(Mas sinto-me sem querer as mães deles),
Enterrar vivas nas ilhas desertas as crianças de quatro anos
Levando os pais em barcos até lá para verem
(Mas estremeço, lembrando-me dum filho que não tenho e está dormindo tranquilo
                                                                    em casa).

Aguilhoo uma ânsia fria dos crimes marítimos,
Duma inquisição sem a desculpa da Fé,
Crimes nem sequer com razão de ser de maldade e de fúria,
Feitos a frio, nem sequer para ferir, nem sequer para fazer mal,
Nem sequer para nos divertirmos, mas apenas para passar o tempo,
Como quem faz paciências a uma mesa de jantar de província com a toalha atirada
                                       pra o outro lado da mesa depois de jantar,
Só pelo suave gosto de cometer crimes abomináveis e não os achar grande coisa,
De ver sofrer até ao ponto da loucura e da morte-pela-dor mas nunca deixar
                                                         chegar lá...

Mas a minha imaginação recusa-se a acompanhar-me.
Um calafrio arrepia-me.
E de repente, mais de repente do que da outra vez, de mais longe, de mais fundo,
De repente – oh pavor por todas as minhas veias! –,
Oh frio repentino da porta para o Mistério que se abriu dentro de mim e deixou
                                             entrar uma corrente de ar!
Lembro-me de Deus, do Transcendental da vida, e de repente
A velha voz do marinheiro inglês Jim Barns com quem eu falava,
Tornada voz das ternuras misteriosas dentro de mim, das pequenas coisas de
                                   regaço de mãe e de fita de cabelo de irmã,
Mas estupendamente vinda de além da aparência das coisas,
A Voz surda e remota tornada A Voz Absoluta, a Voz Sem Boca,
Vinda de sobre e de dentro da solidão nocturna dos mares,
Chama por mim, chama por mim, chama por mim...

Vem surdamente, como se fosse suprimida e se ouvisse,
Longinquamente, como se estivesse soando noutro lugar e aqui não se pudesse
                                                                    ouvir,
Como um soluço abafado, uma luz que se apaga, um hálito silencioso,
De nenhum lado do espaço, de nenhum local no tempo,
O grito eterno e nocturno, o sopro fundo e confuso:

Ahô-ô-ô-ô-ô-ô-ô-ô-ô-ô-ô-ô....yyy ......
Ahô-ô-ô-ô-ô-ô-ô-ô-ô-ô-ô-ô-ô.....yyy......
Schooner ah-ô-ô-ô-ô-ô-ô-ô-ô-ô-ô-ô-ô-ô.....yy.........

Tremo com frio da alma repassando-me o corpo
E abro de repente os olhos, que não tinha fechado.
Ah, que alegria a de sair dos sonhos de vez!
Eis outra vez o mundo real, tão bondoso para os nervos!
Ei-lo a esta hora matutina em que entram os paquetes que chegam cedo.

Já não me importa o paquete que entrava. Ainda está longe.
Só o que está perto agora me lava a alma.
A minha imaginação higiénica, forte, prática,
Preocupa-se agora apenas com as coisas modernas e úteis,
Com os navios de carga, com os paquetes e os passageiros,
Com as fortes coisas imediatas, modernas, comerciais, verdadeiras.
Abranda o seu giro dentro de mim o volante.

Maravilhosa vida marítima moderna,
Toda limpeza, máquinas e saúde!
Tudo tão bem arranjado, tão espontaneamente ajustado,
Todas as peças das máquinas, todos os navios pelos mares,
Todos os elementos da actividade comercial de exportação e importação
Tão maravilhosamente combinando-se
Que corre tudo como se fosse por leis naturais,
Nenhuma coisa esbarrando com outra!

Nada perdeu a poesia. E agora há a mais as máquinas
Com a sua poesia também, e todo o novo género de vida
Comercial, mundana, intelectual, sentimental,
Que a era das máquinas veio trazer para as almas.
As viagens agora são tão belas como eram dantes
E um navio será sempre belo, só porque é um navio.
Viajar ainda é viajar e o longe está sempre onde esteve –
Em parte nenhuma, graças a Deus!

Os portos cheios de vapores de muitas espécies!
Pequenos, grandes, de várias cores, com várias disposições de vigias,
De tão deliciosamente tantas companhias de navegação!
Vapores nos portos, tão individuais na separação destacada dos ancoramentos!
Tão prazenteiro o seu garbo quieto de coisas comerciais que andam no mar,
No velho mar sempre o homérico, ó Ulisses!
O olhar humanitário dos faróis na distância da noite,
Ou o súbito farol próximo na noite muito escura
(«Que perto da terra que estávamos passando!» E o som da água canta-nos ao
                                                               ouvido)!...

Tudo isto hoje é como sempre foi, mas há o comércio;
E o destino comercial dos grandes vapores
Envaidece-me da minha época!
A mistura de gente a bordo dos navios de passageiros
Dá-me o orgulho moderno de viver numa época onde é tão fácil
Misturarem-se as raças, transporem-se os espaços, ver com facilidade todas as coisas,
E gozar a vida realizando um grande número de sonhos.

Limpos, regulares, modernos como um escritório com *guichets* em redes de arame
                                                                                    amarelo,
Meus sentimentos agora, naturais e comedidos como *gentlemen*,
São práticos, longe de desvairamentos, enchem de ar marítimo os pulmões,
Como gente perfeitamente consciente de como é higiénico respirar o ar do mar.

O dia é perfeitamente já de horas de trabalho.
Começa tudo a movimentar-se, a regularizar-se.

Com um grande prazer natural e directo percorro com a alma
Todas as operações comerciais necessárias a um embarque de mercadorias.
A minha época é o carimbo que levam todas as facturas,
E sinto que todas as cartas de todos os escritórios
Deviam ser endereçadas a mim.

Um conhecimento de bordo tem tanta individualidade,
E uma assinatura de comandante de navio é tão bela e moderna!
Rigor comercial do princípio e do fim das cartas:
Dear Sirs – Messieurs – Amigos e Snrs,
Yours faithfully –... nos salutations empressées...
Tudo isto é não só humano e limpo, mas também belo,
E tem ao fim um destino marítimo, um vapor onde embarquem
As mercadorias de que as cartas e as facturas tratam.

Complexidade da vida! As facturas são feitas por gente
Que tem amores, ódios, paixões políticas, às vezes crimes –
E são tão bem escritas, tão alinhadas, tão independentes de tudo isso!
Há quem olhe para uma factura e não sinta isto.
Com certeza que tu, Cesário Verde, o sentias.
Eu é até às lágrimas que o sinto humaníssimamente.
Venham dizer-me que não há poesia no comércio, nos escritórios!
Ora, ela entra por todos os poros... Neste ar marítimo respiro-a,
Porque tudo isto vem a propósito dos vapores, da navegação moderna,
Porque as facturas e as cartas comerciais são o princípio da história
E os navios que levam as mercadorias pelo mar eterno são o fim.

Ah, e as viagens, as viagens de recreio, e as outras,
As viagens por mar, onde todos somos companheiros dos outros
Duma maneira especial, como se um mistério marítimo
Nos aproximasse as almas e nos tornasse um momento
Patriotas transitórios duma mesma pátria incerta,
Eternamente deslocando-se sobre a imensidade das águas!
Grandes hotéis do Infinito, oh transatlânticos meus!
Com o cosmopolitismo perfeito e total de nunca pararem num ponto
E conterem todas as espécies de trajes, de caras, de raças!

As viagens, os viajantes – tantas espécies deles!
Tanta nacionalidade sobre o mundo! tanta profissão! tanta gente!
Tanto destino diverso que se pode dar à vida,
À vida, afinal, no fundo sempre, sempre a mesma!
Tantas caras curiosas! Todas as caras são curiosas
E nada traz tanta religiosidade como olhar muito para gente.
A fraternidade afinal não é uma ideia revolucionária.
É uma coisa que a gente aprende pela vida fora, onde tem que tolerar tudo,
E passa a achar graça ao que tem que tolerar,
E acaba quase a chorar de ternura sobre o que tolerou!

Ah, tudo isto é belo, tudo isto é humano e anda ligado
Aos sentimentos humanos, tão conviventes e burgueses,
Tão complicadamente simples, tão metafisicamente tristes!
A vida flutuante, diversa, acaba por nos educar no humano.
Pobre gente! pobre gente toda a gente!

Despeço-me desta hora no corpo deste outro navio
Que vai agora saindo. É um *tramp-steamer* inglês,
Muito sujo, como se fosse um navio francês,
Com um ar simpático de proletário dos mares,
E sem dúvida anunciado ontem na última página das gazetas.

Enternece-me o pobre vapor, tão humilde vai ele e tão natural.
Parece ter um certo escrúpulo não sei em quê, ser pessoa honesta,
Cumpridora duma qualquer espécie de deveres.
Lá vai ele deixando o lugar defronte do cais onde estou.
Lá vai ele tranquilamente, passando por onde as naus estiveram
Outrora, outrora...
Para Cardiff? Para Liverpool? Para Londres? Não tem importância.
Ele faz o seu dever. Assim façamos nós o nosso. Bela vida!
Boa viagem! Boa viagem!
Boa viagem, meu pobre amigo casual, que me fizeste o favor
De levar contigo a febre e a tristeza dos meus sonhos,
E restituir-me à vida para olhar para ti e te ver passar.
Boa viagem! Boa viagem! A vida é isto...
Que aprumo tão natural, tão inevitavelmente matutino
Na tua saída do porto de Lisboa, hoje!
Tenho-te uma afeição curiosa e grata por isso...
Por isso quê? Sei lá o que é!... Vai... Passa...
Com um ligeiro estremecimento,
(T-t--t---t----t-----t...)
O volante dentro de mim pára.

Passa, lento vapor, passa e não fiques...
Passa de mim, passa da minha vista,
Vai-te de dentro do meu coração.
Perde-te no Longe, no Longe, bruma de Deus,
Perde-te, segue o teu destino e deixa-me...
Eu quem sou para que chore e interrogue?
Eu quem sou para que te fale e te ame?
Eu quem sou para que me perturbe ver-te?
Larga do cais, cresce o sol, ergue-se ouro,
Luzem os telhados dos edifícios do cais,
Todo o lado de cá da cidade brilha...
Parte, deixa-me, torna-te
Primeiro o navio a meio do rio, destacado e nítido,
Depois o navio a caminho da barra, pequeno e preto,
Depois ponto vago no horizonte (ó minha angústia!),
Ponto cada vez mais vago no horizonte...,
Nada depois, e só eu e a minha tristeza,
E a grande cidade agora cheia de sol
E a hora real e nua como um cais já sem navios,
E o giro lento do guindaste que, como um compasso que gira,
Traça um semicírculo de não sei que emoção
No silêncio comovido da minh'alma...

ÁLVARO DE CAMPOS
Engenheiro

17

A FERNANDO PESSOA

DEPOIS DE LER O SEU DRAMA ESTÁTICO "O MARINHEIRO" EM "ORPHEU I"

Depois de doze minutos
Do seu drama *O Marinheiro*,
Em que os mais ágeis e astutos
Se sentem com sono e brutos,
E de sentido nem cheiro,
Diz uma das veladoras
Com langorosa magia:

De eterno e belo há apenas o sonho. Porque estamos nós falando ainda?

Ora isso mesmo é que eu ia
Perguntar a essas senhoras...

ALVARO DE CAMPOS
1915

18

Ode marcial

[A Raul Leal] [1]

I [2]

Quem se mexe nas trevas?[3]
Que matutino estrondo
Enche o ar de presságios?...
Porque raia a manhã tão sinistramente?
Porque há tanto mistério
No infindo espaço?
Porque não é esta hora do antedia
Como a dos outros dias?
Se o céu é límpido e frio,
Se os campos ainda sendo escuro-pálido
São os mesmos de ontem, sadios,
Porque tenebroso mistério não é esta madrugada
Como as outras madrugadas do mundo?
Se não há nos céus ameaça de tormenta
Se não há nos espaços um bafo de tempestade,
Porque se arrepia a nossa pele
Porque nos tremem os nervos?

II [4]

A Guerra!
Desfilam diante de mim as civilizações guerreiras...
As civilizações de todos os tempos e lugares...
Num panorama confuso e lúcido,
Em quadras misturadas e não misturadas, separadas e compactas, mas só quadras
Em desfile sucessivo e apesar disso ao mesmo tempo,

---
1 Dedicatória no plano mencionado (PPC II, p. 483, cota 144y-62ᵛ).
2 Numeração atribuída pelo Poeta.
3 Inédito.
4 Numeração atribuída pelo Poeta.

Passam...
Passam e eu, eu que estou estendido na erva
E só os carros passam, passam – cessam depois para nós mesmos
Vejo-os e o meu espanto nem se sente calmo nem interessado,
Nem os vê nem os deixa de ver,
E eles passam por mim como uma sombra *pelas águas*.[1]
Ah a pompa antiga, e a pompa moderna, os uniformes dos engenhos de guerra,
A fúria eterna e irremediável dos combates
Os mortos sempre a mesma misteriosa morte – o corpo no chão(e o que é o mundo,
                                                         afinal, e aonde?)
Os feridos gemendo do mesmo modo em corpos os mesmos –
E o céu, o eterno céu insensível sobre isso tudo!

a

Clarins na noite,
Clarins na noite,
Clarins subitamente distintos na noite...

(É de cavalgada, de cavalgada, de cavalgada o ruído longínquo?)

O que é [que] estremece de diverso pela erva e nas almas?
O que é que se vai alterar e já lá longe se altera –
Na distância, no futuro, na angústia – não se sabe onde – ?

Clarins na noite,
Clarins... na noite,
Clari-i-i-i-ins.....

É de cavalgada,
É de cavalgada, de cavalgada,
É de cavalgada, de cavalgada, de cavalgada
O ruído, ruído, ruído agora já nítido.

Vejo-as no coração e no horror que há em mim:
Valquírias, bruxas, amazonas do assombro...
São uma grande sombra – conjunto de sombras pegadas que *mexe*[2] na noite.
Vêm em cavalgada, e a terra estremece duas vezes,
E o coração como a terra estremece duas vezes também.

---
1   Variante sobreposta: «por um lugar deserto».
2   Variante sobreposta: «se agita».

Vêm do fundo do mundo,
Vêm do abismo das coisas,
Vêm de onde partem as leis que governam tudo;
Vêm de onde a injustiça derrama-se sobre os seres,
Vêm de onde se vê que é inútil amar e querer,
E só a guerra e o mal são o dentro e fora do mundo.
Hela-hô-hôôô... helahô-hôôôôô.......

b

♂ □ ♄

Ruído longínquo e próximo não sei porquê
Da guerra europeia... Ruído de universo de catástrofe...
Que vai morrer para além de onde ouvimos e vemos?
Em que fronteiras deu a morte *rendez-vous*
Ao destino das nações?
Ó Águia Imperial, cairás?
Rojar-te-ás, negra amorfa coisa em sangue,
Pela terra onde sob o teu cair
Ainda tens marcado o sinal das tuas garras para antes formar o voo
Que deste sobre a Europa confusa?
Cairás, ó matutino galo francês
Sempre saudando a aurora? Que amos saúdas agora,
Que sol de sangue no azul pálido do horizonte matutino?
Por que atalhos de sombra que caminho buscas,
Que caminho para onde?
Ó civilizações chegando à encruzilhada nocturna
Donde tiraram o ponto-de-apoio
E donde partem caminhos curvos não sei para onde,
E não há luar sobre as indecisões...

Deus seja connosco...
Chora na noite a Senhora da Misericórdia,
Torcendo as mãos, de modo a ouvir-se que elas se torcem
No silêncio profundo.

Deus seja connosco no céu e na terra,
Ó Deusa Tutelar do Futuro, ó Ponte
Sobre os abismos do que não sabemos que seja...
Deus seja connosco, e não esqueçamos nunca

Que o mar é eterno e afinal de tudo tranquilo
E a terra grande e mãe e tem a sua bondade
Porque sempre podemos nela recostar a cabeça cansada
E dormir encostados a qualquer coisa.

Clarins na noite, clarins na noite... Ó Mistério
Que se está formando lá fora, na Europa, no Império...
Tropel vário de raças inimigas que se chocam
Mais profundamente do que seus exércitos e suas esquadras,
Mais realmente do que homem contra homem e nação contra nação...

Clarins de horror trémulo e frio na noite profunda...
E o quê?... Tambores para além do mistério do mundo?
Tambores de quê... dormis deitados, dobres minúsculos sobre quê?
Passa na noite um só passo soturno do uno exército enorme...
Clarins subitamente mais perto na Noite...
Ó Homem de mãos atadas e levado entre sentinelas
Para onde, por que caminho, para ao pé de quem?
Para ao pé [de] quem, clarins anunciadores de quê?

(Títiro, a tocar flauta e os campos de Itália sob César Augusto[1]
Ah, porque se armam de lágrimas absurdas os olhos
E que dor é esta, do antigo e do actual e do futuro,
Que dói na alma como uma sensação de exílio?
Títiro a tocar flauta em Églogas longínquas...
Virgílio a adular o César que venceu.

Per populum dat juri... Um povo em guerra,
Ó minha alma intranquila... Ó silêncios que as pontes
Sob as fortalezas antiquissimamente teriam,
Sabeis e vedes que a terra treme sob os passos dos exércitos,
Fluxo eterno e divino das ondas sob os cruzadores e os torpedeiros...

Oh o maior horror de terem cessado os clarins,
Que sons indecisos nos traz o que substitui o vento
Nesta profunda palidez de outrora de quem matou?
Quem é que vem? O que se vai dar?
Quem começa a soluçar na calma noite intranquila,
Meu irmão? A irmã de quem? Ó anos de infância
Em que eu olhava da janela os soldados e via os uniformes
E a sangrenta e carnal realidade das coisas não existia para mim!...

---

1   O autor não fechou o parênteses aberto no início do verso. Se o tivesse fechado, tê-lo-ia talvez feito no final da estrofe.

Choque de cavaleiros onde?
Artilharia, onde, onde, onde?
Ó dor da indecisão com agitações inexplicáveis à superfície de águas estagnadas...
Ó murmúrio incompreensível da morte como que vento nas folhagens...
Ó pavor certo de uma realidade desenhada pelos espelhos indecisos...

(Lágrimas nas tuas mãos
E plácido o teu olhar...
E tu, amor, és uma realidade também...
Ah, não ser tudo senão um quadro, um quadro qualquer...
E quem sabe se tudo não será um quadro e a dor e a alegria
E a incerteza e o terror
Coisas, meras coisas, nada senão coisas sem aonde, mas que percebemos...
Lágrimas nas tuas mãos, no terraço sobre o lago azul da montanha
E lento o crepúsculo sobre os cumes altos das nossas duas almas
E uma vontade de chorar a apertar-nos aos dois ao seu peito...)

A guerra, a guerra, a guerra realmente.
Excessivamente aqui, horror, a guerra real...
Com a sua realidade de gente que morre realmente,
Com a sua estratégia realmente aplicada a exércitos reais compostos de gente real
E as suas consequências, não coisas contadas em livros,
Mas frias verdades, de estragos realmente humanos, mortes de quem morreu, na verdade,
E o sol também real sobre a terra também real
Reais em acto e a mesma merda no meio disto tudo!

Verdade do perigo, dos mortos, dos doentes e das violações,
E os sons florescem nos gemidos misteriosamente...
A gaiola do canário à tua janela, Maria,
E o sussurro suave da água que gorgoleja no tanque...

O corpo... E os outros corpos, não muito diferentes deste,
A morte... E o contrário disto tudo é a vida...
Dói-me a alma e não compreendo...
Custa-me a acreditar no que existe...
Pálido e perturbado, não me mexo e sofro.

c

Hela hoho, helahoho!
Desfilam diante de mim as civilizações guerreiras...
Numa marcha triunfal,

Numa longa linha como que pintada em minha alma,
Sucessivamente, indeterminadamente,
Couraças, lanças, capacetes brilhando,
Escudos virados para mim,
Viseiras caídas, cotas de malha,
Os prélios, as justas, os combates, as emboscadas.
Archeiros de Crecy e de Azincourt!
Armas de Arras.

E tudo é uma poeira incerta, uma nuvem de gente anónima
Que o vento da estratégia levanta em formas diversas,
E em ondas sopra entre os meus olhos atentos
E o Sol da verdade eterna, e a encobre sinistramente.

Marcha triunfal, onde a um tempo e não a um tempo,
Onde numa simultaneidade por transparências uns de outros,
Surgem, aparecem, aglomeram-se em minha consciência,
Os guerreiros de todos os tempos, os soldados de todas as raças,
As couraças de todas as origens,
As armas brancas de todas as forjas,
As hostes compostas de usos marciais de todos os exércitos.

d

Barcos pesados vindo para as melancólicas sombras
Dos grandes olhos incompletos dos arcos das pontes
Enormes escaladas medievais de altos muros do castelo
(Luzem como escamas os aços dos elmos e das couraças)
E os escudos deitados clamam como goelas fumegantes dos que assaltam
E o súbito desabrochar *aéreo*[1] das grandes flores amarelas e violentas das granadas.
(Onde o teu cavalo pôs a pata, Átila, torna a crescer erva
E tudo renasce e a vida da Natureza cobre
O que fica das conquistas)[2]

Antenas de ferro[3] – capacetes em bico – de Bismarck[4]

---
1 Variante sobreposta: «no ar». A palavra está entre parênteses, significando que é opcional.
2 Os três versos entre parênteses estão dubitados.
3 A expressão está dubitada.
4 Poema ausente de P/C.

e

As mortes, o ruído, as violações, o sangue, o brilho das baionetas...
Todas estas coisas são uma só coisa e essa coisa sou Eu...

f

Inúmero rio sem água – só gente e coisas,
Pavorosamente sem água!

Soam tambores longínquos no meu ouvido,
E eu não sei se vejo o rio se ouço os tambores,
Como se não pudesse ouvir e ver ao mesmo tempo!

Helahoho! helahoho!

A máquina de costura da pobre viúva morta à baioneta
Ela cosia à tarde indeterminadamente...
A mesa onde jogavam os velhos,[1]
Tudo misturado, tudo misturado com corpos, com sangues,
Tudo um só rio, uma só onda, um só arrastado horror.

Helahoho! helahoho!

Desenterrei o comboio de lata da criança calcado no meio da estrada,
E chorei como todas as mães do mundo sobre o horror da vida.
Os meus pés panteístas tropeçaram na máquina de costura da viúva que mataram
                   à baioneta
E esse pobre instrumento de paz meteu uma lança no meu coração.

Sim, fui eu o culpado de tudo, fui eu o soldado todos eles
Que matou, violou, queimou e quebrou,
Fui eu e a minha vergonha e o meu remorso como uma sombra disforme
Passeiam por todo o mundo como Ashavero,
Mas atrás dos meus passos soam passos do tamanho do infinito
E um pavor físico de *encontrar*[2] Deus faz-me fechar os olhos de repente.

Cristo absurdo da expiação de todos os crimes e de todas as violências,
A minha cruz está dentro de mim, hirta, a escaldar, a quebrar
E tudo dói na minha alma extensa como um Universo.

---

1 Eliminei um espaço que separa este verso do seguinte, aparente falha da máquina de escrever.
2 Variante sobreposta: «prestar contas». Pessoa esqueceu-se de acrescentar «a» à variante.

Arranquei o pobre brinquedo das mãos da criança e bati-lhe,
Os seus olhos assustados do meu filho que talvez terei e que matarão também
Pediram-me sem saber como toda a piedade por todos.

Do quarto da velha arranquei o retrato do filho e rasguei-o,
Ela, cheia de medo, chorou e não fez nada...
Senti de repente que ela era minha mãe e pela espinha abaixo passou-me o sopro
de Deus.

Quebrei a máquina de costura da viúva pobre.
Ela chorava a um canto sem pensar na máquina de costura.
Haverá outro mundo onde eu tenha que ter uma filha que enviuve e a quem
aconteça isto?

Mandei, capitão, fuzilar os camponeses trémulos,
Deixei violar as filhas de todos os pais atados a árvores,
Agora vi que foi dentro de meu coração que tudo isso se passou,
E tudo escalda e sufoca e eu não me posso mexer sem que tudo seja o mesmo.
Deus tenha piedade de mim que a não tive de ninguém!

g

Se eu tirar com uma pancada
O bolo barato da boca da criança pobre
Onde encontrarei justiça no mundo,
Onde me esconderei dos olhos do Vulto
Invisível que espreita pelas estrelas
Quando o coração vê pelos olhos o mistério olhar o universo?
Minha emoção concreta, ó brinquedo de crianças,
Ó pequenas alegrias legítimas da gente obscura,
Ó pobre riqueza exígua dos que não são ninguém...

Os móveis comprados com tanto sacrifício,
As toalhas remendadas com tanto cuidado,
As pequenas coisas de casa tão ajustadas e postas no lugar
E a roda de um dos mil carros do rei vencedor
Parte tudo, e todos perderam tudo.

Que imperador tem o direito
De partir a boneca à filha do operário?
Que César com suas legiões tem justiça
Para partir a máquina de costura da velha[?]

Se eu for pela rua
E arrancar a fita suja da mão da garota
E a fizer chorar, onde encontrar qualquer Cristo?[1]

h

Por aqueles, minha mãe, que morreram, que caíram na batalha...
Dlôn – ôn – ôn – ôn...
Por aqueles, minha mãe, que ficaram mutilados no combate
Dlôn – ôn – ôn – ôn...
Por aqueles cuja noiva esperará sempre em vão...
Dlôn – ôn – ôn – ôn...
Sete vezes sete vezes murcharão as flores no jardim
Dlôn – ôn – ôn – ôn...
E os seus cadáveres serão do pó universal e anónimo
Dlôn – ôn – ôn – ôn...
E eles, quem sabe, minha mãe, sempre nos [.], com esperança...
Loucos, minha mãe, loucos, porque os corpos morrem e a dor não morre...
Dlôn – dlôn – dlôn – dlôn – dlôn – dlôn...
Que é feito daquele que foi a criança que tiveste ao peito?
Dlôn – dlôn – dlôn – dlôn – dlôn – dlôn...
Quem sabe qual dos desconhecidos mortos aí é o teu filho
Dlôn – dlôn – dlôn – dlôn – dlôn – dlôn...
Ainda tens na gaveta da cómoda os seus bibes de criança...
Ainda há nos caixotes da dispensa os seus brinquedos velhos...
Ele hoje pertence a uma podridão órfã *somewhere in France*.
Ele que foi tanto para ti, tudo, tudo, tudo...
Olha, ele não é nada no geral holocausto da história
Dlôn – dlôn...
Dlôn – dlôn – dlôn – dlôn ...
Dlôn – dlôn – dlôn – dlôn ...
Dlôn – dlôn – dlôn – dlôn – dlôn – dlôn...[2]

---

[1] Embora não tenha atribuição de autor e de título, este trecho faz sem dúvida parte da «Ode Marcial». P/C consideram-no um poema fora desta série e articulam as estrofes erradamente, à semelhança do que fiz nas minhas edições anteriores de Campos. Nesta nova arrumação, a estrofe que figurava em primeiro lugar («Que imperador tem o direito») deve figurar em último: dei-me conta de que, no final, Pessoa escreveu, em inglês, «Over», como faz, às vezes, para assinalar o final de um texto.

[2] Num projeto do poema (71-1ᵛ) o Poeta prevê um ponto 4: «Filosofia da guerra – (Dobre)» a que este fragmento deve corresponder.

i

Ai de ti, ai de ti, ai de nós!
Por detrás destas leis inflexíveis e ferozes da vida
Haverá alguma ternura divina que compense isto tudo?

Ainda tens o berço dele a um canto, em casa...
Ainda tens guardados os fatinhos dele, de pequeno...
Ainda tens numa gaveta alguns brinquedos partidos...
Agora, sim, agora, vai olhá-los e chorar sobre eles...
Não sabes onde é a sepultura do teu filho...
Foi o n.º qualquer coisa do regimento um tal,
Morreu lá pró Marne... em qualquer parte... Morreu...
O filho que tu trouxeste ao peito, que amamentaste e que criaste...
Que remexera no teu ventre...
O rapazote feito que dizia graças e tu rias tanto...
Agora ele é podridão... Bastou em linha alemã
Um bocado de chumbo, do tamanho dum prego, e a tua vida é triste...[1]
Receberás um prémio do Estado.[2] Dirão que o teu filho foi um herói...
(Ninguém sabe, de resto, se ele foi herói ou não)
É um anónimo pra a história...
«Morreram 20.000 homens na batalha de tal...» Ele era um deles...
E o teu coração de mãe sangrou tanto por esse herói de que a história não dirá
nada...
O acontecimento mais importante da guerra foi aquele para ti...

---

1   Expressão dubitada: «vida é triste».
2   Um buraco no centro da folha apenas permite adivinhar a palavra «Estado».

19

Saudação a Walt Whitman

a[1]

Portugal-Infinito, onze de Junho de mil novecentos e quinze...
Hé-Iá-á-á-á-á-á-á!

De aqui, de Portugal, todas as épocas no meu cérebro,
Saúdo-te, Walt, saúdo-te, meu irmão em Universo,[2]
Eu, de monóculo e casaco exageradamente cintado,
Não sou indigno de ti, bem o sabes, Walt,
Não sou indigno de ti, basta saudar-te para o não ser...
Eu tão contíguo à inércia, tão facilmente cheio de tédio,
Sou dos teus, tu bem sabes, e compreendo-te e amo-te,
E embora te não conhecesse, nascido pelo ano em que morrias,
Sei que me amaste também, que me conheceste, e estou contente.
Sei que me conheceste, que me contemplaste e me explicaste,
Sei que é isso que eu sou, quer em *Brooklyn Ferry* dez anos antes de eu nascer,
Quer pela rua do Ouro acima pensando em tudo que não é a rua do Ouro,
E conforme tu sentiste tudo, sinto tudo, e cá estamos de mãos dadas,
De mãos dadas, Walt, de mãos dadas, dançando o universo na alma.

Ó sempre moderno e eterno, cantor dos concretos absolutos,
Concubina fogosa do universo disperso,
Grande pederasta roçando-te contra a diversidade das coisas,
Sexualizado *pelas*[3] pedras, pelas árvores, pelas pessoas, pelas profissões,
Cio das passagens, dos encontros casuais, das meras observações,
Meu entusiasta pelo conteúdo de tudo,
Meu grande herói entrando pela Morte dentro aos pinotes,
E aos urros, e aos guinchos, e aos berros saudando-te em Deus!

Cantor da fraternidade feroz e terna com tudo,
Grande democrata epidérmico, contíguo a tudo em corpo e alma,
Carnaval de todas as acções, bacanal de todos os propósitos,
Irmão gémeo de todos os arrancos,
Jean-Jacques Rousseau do mundo que havia de produzir máquinas,

---
1   Omiti oito versos ilegíveis, acrescentados, na margem direita de 70-5ʳ, a tinta que se desvaneceu.
2   Este poema foi objecto de diferentes articulações estróficas nas minhas anteriores edições e nas da EC e P/C. Só a Ática entendeu as indicações de Pessoa no testemunho 70-5ʳ, quanto à articulação das estrofes.
3   Variante entre parênteses: «sobre as».

Homero do *insaisissable* do flutuante carnal,
Shakespeare da sensação que começa a andar a vapor,
Milton-Shelley do horizonte da Electricidade futura!
Íncubo de todos os gestos,
Espasmo pra dentro de todos os objectos de fora
Souteneur de todo o Universo,
Rameira de todos os sistemas solares, paneleiro de Deus![1]

Quantas vezes eu beijo o teu retrato.
Lá onde estás agora (não sei onde é mas é Deus)
Sentes isto, sei que o sentes, e os meus beijos são mais quentes (em gente)
E tu assim é que os queres, meu velho, e agradeces de lá,[2]
Sei-o bem, qualquer coisa mo diz, um agrado no meu espírito,
Uma erecção abstrata e indireta no fundo da minha alma.
Nada do *engageant* em ti, mas ciclópico e musculoso,
Mas perante o universo a tua atitude era de mulher,
E cada erva, cada pedra, cada homem era para ti o Universo.

Meu velho Walt, meu grande Camarada, evohé!
Pertenço à tua orgia báquica de sensações-em-liberdade,
Sou dos teus, desde a sensação dos meus pés até à náusea em meus sonhos,
Sou dos teus, olha pra mim, de aí desde Deus vês-me ao contrário:
De dentro para fora... Meu corpo é o que adivinhas, vês a minha alma
Essa vês[3] tu propriamente e através dos olhos dela o meu corpo
Olha pra mim: tu sabes que eu, Álvaro de Campos, engenheiro,
Poeta sensacionista,
Não sou teu discípulo, não sou teu *amigo*,[4] não sou teu cantor,
Tu sabes que eu sou Tu e estás contente com isso!

Nunca posso ler os teus versos a fio... Há ali sentir de mais...
Atravesso os teus versos como a uma multidão aos encontrões a mim,
E cheira-me a suor, a óleos, a actividade humana e mecânica
Nos teus versos, a certa altura não sei se leio ou se vivo,
Não sei se o meu lugar real é no mundo ou nos teus versos,
Não sei se estou aqui, de pé sobre a terra natural,
Ou de cabeça pra baixo, pendurado numa espécie de estabelecimento,[5]
No tecto natural da tua inspiração de tropel,
No centro do tecto da tua intensidade inacessível.

---

1   A Ática substituiu a escabrosa expressão por reticências.
2   No final do verso, o autor escreveu travessão como variante sobreposta à vírgula.
3   O autor escreveu «vez», por lapso.
4   Variante entre parênteses: «amante».
5   Palavra dubitada entre parênteses: «estabelecimento».
    Na margem esquerda da folha 70-6, dois versos: «Peso das sensações sem nexo, e obscuras / Prontas a interpretar (variante subposta: ilustrar a vermelho) a inteligência (variante subposta: complexidade) da vida».

Abram-me todas as portas!
Por força que hei-de passar!
Minha senha? Walt Whitman!
Mas não dou senha nenhuma...
Passo sem explicações...
Se for preciso meto dentro as portas...
Sim – eu franzino e civilizado, meto dentro as portas,
Porque neste momento não sou franzino nem civilizado,
Sou EU, um universo pensante de carne e osso, querendo passar,
E que há-de passar por força, porque quando quero passar sou Deus!

Tirem esse lixo da minha frente!
Metam-me em gavetas essas emoções!
Daqui pra fora, políticos, literatos,
Comerciantes pacatos, polícia, meretrizes, *souteneurs*,
Tudo isso é a letra que mata, não o espírito que dá a vida.
O espírito que dá a vida neste momento sou EU!

Que nenhum filho da puta se me atravesse no caminho!
O meu caminho é pelo infinito fora até chegar ao fim!
Se sou capaz de chegar ao fim ou não, não é contigo, deixa-me ir.
É[1] comigo, com Deus, com o sentido-eu da palavra Infinito...
Prà frente!
Meto esporas!
Sinto as esporas, sou o próprio cavalo em que monto,
Porque eu, por minha vontade de me consubstanciar com Deus,[2]
Posso ser tudo, ou posso ser nada, ou qualquer coisa,
Conforme me der na gana... Ninguém tem nada com isso...
Loucura furiosa! Vontade de ganir, de saltar,
De urrar, zurrar, dar pulos, pinotes, gritos com o corpo,
De me *cramponner* às rodas dos veículos e *meter*[3] por baixo
De me meter adiante do giro do chicote que vai bater,
De me □
De ser a cadela de todos os cães e eles não bastam,
De ser o volante de todas as máquinas e a velocidade sem[4] limite,
De ser o esmagado, o deixado, o deslocado, o acabado,
E tudo para te cantar, para te saudar e □
Dança comigo, Walt, lá do outro mundo esta fúria,
Salta comigo neste batuque que esbarra com os astros,

---

1   Acentuei o «E», como noutro testemunho [57A-16 e 17], por parecer lapso a ausência de acento.
2   Na margem esquerda da folha, paralelamente a este verso e até quase ao final da estrofe, quatro versos de muito difícil leitura.
3   Variante sobreposta: «ficar».
4   No testemunho original, por lapso, seguido em todas as derivadas edições, «tem».

Cai comigo sem forças no chão,
Esbarra comigo tonto nas paredes,
Parte-te e esfrangalha-te comigo
E □
Em tudo, por tudo, à roda de tudo, sem tudo,
Raiva abstracta do corpo fazendo *maelstroms* na alma...

Arre! Vamos lá prà frente!
Se o próprio Deus impede, vamos lá prà frente... Não faz diferença...[1]
Vamos lá prà frente
Vamos lá prà frente sem ser para parte nenhuma...
Infinito! Universo! Meta sem meta! Que importa?
Pum! pum! pum! pum! pum!
Agora, sim, partamos, vá lá prà frente, pum!
Pum

Pum
Heia... heia... heia... heia... heia...

Desencadeio-me como uma trovoada[2]
Em pulos da alma a ti,
Com bandas militares à frente prolongo a saudar-te...
Com um grande cortejo e uma fúria de berros e saltos
Estardalhaço a gritar-te
E dou-te todos os vivas a mim e a ti e a Deus
E o universo anda à roda de nós como um carrossel com música dentro dos nossos
                                                                                crânios,
E tendo luzes essenciais na minha epiderme anterior
Eu, louco de musical sibilar ébrio das máquinas,
Tu célebre, tu temerário, tu o Walt – e o instinto,
Tu a sensualidade ponto
Eu a sensualidade curiosamente nascente até da inteligência
Tua inteligência □

[11/6/1915]

---
1 Expressão dubitada entre parênteses: «Não faz diferença».
2 No original, a expressão «como uma trovoada» está entre parênteses rectos.

b[1]

Porta pra tudo!
Ponte pra tudo!
Estrada pra tudo!
Tua alma omnívora e □
Tua alma ave, peixe, fera, homem, mulher,
Tua alma os dois onde estão dois,
Tua alma o um que são dois quando dois são um,
Tua alma seta, raio, espaço,
Amplexo, nexo, sexo, Texas, Carolina, New York,
Brooklyn Ferry à tarde,
Brooklyn Ferry das idas e dos regressos,
Libertad! Democracy! Século vinte ao longe!
Pum! pum! pum! pum! pum!
PUM!

Tu, o que eras, tu o que vias, tu o que ouvias,
O sujeito e o objecto, o activo e o passivo,
Aqui e ali, em toda a parte tu,
Círculo fechando todas as possibilidades de sentir,
Marco miliário de todas as coisas que podem ser,
Deus Termo de todos os objetos que se imaginem e és tu!
Tu Hora,
Tu Minuto,
Tu Segundo!
Tu intercalado, liberto, desfraldado, ido,
Intercalamento, libertação, ida, desfraldamento,
Intercalador, libertador, desfraldador, remetente,
Carimbo em todas as cartas,
Nome em todos os endereços,
Mercadoria entregue, devolvida, seguindo…
Comboio de sensações a alma-quilómetros à hora,
À hora, ao minuto, ao segundo. PUM!

E todos estes ruídos naturais, humanos, *de máquinas*,[2]
Todos eles vão juntos, tumulto completo de tudo,
Cheios de mim até ti, saudar-te
Cheios de mim até ti,
Vão gritos humanos, vão choros de terra,

---

1 No início, dactilografado a vermelho: «he calls Walt».
2 Variante sobreposta a «, de máquinas»: «e mecânicos».

Vão os volumes dos montes,
Vão os rumores de águas,
Vão os barulhos da guerra,
Vão os estrondos da □, os □ da □
Vão os ruídos dos povos em lágrimas,
Vão os sons débeis dos ais no escuro
E vão mais cerca da vida, rodeando-me,
Prémio melhor do meu saudar-te
Os ruídos, cicios, assobios dos comboios,
Os ruídos modernos e das fábricas,
Som regular,
Rodas,
Volantes,
Hélices,
Pum...

c

Hé-lá que eu vou chamar
Ao privilégio ruidoso e ensurdecedor de saudar-te
Todo o formilhamento humano do Universo,
Todos os modos de todas as emoções,
Todos os feitios de todos os pensamentos,
Todas as rodas, todos os volantes, todos os êmbolos da alma.
Heia que eu grito
E num cortejo de Mim até ti estardalhaçam
Com uma algaravia metafísica e real,
Com um chinfrim de coisas passado por dentro sem nexo,
□

Ave, salve, viva, ó grande bastardo de Apolo,
Amante impotente e fogoso das nove musas e das graças,
Funicular do Olimpo até nós e de nós ao Olimpo,
Fúria do moderno concretado em mim,
Espasmo translúcido de ser,
Flor de agirem os outros,
Festa porque há a Vida,
Loucura porque não há vida bastante em um p'ra ser todos

Porque ser é ser limitado e só Deus nos servia.[1]
Ah, tu que cantaste tudo, deixaste tudo por cantar.
Quem pode vibrar mais que o seu corpo em seu corpo,
Quem tem mais sensações que as sensações por ter?
Quem é bastante quando nada basta?
Quem fica completo quando um só vinco de erva
Fica com a raiz fora do seu coração?

d

Por isso é a ti que endereço
Meus versos saltos, meus versos pulos, meus versos espasmos,
Os meus versos-ataques-histéricos,
Os meus versos que arrastam o carro □ dos meus nervos.

Aos trambolhões me inspiro,
Mal podendo respirar, ter-me-de-pé, me exalto,
E os meus versos são eu não poder estoirar de viver.

Abram-me todas as janelas!
Arranquem-me todas as portas!
Puxem a casa toda para cima de mim!
Quero viver em liberdade no ar,
Quero ter gestos fora do meu corpo,
Quero correr como a chuva pelas paredes abaixo,
Quero ser pisado nas estradas largas como as pedras,
Quero ir, como as coisas pesadas, para o fundo dos mares,
Com uma voluptuosidade que já está longe de mim!

Não quero fechos nas portas!
Não quero fechaduras nos cofres!
Quero intercalar-me, imiscuir-me, ser levado,
Quero que me façam pertença doída de qualquer outro,
Que me despejem dos caixotes,
Que me atirem aos mares,
Que me vão buscar a casa com fins obscenos,
Só para não estar sempre aqui sentado e quieto,
Só para não estar simplesmente escrevendo estes versos!

---

1   Expressão dubitada: «só Deus nos servia».

Não quero intervalos no mundo!
Quero a contiguidade penetrada e material dos objetos!
Quero que os corpos físicos sejam uns dos outros como as almas,
Não só dinamicamente, mas estaticamente também!

Quero voar e cair de muito alto!
Ser arremessado como uma granada!
Ir parar a... Ser levado até...
Abstracto auge no fim de mim e de tudo!

Clímax a ferro e motores!
Escadaria pela velocidade acima, sem degraus!
Bomba hidráulica desancorando-me as entranhas sentidas!

Ponham-me grilhetas só para eu as partir!
Só para eu as partir com os dentes, e que os dentes sangrem
Gozo masoquista, espasmódico a sangue, da vida!

Os marinheiros levaram-me preso.
As mãos apertaram-me no escuro.
Morri temporariamente de senti-lo.
Seguiu-se a minh'alma a lamber o chão do cárcere-privado,
E a cega-rega das impossibilidades contornando o meu acinte.

Pula, salta, toma o freio nos dentes,
Pégaso-ferro-em-brasa das minhas ânsias inquietas,
Paradeiro indeciso do meu destino a motores!
Salta, pula, embandeira-te,
Deixa a sangue o rasto na imensidade nocturna,
A sangue quente, mesmo de longe,
A sangue fresco mesmo de longe,
A sangue vivo e frio no ar dinâmico a mim!
Salta, galga, pula,
Ergue-te, vai saltando, □

e

Numa grande *marche aux flambeaux*-todas-as-cidades-da-Europa,
Numa grande marcha guerreira a indústria e comércio e ócio,
Numa grande corrida, numa grande subida, numa grande descida,
Estrondeando, pulando, e tudo pulando comigo,
Salto a saudar-te,

Berro a saudar-te,
Desencadeio-me a saudar-te, aos pinotes, aos pinos, aos guinos!
Hé-lá!
Ave, salve, viva!...[1]

Arregimento!
Comigo, coisas!
Sigam-me, gentes!
Máquinas, artes, letras, números – comigo!
Vós, que ele tanto amou, coisas que são a terra:
Árvores sem sentido salvo verde,
Flores com a cor na alma,
☐
Escura brancura das águas,
Rios fora dos rios,
Paz dos campos porque não são as cidades
Seiva lenta ao emergir da avareza das crostas[2]

f

Onde não sou o primeiro prefiro não ser nada, não estar lá,
Onde não posso agir o primeiro, prefiro só ver agir os outros.
Onde não posso mandar, antes quero nem obedecer.

Excessivo na ânsia de tudo, tão excessivo que nem falho,
E não falho, porque não tento.
«Ou Tudo ou Nada» tem um sentido pessoal[3] para mim.
Mas ser universal – não o posso, porque sou particular.
Não posso ser todos, porque sou Um, um só, só eu.
Não posso ser o primeiro em qualquer coisa, porque não há o primeiro.
Prefiro por isso o nada de ser[4] apenas esse ser nada.[5]

Quando é que parte o último comboio, Walt?
Quero deixar esta cidade, a Terra,
Quero emigrar de vez deste país, Eu,

---
1   Escritos à margem, seis versos que não foi possível ler.
2   Verso dubitado.
3   Opcional, entre parênteses: «pessoal».
4   Opcional, entre parênteses rectos: «ser».
5   A expressão «ser nada» está sublinhada.

Deixar o mundo como o que se confessa falido,
Como um caixeiro-viajante que vende navios a habitantes do interior.[1]

O fim a motores partidos!
Que foi todo o meu ser? Uma grande ânsia inútil –
Estéril realização com um destino impossível –
Máquina de louco para realizar o *motu continuo,*
Teorema de absurdo para a quadratura do círculo,[2]
Travessia a nado do Atlântico, falhando na margem de cá
Antes da entrada na água, só com olhos e o cálculo,
Atirar de pedras à lua
Ânsia absurda do encontro dos paralelos Deus-vida.[3]

Megalomania dos nervos,
Ânsia de elasticidade do corpo duro,
Raiva de meu concreto ser por não ser o auge-eixo
O carro da sensualidade de entusiasmo abstracto
O vácuo dinâmico do mundo!

Vamo-nos embora de *Ser.*[4]
Larguemos de vez, definitivamente, a aldeia-Vida
O arrabalde-Mundo de Deus
E entremos na cidade à aventura, ao rasgo
Ao auge, loucamente ao Ir...
Larguemos de vez.

Quando parte, Walt, o último comboio p'ra aí?
Que Deus fui para as minhas saudades serem estas ânsias?
Talvez partindo regresse. Talvez acabando, chegue,
Quem sabe? Qualquer hora é a hora. Partamos,
Vamos! A estrada tarda. Partir é ter ido.[5]

Partamos para onde se fique.
Ó estrada para não-haver-estradas!
Terminus no Não-Parar!

---

1   Verso dubitado.
2   Verso opcional, entre parênteses rectos.
3   Expressão dubitada: «Deus-vida».
4   Variantes subpostas: «Eu; Mim; Havermos».
5   Expressão dubitada: «ter ido».

g

Um comboio de criança movido a corda, puxado a cordel
Tem mais movimento real do que os *nossos*[1] versos...
Os nossos versos que não têm rodas
Os nossos versos que não se deslocam
Os nossos versos que, nunca lidos, não saem para fora do papel.
(Estou farto – farto da vida, farto da arte,
Farto de não ter coisas, a menos ou a medo –
Rabo-leva da minha inspiração chagando a minha vida,
Fantoche absurdo de feira da minha ideia de mim.
Quando é que[2] parte o último comboio?)

Sei que cantar-te assim não é cantar-te – mas que importa?
Sei que é cantar tudo, mas cantar tudo é cantar-te,
Sei que é cantar-me a mim – mas cantar-me a mim é cantar-te a ti
Sei que dizer que não posso cantar é cantar-te, *Walt*,[3] ainda...

h

Heia? Heia o quê e porquê?
O que tiro eu de *heia* ou de qualquer coisa,
Que valha pensar em *heia*?

Decadentes, meu velho, decadentes é que nós somos...
No fundo de cada um de nós há uma Bizâncio a arder,
E nem sinto as chamas e nem sinto Bizâncio
Mas o Império finda nas nossas veias aguadas
E a Poesia foi a da nossa incompetência para agir...
Tu, cantador de profissões enérgicas, Tu o Poeta do Extremo, do Forte,
Tu, músculo da inspiração, com musas masculinas por destaque,[4]
Tu, afinal, inocente em viva histeria,
Afinal apenas «acariciador da vida»,
Mole ocioso, paneleiro pelo menos na intenção,
– Bem... isso era contigo – mas onde é que aí está a Vida?

---

1 Variante sobreposta: «meus».
2 A expressão «é que» é opcional.
3 Variante subposta: «meu amigo».
4 Palavra dubitada: «destaque».

Eu, engenheiro como profissão, farto de tudo e de todos,
Eu, exageradamente supérfluo, guerreando as coisas,
Eu, inútil, gasto, improfícuo, pretensioso e amoral,
Boia das minhas sensações desgarradas pelo temporal,
Âncora do meu navio já quebrada p'rò fundo,
Eu feito cantor da Vida e da Força – acreditas?
Eu, como tu, enérgico, salutar, nos versos –
E afinal sincero como tu, ardendo com ter toda a Europa no cérebro,
No cérebro explosivo e sem diques,
Na inteligência mestra e dinâmica,
Na sensualidade carimbo, projector, marca, cheque,
Pra que diabo vivemos, e fazemos versos?
Raios partam a mandriice que nos faz poetas,
A degenerescência que nos engana artistas,
O tédio fundamental que nos pretende enérgicos e modernos,
Quando o que queremos é distrair-nos, dar-nos ideia da vida
Porque nada fazemos e nada somos, a vida corre-nos lenta nas veias.

Vejamos ao menos, Walt, as coisas com plena verdade...
Bebamos isto como um remédio amargo
E concordemos em mandar à merda o mundo e a vida
Por quebranto no olhar, e não por desprezo ou aversão.

Isto, afinal é saudar-te?
Seja o que for, é saudar-te,
Seja o que valha, é amar-te,
Seja o que calhe, é concordar contigo...
Seja o que for é isto. E tu compreendes, tu gostas,
Tu, a chorar no meu ombro, concordas, meu velho, comigo...
(Quando parte o último comboio? –
Vilegiatura em Deus...)[1]
Vamos, confiadamente, vamos...
Isto tudo deve ter um outro sentido
Melhor que viver e ter tudo...
Deve haver um ponto da consciência
Em que a paisagem se transforme
E comece a interessar-nos, a acudir-nos, a sacudir-nos...
Em que comece a haver fresco na alma
E sol e campo nos sentidos despertos recentemente.
Seja onde for a Estação, lá nos encontraremos...
Espera-me à porta, Walt; lá estarei...

---

[1] Fechei o parênteses aberto no início do verso anterior.

Lá estarei sem o universo, sem a vida, sem eu-próprio, sem nada...
E relembraremos, a sós, silenciosos, com a nossa dor
O grande absurdo do mundo, a dura inépcia das coisas
E sentirei, o mistério sentirei tão longe, tão longe, tão longe,
Tão absoluta e abstractamente longe,
Definitivamente longe.

i

Heia o quê? Heia porquê? Heia pra onde?
Heia até onde?
Heia pra onde, corcel suposto?
Heia pra onde, comboio imaginário?
Heia pra onde, seta, pressa, velocidade,
Todas só eu a penar por elas,
Todas só eu a não tê-las por todos os meus nervos fora.

Heia pra onde, se não há onde nem como?
Heia pra onde, se estou sempre onde estou e nunca adiante,
Nunca adiante, nem sequer atrás,
Mas sempre fatalissimamente no lugar do meu corpo,
Humanissimamente no ponto-pensar da minha alma,
Sempre o mesmo átomo indivisível da personalidade divina?

Heia pra onde ó tristeza de não realizar o que quero?
Heia pra onde, para quê, o quê, sem o quê?
Heia, heia, heia, mas ó minha incerteza, pra onde?[1]

Não escrever versos, versos, versos a respeito do ferro,
Mas ver, ter, ser o ferro e ser isso os meus versos,
Versos-ferro-versos, círculo material-psíquico-eu.

(quando parte o último comboio?)

---

1   Entre este verso e o seguinte um tracejado, parecendo significar que encarava intercalar futuros versos.

j

Para saudar-te
Para saudar-te como se deve saudar-te
Preciso tornar os meus versos corcel,
Preciso tornar os meus versos comboio,
Preciso tornar os meus versos seta,
Preciso tornar os versos pressa,
Preciso tornar os versos nas coisas do mundo!

Tudo cantavas, e em ti cantava tudo –
Tolerância magnífica e prostituída
A das tuas sensações de pernas abertas
Para os detalhes e os contornos do sistema do universo.

l

Abram falência à nossa vitalidade!
Escrevemos versos, cantamos as coisas-falências; não as vivemos.
Como poder viver todas as vidas e todas as épocas
E todas as formas da forma
E todos os gestos do gesto?
O que é fazer versos senão confessar que a vida não basta
O que é arte senão um esquecer de que é só isto.
Adeus, Walt, adeus!
Adeus até ao indefinido do para além do Fim.
Espera-me, se aí se pode esperar,
Quando parte o último comboio?
Quando *parte*?[1]

---
1   Variante, ao lado, entre parênteses: «partimos».

m

Minha oração-cavalgada!

Minha saudação-arranco!

Quem como tu sentiu a vida individual de tudo?
Quem como tu esgotou sentir-se – a vida – sentir-nos?
Quem como tu tem sempre o sobresselente por próprio
E transborda por norma da norma – forma da Vida?[1]

a[2] minha alegria é uma raiva,
o meu arranco um choque
(Pá!)
em mim...

Saúdo-te em ti ó Mestre da minha doença de saúde,[3]
o primeiro doente perfeito da universalite que tenho,
o caso-nome do «mal de Whitman» que há dentro de mim!
St. Walt dos Delírios Ruidosos e a Raiva![4]

n

Abram todas as portas!
Partam os vidros das janelas!
Omitam fechos na ideia de fechar!
Omitam a ideia de fechar da ideia de fechar!
Que fechar seja estar aberto sem fechos que lembrem,
Que parar seja o nome alvar de prosseguir,
Que o fim seja sempre uma coisa abstracta e ligada,
Fluida a todas as horas de passar por ele!
Eu quero respirar!
Dispam-me o peso do meu corpo!
Troquem a alma por asas abstractas, ligadas a nada!
Nem asas, mas a Asa enorme de Voar!
Nem Voar mas o que fica de veloz quando cessar é voar
E não há corpo que pese na alma de ir!

---

1   O autor deixou a 2ª metade da página em branco, aparentemente para acrescentar outros versos, e continuou no verso da folha.
2   A partir daqui, o poeta iniciou os versos com minúsculas, prática original na época, que habitualmente não segue.
3   Antes do verso, o n.º 2, indicativo de que se trata de uma segunda parte do poema.
4   Verso dubitado.

Seja eu o calor das coisas vivas, a febre
Das seivas, o ritmo das ondas e o □
Intervalo em Ser para deixar Ser ser...!

Fronteiras em nada!
Divisões em nada!
Só Eu.

o

Para cantar-te,
Para saudar-te
Era preciso escrever aquele poema supremo,
Onde, mais que em todos os outros poemas supremos,
Vivesse, numa síntese completa feita de uma análise sem esquecimentos,
Todo o Universo de coisas, de vidas e de almas,
Todo o Universo de homens, mulheres, crianças,
Todo o Universo de gestos, de actos, de emoções, de pensamentos,
Todo o Universo das coisas que a humanidade faz,
Das coisas que acontecem à humanidade –
Profissões, leis, regimentos, medicinas, o Destino,
Escrito a entrecruzamentos, a intersecções constantes
No papel dinâmico dos Acontecimentos,
No *papyrus* rápido das combinações sociais,
No palimpsesto das emoções renovadas constantemente.

p

O verdadeiro poema moderno é a vida sem poemas,
É o comboio real e não os versos que o cantam
É o ferro dos *rails*, dos *rails* quentes, é o ferro das rodas, é o giro real delas,
E não os meus poemas falando de *rails* e de rodas sem eles.

q

No meu verso canto comboios, canto automóveis, canto vapores,
Mas no meu verso, por mais que o ice, há só ritmos e ideias,
Não há ferro, aço, rodas, não há madeiras, nem cordas,
Não há a realidade da pedra mais nula da rua,
Da pedra que por acaso ninguém olha ao pisar
Mas que pode ser olhada, pegada na mão, pisada,
E os meus versos são som e ideias *que podem não ser*[1] compreendidos.[2]

O que eu quero não é cantar o ferro: é o ferro.
O que eu penso é dar só a ideia do aço – e não o aço –
O que me enfurece em todas as emoções da inteligência
É não trocar o meu ritmo que imita a água cantante
Pelo frescor real da água tocando-me nas mãos,
Pelo som visível do rio onde posso entrar e molhar-me,
Que pode deixar o meu fato a escorrer,
Onde me posso afogar, se quiser,
Que tem a divindade natural de estar ali sem literatura.
Merda! Mil vezes merda para tudo o que eu não posso fazer.
Que tudo, Walt – ouves? – que é tudo, tudo, tudo?

Todos os raios partam a falta que nos faz não ser Deus
Para ter poemas escritos a Universo e a Realidade por nossa carne
E ter ideias-coisas e o pensamento Infinito!
Para ter estrelas reais dentro do meu pensamento-ser
Nomes-números nos confins da minha emoção-a-Terra.

r

Futilidade, irrealidade, estética de toda a arte,
Condenação do artista a não viver!

Ó quem nos dera, Walt,
A terceira coisa, a média entre a arte e vida,
A coisa que sentiste, e não seja estática nem dinâmica,
Nem real nem irreal
Nem nós nem os outros –

---

[1] Variante subposta: «só para serem»
[2] O autor deixou em branco o espaço final da página, possivelmente para acrescentar outros versos antes de continuar no outro lado da folha.

Mas como até imaginá-la?
Ou mesmo apreendê-la
Mesmo sem a esperança de não a ter nunca?

A dinâmica pura, a velocidade em si,
Aquela que dê absolutamente as coisas,
Aquela que chegue tactilmente aos sentidos,
Construamos comboios, Walt, e não os cantemos,
Cavemos e não cantemos, meu velho, o cavador e o campo,
Provemos e não escrevamos,
Amemos e não cantemos,
Metamos dois tiros de revólver na primeira cabeça com chapéu
E não façamos onomatopeias inúteis e vãs no nosso verso
No nosso verso escrito a frio, e depois à máquina e depois impresso.

Poema que esculpisse em Móvel e Eterno a escultura,
Poema que esculpisse palavras [..] e o do palco,
Que □ ritmo o canto, a dança e □
Poema que fosse todos os poemas,
Que dispensasse bem outros poemas,
Poema que dispensasse a Vida.
Irra, faço o que quero,[1] estorça o que estorça no meu ser central,
Force o que force em meus nervos industriados a tudo,
Maquine o que maquine no meu cérebro furor e lucidez,
Sempre me escapa a coisa em que eu penso,
Sempre me falta a coisa que □ e eu vou ver se me falta,
Sempre me falta, em cada cubo, seis faces,
Quatro lados em cada quadrado do que quis exprimir,
Três dimensões na solidez que procurei projectar.
Sempre um comboio de criança movido a corda, a cordel,
Terá mais movimento que os meus versos estáticos e lidos,
Sempre o mais verme dos vermes, a mais química célula viva,
Terá mais vida, mais Deus, que toda a vida dos meus versos,
Nunca como os duma pedra todos os vermelhos que eu descreva,
Nunca como numa música todos os ritmos que eu sugira!
Nunca como □

Eu nunca farei senão copiar um eco das coisas,
O reflexo das coisas reais no espelho baço de mim.

A morte de tudo na minha sensibilidade (que *vibra*[2] tanto!)

---
1 Palavra dubitada: «quero».
2 Variante sobreposta: «varia».

A secura real eterna do rio lúcido *da*[1] minha imaginação!
Quero cantar-te e não posso cantar-te, Walt!
Quero dar-te o canto que te convenha,
Mas nem a ti, nem a nada, – nem a mim, ai de mim! – dou um canto...
Sou um surdo-mudo berrando em voz alta os seus gestos,[2]
Um cego fitando à roda do olhar um[3] invisível-tudo.

Assim te canto, Walt, dizendo que não posso cantar-te!
Meu velho comentador da multiplicidade das coisas,
Meu camarada em sentir nos nervos a dinâmica marcha
Da perfeita físico-química da □
Da energia fundamental da aparência das coisas para Deus,
Da abstracta forma de sujeito e objecto para além da vida.

Andamos a jogar às escondidas com a nossa intenção...
Fazemos arte e o que queremos fazer afinal é a vida.
O que queremos fazer já está feito e não está em nós fazê-lo,
Ou fá-lo o burguês comum melhor do que nós, mais de facto,
Mais instintivamente diversamente.
Sim, se o que nos poemas é o que vibra e fala,
O mais casto gesto da vida é mais sensual que o mais sensual dos poemas,
Porque é feito por alguém que vive, porque é □, porque é Vida.

s

Paro, escuto, reconheço-me!
O som da minha voz caiu no ar sem vida.
Fiquei o mesmo, tu estás morto, tudo é insensível...
Saudar-te foi um modo de eu querer animar-me,
Para que te saudei sem que me julgue capaz
Da energia viva de saudar alguém!

Ó coração por sarar! quem me salva de ti?

---

1 Variante sobreposta: «na».
2 Palavra dubitada: «gestos».
3 O autor parece ter encarado corrigir «um» para «no».

20

Dá-nos a Tua paz,
Deus cristão falso, mas consolador, porque todos
Nascem para a emoção rezada a ti;
Deus anticientífico mas que a nossa mãe ensina;
Deus absurdo da verdade absurda, mas que tem a verdade das lágrimas
Nas horas de fraqueza em que sentimos que passamos
Como o fumo e a nuvem, mas a emoção não o quer,
Como o rastro na terra, mas a alma é sensível...

Dá-nos a Tua paz, ainda que não existisses nunca,
A Tua paz no mundo que julgas Teu,
A Tua paz impossível tão possível à Terra,
À grande mãe pagã, cristã em nós a esta hora
E que deve ser humana em tudo quanto é humano em nós.

Dá-nos a paz como uma brisa saindo
Ou a chuva para a qual há preces na província,
E chove por leis naturais tranquilizadoramente.

Dá-nos a paz, qualquer que ela seja, e regresse
O nosso espírito cansado ao quarto de arrumações e coser
Onde ao canto está o berço inútil, mas não a mãe que embala,
Onde na cómoda velha está a roupa da infância, despida
Com o poder iludir a vida com o sonho...

Dá-nos a tua paz.
O mundo é incerto e confuso,
O pensamento não chega a parte nenhuma da Terra,
O braço não alcança mais do que a mão pode conter,
O olhar não atravessa os muros da sombra,
O coração não sabe desejar o que deseja,
A vida erra constantemente o caminho *para a*[1] Vida.

Dá-nos, Senhor, a paz, Cristo ou Buda que sejas,
Dá-nos a paz e admite
Nos vales esquecidos dos pastores ignotos,
Nos píncaros de gelo dos eremitas perdidos,
Nas ruas transversais dos bairros afastados das cidades,
A paz que é dos que não conhecem e esquecem sem querer.

---

1   Variante sobreposta: «da».

Materna paz que adormeça a terra,
Dormente à lareira sem filosofias,
Memória dos contos de fadas sem a vida lá fora,
A canção do berço volvida através da memória sem futuro,
O calor, a ama, o menino,
O menino que se vai deitar
E o sentido inútil da vida,
O coevo antigo das coisas,
A dor sem fundo da terra, dos homens, dos *destinos*[1]
Do mundo...

---
1 A expressão está dubitada e «destinos» tem uma variante sobreposta: «deuses».

21
A passagem das horas

[a José de Almada-Negreiros] [1]

a

Sentir tudo de todas as maneiras,
Ter todas as opiniões,
Ser sincero contradizendo-se a cada minuto,
Desagradar a si-próprio pela plena liberalidade de espírito,
E amar as coisas como Deus.

Eu, que sou mais irmão de uma árvore que de um operário,
Eu, que sinto mais a dor suposta do mar ao bater na praia
Que a dor real das crianças em quem batem
(Ah, como isto deve ser falso, pobres crianças em quem batem –
E porque é que as minhas sensações se revezam tão depressa?)
Eu, enfim, que sou um diálogo contínuo,
Um falar-alto incompreensível, alta-noite na torre,
Quando os sinos oscilam vagamente sem que mão lhes toque
E faz pena saber que há vida que viver amanhã.
Eu, enfim, literalmente eu,
E eu metaforicamente também,
Eu, o poeta sensacionista, enviado do Acaso
Às leis irrepreensíveis da Vida,
Eu, o fumador de cigarros por profissão adequada,
O indivíduo que fuma ópio, que toma absinto, mas que, enfim,
Prefere pensar em fumar ópio a fumá-lo
E acha mais seu olhar para o absinto a beber que bebê-lo...
Eu, este degenerado superior sem arquivos na alma,
Sem personalidade com valor declarado,
Eu, o investigador solene das coisas fúteis,
Que era capaz de ir viver na Sibéria só por embirrar com isso,
E que acho que não faz mal não ligar importância à pátria
Porque não tenho raiz, como uma árvore, e portanto não tenho raiz...
Eu, que tantas vezes me sinto tão real como uma metáfora,

---

1 Uma nota manuscrita, assinada Álvaro de Campos [71A-53], dedica esta «ode sensacionista» a José de Almada-Negreiros, acrescentando: «Almada-Negreiros: você não imagina como eu lhe agradeço o facto de você existir».

Como uma frase escrita por um doente no livro da rapariga que encontrou no
                                                                                                terraço,
Ou uma partida de xadrez no convés dum transatlântico,
Eu, a ama que empurra os *perambulators* em todos os jardins públicos,
Eu, o polícia que a olha, parado para trás na álea,
Eu, a criança no carro, que acena à sua inconsciência lúcida com um colar[1] com
                                                                                                guizos,
Eu, a paisagem por detrás disto tudo, a paz citadina
Coada através das árvores do jardim público,
Eu, o que os espera a todos em casa,
Eu, o que eles encontram na rua,
Eu, o que eles não sabem de si-próprios,
Eu, aquela coisa em que estás pensando e te marca esse sorriso,
Eu, o contraditório, o fictício, o aranzel, a espuma,
O cartaz posto agora, as ancas da francesa, o olhar do padre,
O *lugar*[2] onde se encontram as duas ruas e os *chauffeurs* dormem contra os carros,
A cicatriz do sargento mal-encarado,

O sebo na gola do explicador doente que volta para casa,
A chávena que era por onde o pequenito que morreu bebia sempre,
E tem uma falha na asa (e tudo isto cabe num coração de mãe e enche-o)...
Eu, o ditado de francês da pequenita que mexe nas ligas,
Eu, os pés que se tocam por baixo do bridge sob o lustre,
Eu, a carta escondida, o calor do lenço, a sacada com a janela entreaberta,
O portão de serviço onde a criada fala com os desejos do primo,
O sacana do José que prometeu vir e não veio
E a gente tinha uma partida para lhe fazer...
Eu, tudo isto, e além disto o resto do mundo...
Tanta coisa, as portas que se abrem, e a razão por que elas se abrem,
E as coisas que já fizeram as mãos que abrem as portas...
Eu, a infelicidade-nata de todas as expressões,
A impossibilidade de exprimir todos os sentimentos,
Sem que haja uma lápide no cemitério para o irmão de tudo isto,
E o que parece não querer dizer nada sempre quer dizer qualquer coisa...
Sim, eu, o engenheiro naval que sou supersticioso como uma camponesa madrinha,
E uso o monóculo para não parecer igual à ideia real que faço de mim,
Que levo às vezes três horas a vestir-me e nem por isso acho isso natural,
Mas acho-o metafísico e se me batem à porta zango-me,
Não tanto por me interromperem a gravata como por ficar sabendo que há a vida...
Sim, enfim, eu o destinatário das cartas lacradas,

---

1   No original «coral», aparente lapso de dactilografia.
2   Variante entre parênteses: «largo».

O baú das iniciais gastas,
A intonação das vozes que nunca ouviremos mais –
Deus guarda isso tudo no Mistério, e às vezes sentimo-lo
E a vida pesa de repente e faz muito frio mais perto que o corpo.
A Brígida prima da minha tia,
O general em que elas falavam – general quando elas eram pequenas,
E a vida era guerra civil a todas as esquinas...
Vive le mélodrame où Margot a pleuré!
Caem folhas secas no chão irregularmente,
Mas o facto é que sempre é outono no outono,
E o inverno vem depois fatalmente,
E há só um caminho para a vida, que é a vida...

Esse velho insignificante, mas que ainda conheceu os românticos,
Esse opúsculo político do tempo das revoluções constitucionais,
E a dor que tudo isso deixa, sem que se saiba a razão
Nem haja para chorar tudo mais razão que senti-lo.

Todos os amantes beijaram-se na minh'alma,
Todos os vadios dormiram um momento em cima de mim,
Todos os desprezados encostaram-se um momento ao meu ombro,
Atravessaram a rua, ao meu braço todos os velhos e os doentes,
E houve um segredo que me disseram todos os assassinos.

(Aquela cujo sorriso sugere a paz que eu não tenho,
Em cujo baixar-de-olhos há uma paisagem da Holanda,
Com as cabeças femininas *coiffées de lin*
E todo o esforço quotidiano de um povo pacífico e limpo...
Aquela que é o anel deixado em cima da cómoda,
E a fita entalada com o fechar da gaveta,
Fita cor-de-rosa, não gosto da cor mas da fita entalada,
Assim como não gosto da vida, mas gosto de senti-la...

Dormir como um cão corrido no caminho, ao sol,
Definitivamente para todo o resto do Universo,
E que os carros me passem por cima.)

Fui para a cama com todos os sentimentos,
Fui *souteneur* de todas as emoções,
Pagaram-me bebidas todos os acasos das sensações,
Troquei olhares com todos os motivos de agir,
Estive mão em mão com todos os impulsos para partir,
Febre imensa das horas!
Angústia da forja das emoções!

Raiva, espuma, a imensidão que não cabe no meu lenço,
A cadela a uivar de noite,
O tanque da quinta a passear à roda da minha insónia,
O bosque como foi à tarde, quando lá passeámos, a rosa,
A madeixa indiferente, o musgo, os pinheiros,
Toda a raiva de não conter isto tudo, de não deter isto tudo,
Ó fome abstracta das coisas, cio impotente dos momentos,
Orgia intelectual de sentir a vida!

Obter tudo por suficiência divina –
As vésperas, os consentimentos, os avisos,
As coisas belas da vida –
O talento, a virtude, a impunidade,
A tendência para acompanhar os outros a casa,
A situação de passageiro,
A conveniência em embarcar já para ter lugar,
E falta sempre uma coisa, um copo, uma brisa, uma frase,
E a vida dói quanto mais se goza e quanto mais se inventa.

Poder rir, rir, rir despejadamente,
Rir como um copo entornado,
Absolutamente doido só por sentir,
Absolutamente roto por me roçar contra as coisas,
Ferido na boca por morder coisas,
Com as unhas em sangue por me agarrar a coisas,
E depois deem-me a cela que quiserem que eu me lembrarei da vida.

[1916]

b

Sentir tudo de todas as maneiras,
Viver tudo de todos os lados,
Ser a mesma coisa de todos os modos possíveis ao mesmo tempo,
Realizar em si toda a humanidade de todos os momentos
Num só momento difuso, profuso, completo e longínquo.

Eu quero ser sempre aquilo com quem simpatizo,
Eu torno-me sempre, mais tarde ou mais cedo,
Aquilo com quem simpatizo, seja uma pedra ou uma ânsia,
Seja uma flor ou uma ideia abstracta,

Seja uma multidão ou um modo de compreender Deus.
E eu simpatizo com tudo, vivo de tudo em tudo.
São-me simpáticos os homens superiores porque são superiores,
E são-me simpáticos os homens inferiores porque são superiores também,
Porque ser inferior é diferente de ser superior,
E por isso é uma superioridade a certos momentos de visão.
Simpatizo com alguns homens pelas suas qualidades de carácter,
E simpatizo com outros pela sua falta dessas qualidades,
E com outros ainda simpatizo por simpatizar com eles,
E há momentos absolutamente orgânicos em que esses são todos os homens.
Sim, como sou rei absoluto na minha simpatia,
Basta que ela exista para que tenha razão de ser.
Estreito ao meu peito arfante num abraço comovido
(No mesmo abraço comovido)
O homem que dá a camisa ao pobre que desconhece,
O soldado que morre pela pátria sem saber o que é pátria,
E...
E o matricida, o fratricida, o incestuoso, o violador de crianças,
O ladrão de estradas, o salteador dos mares,
O gatuno de carteiras, o sombra que espera nas vielas –
Todos são a minha amante predilecta pelo menos um momento na vida.
Beijo na boca todas as prostitutas,
Beijo sobre os olhos todos os *souteneurs*,
A minha passividade jaz aos pés de todos os assassinos,
E a minha capa à espanhola esconde a retirada a todos os ladrões.
Tudo é razão de ser da minha vida.

Cometi todos os crimes,
Vivi dentro de todos os crimes
(Eu próprio fui, não um nem o outro no vício,
Mas o próprio vício-pessoa praticado entre eles,
E dessas são as horas mais arco-de-triunfo da minha vida).

Multipliquei-me para me sentir,
Para me sentir, precisei sentir tudo,
Transbordei, não fiz senão extravasar-me,
Despi-me entreguei-me,
E há em cada canto da minha alma um altar a um deus diferente.

Os braços de todos os atletas apertaram-me subitamente feminino,
E eu só de pensar nisso desmaiei entre músculos supostos.

Foram dados na minha boca os beijos de todos os encontros,

Acenaram no meu coração os lenços de todas as despedidas,
Todos os chamamentos obscenos de gestos e olhares
Batem-me em cheio em todo o corpo com sede nos centros sexuais.
Fui todos os ascetas, todos os postos-de-parte, todos os como que esquecidos,
E todos os pederastas – absolutamente todos (não faltou nenhum).
Rendez-vous a vermelho e negro no fundo-inferno da minha alma!

(Freddie, eu chamava-te Baby, porque tu eras louro, branco e eu amava-te,
Quantas imperatrizes por reinar e princesas destronadas tu foste para mim!
Mary, com quem eu lia Burns em dias tristes como sentir-se viver,
Mary, mal tu sabes quantos casais honestos, quantas famílias felizes,
Viveram em ti os meus olhos e o meu braço cingindo e a minha inconsciência
                                                                                     incerta,
A sua vida pacata, as suas casas suburbanas com jardim, os seus *half-holidays*
                                                                                     inesperados...
Mary, eu sou infeliz...
Freddie, eu sou infeliz...
Oh, vós todos, todos vós, casuais, demorados,
Quantas vezes tereis pensado em pensar em mim, sem que o fizésseis,
Ah, quão pouco eu fui no que sois, quão pouco, quão pouco –
Sim, e o que tenho eu sido, ó meu subjetivo universo,
Ó meu sol, meu luar, minhas estrelas, meu momento,
Ó parte externa de mim perdida em labirintos de Deus!)[1]

Passa tudo, todas as coisas num desfile por mim dentro,
E todas as cidades do mundo rumorejam-se dentro de mim...

Meu coração tribunal, meu coração mercado, meu coração sala da Bolsa, meu
                                                                         coração balcão de Banco,
Meu coração *rendez-vous* de toda a humanidade,
Meu coração banco de jardim público, hospedaria, estalagem, calabouço número
                                                                         qualquer coisa,
(«*Aqui estuvo el Manolo en vísperas de ir al patíbulo*»)
Meu coração *club*, sala, plateia, capacho, *guichet*, portaló,
Ponte, cancela, excursão, marcha, viagem, leilão, feira, arraial,
Meu coração postigo,
Meu coração encomenda,
Meu coração carta, bagagem, satisfação, entrega,
Meu coração a margem, o limite, a súmula, o índice,
Eh-lá, eh-lá, eh-lá, bazar o meu coração.

Todas as madrugadas são a madrugada e a vida.

---

[1] O autor não fechou os parênteses.

Todas as auroras raiam no mesmo lugar:
Infinito...
Todas as alegrias de ave vêm da mesma garganta,
Todos os estremecimentos de folhas são da mesma árvore,
E todos os que se levantam cedo para ir trabalhar
Vão da mesma casa para a mesma fábrica por o mesmo caminho...

Rola, bola grande, formigueiro de consciências, terra,
Rola, auroreada, entardecida, a prumo sob sóis, nocturna,
Rola no espaço abstracto, na noite mal iluminada realmente
Rola e □

Sinto na minha cabeça a velocidade do giro da terra,
E todos os países e todas as pessoas giram dentro de mim,
Centrífuga ânsia, raiva de ir por os ares até aos astros
Bate pancadas de encontro ao interior do meu crânio,
Põe-me alfinetes vendados por toda a consciência do meu corpo,
Faz-me levantar mil vezes e dirigir-me para Abstracto,
Para inencontrável, Ali sem restrições nenhumas,
A Meta invisível todos os pontos onde eu não estou, e ao mesmo tempo.

Ah, não estar parado nem a andar,
Não estar deitado nem de pé,
Nem acordado nem a dormir,
Nem aqui nem noutro ponto qualquer,
Resolver a equação desta inquietação prolixa,
Saber onde estar para poder estar em toda a parte,
Saber onde deitar-me para estar passeando por todas as ruas,
Saber onde □

Ho-ho-ho-ho-ho-ho-ho[1]
HO-HO-HO-HO-HO-HO-HO
HO-HO-HO-HO-HO-HO-HO
HO-HO-HO-HO-HO-HO-HO

Cavalgada alada de mim por cima de todas as coisas,
Cavalgada estalada de mim por baixo de todas as coisas,
Cavalgada alada e estalada de mim por causa de todas as coisas...

Hup-la por cima das árvores, hup-la por baixo dos tanques,
Hup-la contra as paredes, hup-la raspando nos troncos,
Hup-la no ar, hup-la no vento, hup-la, hup-la nas praias,

---

[1] Acrescentadas, entre parêntesis, as indicações em inglês: «in growing type, wind-sound» e «three or four times over and growing in length».

Numa velocidade crescente, insistente, violenta,
Hup-la hup-la hup-la hup-la ....

Cavalgada panteísta de mim por dentro de todas as coisas,
Cavalgada energética por dentro de todas as energias,
Cavalgada de mim por dentro do carvão que se queima, da lâmpada que arde,
De todos os consumos de energia,
Cavalgada de mim amperes, quilogrâmetros,
Cavalgada explosiva, explodida, como uma bomba que rebenta,
Cavalgada rebentando para todos os lados ao mesmo tempo,
Cavalgada por cima do espaço, salto por cima do tempo,
Galga, cavalo eléctron – íon –, sistema solar resumido
Por dentro da acção dos êmbolos, por fora do giro dos volantes.
Dentro dos êmbolos, tornado velocidade abstracta e louca,
Ajo a ferro e velocidade, vaivém, loucura, raiva contida,
Atado ao rasto de todos os volantes giro assombrosas horas,
E todo o universo range, estraleja e estropia-se em mim.

Ho-ho-ho-ho-ho .....
Cada vez mais depressa, cada vez mais com o espírito adiante do corpo
Adiante da própria ideia veloz do corpo projectado,
Com o espírito atrás adiante do corpo, sombra, chispa,
He-la-ho-ho... Helahoho....

Toda a energia é a mesma e toda a natureza é o mesmo...
A seiva da seiva das árvores é a mesma energia que mexe
As rodas da locomotiva, as rodas do eléctrico, os volantes dos Diesel,
E um carro puxado a mulas ou a gasolina é puxado pela mesma coisa.

Raiva panteísta de sentir em mim formidandamente,
Com todos os meus sentidos em ebulição, com todos os meus poros em fumo,
Que tudo é uma só velocidade, uma só energia, uma só divina linha
De si para si, parada a ciciar violências de velocidade louca...
Ho-ho-ho-ho-ho-ho-ho[1]
HO-HO-HO-HO-HO-HO-HO
HO-HO-HO-HO-HO-HO-HO
HO-HO-HO-HO-HO-HO-HO

Ave, salve, viva a unidade veloz de tudo!
Ave, salve, viva a igualdade de tudo em seta!
Ave, salve, viva a grande máquina universo!
Ave, que sois o mesmo, árvores, máquinas, leis,

---

[1] Acrescentada entre parênteses a indicação em inglês: «growing as above».

Ave, que sois o mesmo, vermes, êmbolos, ideias abstractas,
A mesma seiva vos enche, a mesma seiva vos torna,
A mesma coisa sois, e o resto é por fora e falso,
O resto, estático resto que fica nos olhos que param,
Mas não nos meus nervos motor de explosão a óleos pesados ou leves,
Não nos meus nervos todas as máquinas, todos os sistemas de engrenagem,
Nos meus nervos locomotiva, carro-eléctrico, automóvel, debulhadora a vapor,
Nos meus nervos máquina marítima, Diesel, semi-Diesel, Campbell,
Nos meus nervos instalação absoluta a vapor, a gás, a óleo e a electricidade,
Máquina universal movida por correias de todos os momentos!
Comboio parte-te de encontro ao resguardo da linha de desvio!
Vapor navega direito ao cais e racha-te contra ele!
Automóvel guiado pela loucura de todo o universo precipita-te
Por todos os precipícios abaixo
E choca-te, trz!, esfrangalha-te no fundo do meu coração!

À moi, todos os objectos projécteis!
À moi, todos os objectos direcções!
À moi, todos os objectos invisíveis de velozes!
Batam-me, trespassem-me, ultrapassem-me!
Sou eu que me bato, que me trespasso, que me ultrapasso!
A raiva de todos os ímpetos fecha em círculo-mim!

Hela-hoho comboio, automóvel, aeroplano minhas ânsias,
Velocidade entra por todas as ideias dentro,
Choca de encontro a todos os sonhos e parte-os,
Chamusca todos os ideais humanitários e úteis,
Atropela todos os sentimentos normais, decentes, concordantes,
Colhe no giro do teu volante vertiginoso e pesado
Os corpos de todas as filosofias, os trapos de todos os poemas,
Esfrangalha-os e fica só tu, volante abstracto nos ares,
Senhor supremo da hora europeia metálico *e*[1] cio.

Vamos, que a cavalgada não tenha fim nem em Deus!
Vamos que mesmo eu fique atrás da cavalgada, que eu fique
Arrastado à cauda do cavalo, torcido, rasgado, perdido
Em queda, meu corpo e minha alma atrás da minha ânsia abstracta,
Da minha ânsia vertiginosa de ultrapassar o universo,
De deixar Deus atrás como um marco miliário nulo,
De deixar o □

---

1   Variante sobreposta: «a».

Dói-me a imaginação não sei como, mas é ela que dói.
Declina dentro de mim o sol no alto do céu.
Começa a tender a entardecer no azul e nos meus nervos.
Vamos ó cavalgada, quem mais me consegues tornar?
Eu que, veloz, voraz, comilão da energia abstracta,
Queria[1] comer, beber, esfolar e arranhar o mundo,
Eu, que só me contentaria com calcar o universo aos pés,
Calcar, calcar, calcar até não sentir...
Eu, sinto que ficou fora do que imaginei tudo o que quis,
Que embora eu quisesse tudo, tudo me faltou,
☐

Cavalgada desmantelada por cima de todos os cimos,
Cavalgada desarticulada por baixo de todos os poços,
Cavalgada voo, cavalgada seta, cavalgada pensamento-relâmpago,
Cavalgada eu, cavalgada eu, cavalgada o universo-eu.
Helahoho-o-o-o-o-o-o-o...

Meu ser elástico, mola, agulha, trepidação...

22/5/1916

c

Trago dentro do meu coração,
Como num cofre que se não pode fechar de cheio,
Todos os lugares onde estive,
Todos os portos a que cheguei,
Todas as paisagens que vi através de janelas ou vigias,
Ou de tombadilhos, sonhando,
E tudo isso, que é tanto, é pouco para o que eu quero.

A entrada de Singapura, manhã subindo, cor verde,
O colar[2] das Maldivas em passagem cálida,
Macau à uma hora da noite... Acordo de repente...
Yat-lô-ô-ô-ô-ô-ô-ô-ô-ô... Ghi –...
E aquilo soa-me do fundo de uma outra realidade...
A estatura norte-africana quase de Zanzibar ao sol...
Dar-es-Salaam (a saída é difícil)...

---

1   «Queira», por lapso, no original.
2   No texto, «coral», que admito seja lapso, como noutra passagem deste poema.

Majunga, Nossi-Bé, verduras de Madagascar...
Tempestades em torno ao Guardafui...
E o Cabo da Boa Esperança nítido ao sol da madrugada...
E a Cidade do Cabo com a Montanha da Mesa ao fundo...

Viajei por mais terras do que aquelas em que toquei...
Vi mais paisagens do que aquelas em que pus os olhos...
Experimentei mais sensações do que todas as sensações que senti,
Porque, por mais que sentisse, sempre me faltou que sentir
E a vida sempre me doeu, sempre foi pouco, e eu infeliz.

A certos momentos do dia recordo tudo isto e apavoro-me,
Penso o que[1] é que me ficará desta vida aos bocados, deste auge,
Desta estrada às curvas, deste automóvel à beira da estrada, deste aviso,
Desta turbulência tranquila de sensações desencontradas,
Desta transfusão, desta insubsistência, desta convergência iriada,
Deste desassossego no fundo de todos os cálices,
Desta angústia no fundo de todos os prazeres,
Desta saciedade antecipada na asa de todas as chávenas,
Deste jogo de cartas fastiento entre o Cabo da Boa Esperança e as Canárias.

Não sei se a vida é pouco ou de mais para mim.
Não [sei] se sinto de mais ou de menos, não sei
Se me falta escrúpulo espiritual, ponto-de-apoio na inteligência,
Consanguinidade com o mistério das coisas, choque
Aos contactos, sangue sob golpes, estremeção aos ruídos,
Ou se há outra significação para isto mais cómoda e feliz.

Seja o que for, era melhor não ter nascido,
Porque, de tão interessante que é a todos os momentos,
A vida chega a doer, a enjoar, a cortar, a roçar, a ranger,
A dar vontade de dar gritos, de dar pulos, de ficar no chão, de sair para fora de todas
　　　　　　　　　　　　　as casas, de todas as lógicas e de todas as sacadas,
E ir ser selvagem para a morte entre árvores e esquecimentos,
Entre tombos, e perigos e ausência de amanhãs,
E tudo isto devia ser qualquer outra coisa mais parecida com o que eu penso,
Com o que eu penso ou sinto, que eu nem sei qual é, ó vida.

Cruzo os braços sobre a mesa, ponho a cabeça sobre os braços,
E preciso querer chorar, mas não sei ir buscar as lágrimas...
Por mais que me esforce por ter uma grande pena de mim, não choro,
Tenho a alma rachada sob o indicador curvo que lhe toca...
Que há-de ser de mim? Que há-de ser de mim?

---

1 No original, «em que», por aparente lapso.

Correram o bobo a chicote do palácio, sem razão,
Fizeram o mendigo levantar-se do degrau onde caíra,
Bateram na criança abandonada e tiraram-lhe o pão das mãos.
Oh mágoa imensa do mundo, o que falta é agir...
Tão decadente, tão decadente, tão decadente...
Só estou bem quando ouço música, e nem então.
Jardins do século dezoito antes de 89,
Onde estais vós, que eu quero chorar de qualquer maneira?

Como um bálsamo que não consola senão pela ideia de que é um bálsamo,
A tarde de hoje e de todos os dias pouco a pouco, monótona, cai.

Acenderam as luzes, cai a noite, a vida substitui-se.
Seja de que maneira for, é preciso continuar a viver.
Arde-me a alma como se fosse uma mão, fisicamente.
Estou no caminho de todos e esbarram comigo.
Minha quinta na província,
Haver menos que um comboio, uma diligência e a decisão de partir entre mim e ti.
Assim fico, fico... Eu sou o que sempre quer partir,
E fica sempre, fica sempre, fica sempre,
Até à morte fica, mesmo que parta, fica, fica, fica...

Torna-me humano, ó noite, torna-me fraterno e solícito.
Só humanitariamente é que se pode viver.
Só amando os homens, as acções, a banalidade dos trabalhos,
Só assim – ai de mim! –, só assim se pode viver.
Só assim, ó noite, e eu nunca poderei ser assim!

Vi todas as coisas, e maravilhei-me de tudo,
Mas tudo ou sobrou ou foi pouco – não sei qual – e eu sofri.
Vivi todas as emoções, todos os pensamentos, todos os gestos,
E fiquei tão triste como se tivesse querido vivê-los e não conseguisse.
Amei e odiei como toda a gente,
Mas para toda a gente isso foi normal e instintivo,
E para mim foi sempre a excepção, o choque, a válvula, o espasmo.

Vem, ó noite, e apaga-me, vem e afoga-me em ti.
Ó carinhosa do Além, senhora do luto infinito,
Mágoa externa da Terra, choro silencioso do Mundo,
Mãe suave e antiga das emoções sem gesto,
Irmã mais velha, virgem e triste, das ideias sem nexo,
Noiva esperando sempre os nossos propósitos incompletos,
A direcção constantemente abandonada do nosso destino,
A nossa incerteza pagã sem alegria,
A nossa fraqueza cristã sem fé,

O nosso budismo inerte, sem amor pelas coisas nem êxtases,
A nossa febre, a nossa palidez, a nossa impaciência de fracos,
A nossa vida, ó mãe, a nossa perdida vida...

Não sei sentir, não sei ser humano, conviver
De dentro da alma triste com os homens meus irmãos na terra.
Não sei ser útil mesmo sentindo, ser prático, ser quotidiano, nítido,
Ter um lugar na vida, ter um destino entre os homens,
Ter uma obra, uma força, uma vontade, uma horta,
Uma razão para descansar, uma necessidade de me distrair,
Uma coisa vinda directamente da natureza para mim.

Por isso sê para mim materna, ó noite tranquila...
Tu, que tiras o mundo ao mundo, tu que és a paz,
Tu que não existes, que és só a ausência da luz,
Tu que não és uma coisa, um lugar, uma essência, uma vida,
Penélope da teia, amanhã desfeita, da tua escuridão,
Circe irreal dos febris, dos angustiados sem causa,
Vem para mim, ó noite, estende para mim as mãos,
E sê frescor e alívio, ó noite, sobre a minha fronte...

Tu, cuja vinda é tão suave que parece um afastamento,
Cujo fluxo e refluxo de treva, quando a lua bafeja,
Tem ondas de carinho morto, frio de mares de sonho,
Brisas de paisagens supostas para a nossa angústia excessiva...
Tu, palidamente, tu, flébil, tu, liquidamente,
Aroma de morte entre flores, hálito de febre sobre margens,
Tu, rainha, tu castelã, tu, dona pálida, vem...

22/5/1916

d

Viro todos os dias todas as esquinas de todas as ruas,
E sempre que estou pensando numa coisa, estou pensando noutra.
Não me subordino senão por atavismo,
E há sempre razões para emigrar para quem não está de cama.

Das *terrasses* de todos os cafés de todas as cidades
Acessíveis à imaginação
Reparo para a vida que passa, sigo-a sem me mexer,

Pertenço-lhe sem tirar um gesto da algibeira,
Nem tomar nota do que vi para depois fingir que o vi.

No automóvel amarelo a mulher definitiva de alguém passa,
Vou ao lado dela sem ela saber.
No *trottoir* imediato eles encontram-se por um acaso combinado,
Mas antes do encontro deles lá estar já eu estava com eles lá.
Náo há maneira de se esquivarem a encontrar-me, não há modo de eu não estar em
                                                                     toda a parte.
O meu privilégio é tudo
(*Brevetée, Sans Garantie de Dieu*, a minh'Alma).

Assisto a tudo e definitivamente.
Não há joia para mulher que não seja comprada por mim e para mim,
Não há intenção de estar esperando que não seja minha de qualquer maneira,
Não há resultado de conversa que não seja meu por acaso,
Não há toque de sino em Lisboa há trinta anos, noite de S. Carlos há cinquenta
Que não seja para mim por uma galanteria deposta.

Fui educado pela Imaginação,
Viajei pela mão dela sempre,
Amei, odiei, falei, pensei sempre por isso,
E todos os dias têm essa janela por diante,
E todas as horas parecem minhas dessa maneira.

Clarim claro da manhã ao fundo
Do semicirculo frio do horisonte,
Tenue clarim longinquo como bandeiras incertas
Desfraldadas para além de onde as cores são visiveis...

Clarim tremulo, poeira parada, onde a noite cessa,
Poeira de ouro parada no fundo da visibilidade...

Carro que chia limpidamente, vapor que apita,
Guindaste que começa a girar no meu ouvido,
Tosse secca, nova do que sahe de casa,
Leve arrepio matutino na alegria de viver,
Gargalhada subida velada pela bruma exterior não sei como,
Costureira fadada para muito peor que a manhã que sente,
Operario tysico desfeito para feliz nesta hora
Inevitavelmente vital,
Em que o relevo das cousas é suave, certo e sympathcio,
Em que os muros são frescos ao contacto da mão, e as casas
Abrem aqui e alli os olhos cortinados a branco...

Toda a madrugada é uma cortina que oscilla,

             e caminha tudo
Para a hora cheia de luz em que as lojas baixam as palpebras
E rumor trafego carroça comboio eu-sinto sol estruge

Vertigem do mei-dia emmoldurada a vertigens -
Sol nos vertices e nos   da minha visão estriada,
Do rodopio parado da minha retentiva secca,
Do abrumado clarão fixo da minha consciencia de viver.

Rumor trafego carroça comboio carros eu-sinto sol rua,
Aros caixotes trolley loja rua vitrines saia olhos
Rapidamente calhas carroças caixotes rua atravessar rua
Passeio logistas "perdão" rua
Rua a passear por mim a passear pela rua por mim
Tudo espelhos as lojas de cá dentro das lojas de lá
A velocidade dos carros ao contrario nos espelhos obliquos
                                das montras,
Ochão no ar o sol por baixo dos pés rua regas flores no cesto
                                                          rua
O meu passado rua estremece camion rua não me recordo rua

Eu de cabeça pra baixo no centro da minha consciencia de mim
Rua sem poder encontrar uma sensação só de cada vez rua
Rua pra traz e pra deante debaixo dos meus pés
Rua em X em Y em Z por dentro dos meus braços
Rua pelo meu monoculo em circulos de cinematographo pequeno,
Kaleidoscopio em curvas iriadas nitidas rua.

Bebedeira da rua e de sentir ver ouvir tudo ao mesmo tempo.
Bater das fontes de estar vindo para cá ao mesmo tempo que
                  vou para lá,

Fac-símile de fragmento de a «A passagem das horas». Reparar na nota de rodapé nº 1 sobre o apelo, à margem, do tipógrafo

e

Clarim claro da manhã ao fundo
Do semicírculo frio do horizonte,
Ténue clarim longínquo como bandeiras incertas
Desfraldadas para além de onde as cores são visíveis...

Clarim trémulo, poeira parada, onde a noite cessa,
Poeira de ouro parada no fundo da visibilidade...

Carro que chia limpidamente, vapor que apita,
Guindaste que começa a girar no meu ouvido,
Tosse seca, nova do que sai de casa,
Leve arrepio matutino na alegria de viver,
Gargalhada subida velada pela bruma exterior não sei como,
Costureira fadada para pior que a manhã que sente,
Operário tísico desfeito para feliz nesta hora
Inevitavelmente vital,
Em que o relevo das coisas é suave, certo e simpático,
Em que os muros são frescos ao contacto da mão, e as casas
Abrem aqui e ali os olhos cortinados a branco...

Toda a madrugada é uma cortina que oscila,[1]
E refresca ilusões e recordações na minha alma de transeunte,
No meu coração banido de epidérmico espírito,
No meu cansado e velado ☐
☐
☐ e caminha tudo
Para a hora cheia de luz em que as lojas baixam as pálpebras
E rumor tráfego carroça comboio eu-sinto sol estruge

Vertigem do meio-dia emoldurada a vertigens –
Sol nos vértices e nos ☐ da minha visão estriada,
Do rodopio parado da minha retentiva seca,
Do abrumado clarão fixo da minha consciência de viver.

Rumor tráfego carroça comboio carros eu-sinto sol rua,
Aros caixotes *trolley* loja rua vitrines saia olhos
Rapidamente calhas carroças caixotes rua atravessar rua
Passeio lojistas «perdão» rua
Rua a passear por mim a passear pela rua por mim
Tudo espelhos as lojas de cá dentro das lojas de lá

---

[1] Os três versos seguintes, manuscritos, são objecto de um apelo do tipógrafo da Ática, à margem: «Isto vai? Pedimos para escrever de maneira a ler-se». Como ninguém escreveu, não compuseram esses versos...

A velocidade dos carros ao contrário nos espelhos oblíquos das montras,
O chão no ar o sol por baixo dos pés rua regas flores no cesto rua
O meu passado rua estremece *camion* rua não me recordo rua
Eu de cabeça pra baixo no centro da minha consciência de mim
Rua sem poder encontrar uma sensação só de cada vez rua
Rua pra trás e pra diante debaixo dos meus pés
Rua em X em Y em Z por dentro dos meus braços
Rua pelo meu monóculo em círculos de cinematógrafo pequeno,
Caleidoscópio em curvas iriadas nítidas rua.
Bebedeira da rua e de sentir ver ouvir tudo ao mesmo tempo.
Bater das fontes de estar vindo para cá ao mesmo tempo que vou
para lá, ☐

f [1]

Estatelo-me ao comprido em toda a vida
E urro em mim a minha ferocidade de viver...
Não há gestos de prazer pelo mundo que valham
A alegria estupenda de quem não tem outro modo de a exprimir
Que rolar-se pelo chão entre ervas e malmequeres
E misturar-se com a[2] terra até sujar o fato e o cabelo...
Não há versos que possam dar isto...
Arranquem um ☐ de erva, trinquem-na e perceber-me-ão,
Perceberão completamente o que eu incompletamente exprimo.
Tenho a fúria de ser raiz
A perseguir-me as sensações por dentro como uma seiva...
Queria ter todos os sentidos, incluindo a inteligência,
A imaginação e a inibição[3]
À flor da pele para me poder rolar pela terra rugosa
Mais de dentro, sentindo mais rugosidade e irregularidades.
Eu só estaria contente se o meu corpo fosse a minha alma...
Assim todos os ventos, todos os sóis, e todas as chuvas
Seriam sentidos por mim do único modo que eu quereria...
Não podendo acontecer-me isto, desespero, raivo,
Tenho vontade de poder arrancar à dentada o meu fato

---

1 No início do poema a indicação em inglês: «End of morning hymn». À esquerda, ao alto, indicação de três títulos de poemas a incluir em «Autoscopia», de que só o primeiro é conhecido: «Opiário», «O canapé» e «Edith».
2 Preposição opcional, entre parênteses.
3 Palavra dubitada: «inibição».

E depois ter pesadas garras de leão para me despedaçar
Até o sangue correr, correr, correr, correr.
Sofro porque tudo isto é absurdo
Como se me tivesse medo alguém,
Com o meu sentimento agressivo para o destino, para Deus,
Que nasce de encararmos com o Inefável
E medirmos bem, de repente, a nossa fraqueza e pequenez.

g

Passo adiante, nada *me toca*;[1] sou estrangeiro.
As mulheres que chegam às portas depressa
Viram apenas que eu passei.
Estou sempre do lado de lá da esquina dos que me querem ver,
Inatingível a metais e encrustamentos.

Ó tarde, que reminiscências!
Ontem ainda, criança que se debruçava no poço,
Eu via com alegria meu rosto *na*[2] água longínqua.
Hoje, homem, vejo meu rosto na água funda do mundo
Mas se rio é só porque fui outrora
A criança que viu com alegria seu rosto no fundo do poço.

Sinto-os a todos substância da minha pele.
Toco no meu braço e eles estão ali.
Os mortos – eles nunca me deixam!
Nem as pessoas mortas, nem os lugares passados, nem os dias.
E às vezes entre o ruído das máquinas da fábrica
Toca-me levemente uma saudade no braço
E eu viro-me... e eis no quintal da minha casa antiga
A criança que fui ignorando ao sol quem eu haveria de ser.

Ah, sê materna!
Ah, sê melíflua e taciturna,
Ó noite aonde me esqueço de mim
Lembrando...

[posterior a 1917]

---

1 Variante sobreposta: «se me figura».
2 Variante sobreposta: «para lá da».

22

Acordar da cidade de Lisboa, mais tarde do que as outras,
Acordar da rua do Ouro
Acordar do Rossio, às portas dos cafés,
Acordar
E no meio de tudo a gare, a gare que nunca dorme,
Como um coração que tem que pulsar através da vigília e do sono.

Toda a manhã que raia, raia sempre no mesmo lugar,
Não há manhãs sobre cidades, ou manhãs sobre o campo
À hora em que o dia raia, em que a luz estremece a erguer-se
Todos os lugares são o mesmo lugar, todas as terras são a mesma,
E é eterna e de todos os lugares a frescura que sobe por tudo
E ☐

Uma espiritualidade feita com a nossa própria carne,
Um alívio de viver de que o nosso corpo partilha,
Um entusiasmo por o dia que vai vir, uma alegria por o que pode acontecer de bom,
São os sentimentos que nascem de estar olhando para a madrugada,
Seja ela a leve senhora dos cumes dos montes,
Seja ela a invasora lenta das ruas das cidades que vão leste-oeste,
Seja ☐
A mulher que chora baixinho
Entre o ruído da multidão em vivas...
O vendedor de ruas, que tem um pregão esquisito,
Cheio de individualidade para quem repara...
O arcanjo isolado,[1] escultura numa catedral,
Siringe fugindo aos braços estendidos de Pã,
Tudo isto tende para o mesmo centro,
Busca encontrar-se e fundir-se
Na minha alma.

Eu adoro todas as coisas
E o meu coração é um albergue aberto toda a noite.
Tenho pela vida um interesse ávido
Que busca compreendê-la sentindo-a muito.
Amo tudo, animo tudo, empresto humanidade a tudo,
Aos homens e às pedras, às almas e às máquinas,
Para aumentar com isso a minha personalidade.

---

1   Por aparente lapso, Pessoa pôs um ponto final em vez de uma vírgula.

Pertenço a tudo para pertencer cada vez mais a mim próprio
E a minha ambição era trazer o universo ao colo
Como uma criança a quem a ama beija.

Eu amo todas as coisas, umas mais do que as outras –
Não nenhuma mais do que outra, mas sempre mais as que estou vendo
Do que as que vi ou verei.
Nada para mim é tão belo como o movimento e as sensações.
A vida é uma grande feira e tudo são barracas e saltimbancos.
Penso nisto, enterneço-me mas não sossego nunca.
Dá-me lírios, lírios
E rosas também.

Dá-me rosas, rosas,
E lírios também.
Todas as flores são belas,
Todas as flores consolam,
Mas neste momento dos meus nervos, só me aprazem certas flores...
Por isso deita-me às mancheias,
Por cima da alma,
Só lírios e rosas...
Dá-me rosas, rosas,
E lírios também...

Meu coração chora
Na sombra dos parques.
Não tenho quem o console
Verdadeiramente,
Excepto a própria sombra dos parques
Entrando-me na alma,
Através do pranto.
Dá-me rosas, rosas,
E lírios também...

Minha dor é velha
Como um frasco de essência cheio de pó,
Minha dor é inútil
Como uma gaiola numa terra onde não há aves,
E minha dor é silenciosa e triste
Como a parte da praia onde o mar não chega.
Chego às janelas
Dos palácios arruinados
E cismo de dentro para fora

Para me consolar do presente.
Dá-me rosas, rosas,
E lírios também...

Mas por mais rosas e lírios que me dês,
Eu nunca acharei que a vida é bastante.
Faltar-me-á sempre qualquer coisa,
Sobrar-me-á sempre de que desejar,
Como um palco deserto.
Por isso, não te importes com o que eu penso,
E muito embora o que eu te peça
Te pareça que não quer dizer nada,
Minha pobre criança tísica,
Dá-me das tuas rosas e dos teus lírios,
Dá-me rosas, rosas
E lírios também...[1]

---

[1] Têm sido as estrofes deste poema objecto de diferentes articulações, inclusive por mim própria, nas minhas anteriores edições de Campos. Optei, finalmente, pela que me parece correcta. P/C articulam-nas de outra forma e colocam esse belo poema em Anexos, onde não é seguramente o seu lugar. Também a EC o desfigura, aglutinando a uma primeira página um poema do ortónimo, com outro ritmo, tendo apenas em comum com esse início o reproduzir o que devia ser o refrão lembrado de uma canção da infância, «Dai-me rosas, rosas, / E lírios também...».

23

A partida

a

Agora que os dedos da Morte à roda da minha garganta
Sensivelmente começam a pressão definitiva,
E que tomo consciência exorbitando os meus olhos,
Olho p'ra trás de mim, reparo p'lo passado fora
Vejo quem fui, e sobretudo quem não fui,
Considero lucidamente o meu passado misto
E acho que houve um erro
Ou em eu viver ou em eu viver assim.

Será sempre que quando a Morte nos entra no quarto
E fecha a porta à chave por dentro,
E a coisa é definitiva, inabalável,[1]
Sem *Cour de Cassation* para o nosso destino findo,
Será sempre que, quando a meia-noite soa na vida,
Uma exasperação de calma, uma lucidez indesejada
Acorda como uma coisa anterior à infância no nosso partir?
Último arranco, extenuante clarão, de chama que a seguir se apaga,
Frio esplendor do fogo de artifício antes da cinza completa,
Trovão máximo sobre as nossas cabeças, por onde
Se sabe que a trovoada, por estar no auge, decresceu.

Viro-me para o passado.
Sinto-me ferir na carne.
Olho com essa espécie de alegria da lucidez completa
Para a falência instintiva que *houve*[2] na minha vida.
Vão apagar o último candeeiro
Na rua amanhecente de minha Alma!
Sinal de [..]
O último candeeiro que apagam!
Mas antes que eu veja a verdade, pressinto-a
Antes que a conheça, amo-a.[3]

---

1 Palavra dubitada: «inabalável».
2 Variante entre parênteses: «jazeu».
3 Este verso e o anterior estão dubitados.

Viro-me para trás, para o passado, não vivido;
Olho e o passado é uma espécie de futuro para mim.

Mestre, Alberto Caeiro, que eu conheci no princípio
E a quem depois abandonei como um espiritualista reles,
Hoje reconheço o erro, e choro dentro de mim,
Choro com a alegria de ver a lucidez com que choro
E embandeiro em arco à minha morte e à minha falência sem fim,
Embandeiro em arco a descobri-la, só a saber quem ela é.
Ergo-me enfim das almofadas quase cómodas
E volto ao meu remorso sadio.[1]

---

[1] Palavra dubitada: «sadio».

Ah, se affronto confiado a vida, a incerteza da morte,
Sorridente, impensando, a possibilidade quotidiana de
    todos os males,
Inconsciente o mysterio de todas as coisas e de todos os
    gestos,
Porque não affrontarei sorridente, ~~inconsciente~~
    inconsciente, a Morte?
Ignoro-a? Mas que é que eu não ignoro?
A penna em que pego, a lettra que escrevo, o papel em que
    escrevo,
São mysterios menores que a Morte? Como se tudo é o mesmo
    mysterio?
E eu escrevo, estou escrevendo, por uma necessidade sem nada

Ah, affronte eu como um bicho a morte que elle não sabe
    que existe!
Tenho eu a inconsciencia profunda de todas as coisas natu-
    raes,
Pois, por mais conciencia que tenha, tudo é insconsciencia
Salvo o ter creado tudo, e o ter creado tudo ainda é in-
    consciencia,
Porque é preciso existir para se crear tudo,
E existir é ser inconsciente, porque existir é ser possivel
    haver ser,
E ser possivel haver ser é maior que todos os Deuses.

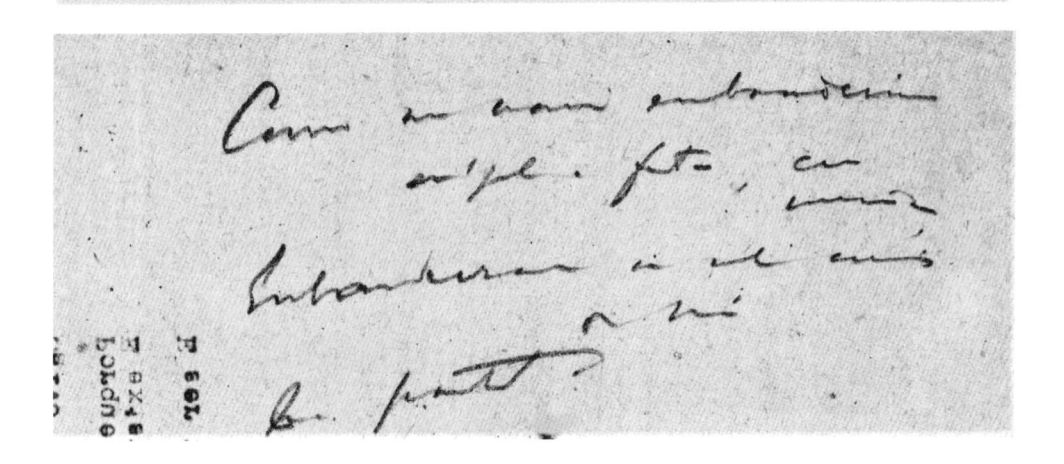

Pelas razões apresentadas na nota de rodapé nº 2 sobre o acrescento manuscrito,
este fragmento é incluído em «A partida»

b

Ah, se afronto confiado a vida, a incerteza da sorte,
Sorridente, impensando, a possibilidade quotidiana de todos os males,
Inconsciente o mistério de todas as coisas e de todos os gestos,
Porque não afrontarei sorridente, inconsciente, a Morte?
Ignoro-a? Mas que é que eu não ignoro?
A pena em que pego, a letra que escrevo, o papel em que escrevo,
São mistérios menores que a Morte? Como se tudo é o mesmo mistério?
E eu escrevo, estou escrevendo, por uma necessidade sem nada.

Ah, afronte eu como um bicho a morte que ele não sabe que existe!
Tenha[1] eu a inconsciência profunda de todas as coisas naturais,
Pois, por mais consciência que tenha, tudo é inconsciência
Salvo o ter criado tudo, e o ter criado tudo ainda é inconsciência,
Porque é preciso existir para se criar tudo,
E existir é ser inconsciente, porque existir é ser possível haver ser,
E ser possível haver ser é maior que todos os Deuses.

Como um navio embandeira em gala e festa, com música,
Embandeiremos em minha memória de mim na partida![2]

c

E se todos ligam pouca importância à morte, nem conseguem
Sofrendo, ter verdadeiramente a concentração de sofrer,
É que a vida não crê na morte, é que a morte é nada.

Embandeira em arco, a todas as cores, ao vento
Sob o grande céu luminoso e azul da terra...
Danças e cantos,
Músicas álacres,
Ruídos de risos e falas, e conversas banais,
Acolham a morte que vem, porque a morte não vem,
E a vida sente em todas as suas veias,
O corpo acha em tudo o que nele é alma,

---

1   «Tenho», no original.
2   Nas minhas anteriores edições, juntei este texto ao poema «Ah, perante esta única realidade, que é o mistério,» [69-48], no que fui seguida por EC e P/C. Um acrescento a lápis, nunca antes considerado («Como um navio embandeira em gala e festa, com música, / embandeiremos em minha memória de mim na partida!»), escrito no verso da folha, leva-me a identificá-lo como fragmento de «A Partida». A situação é, de facto, outra: não a de «um coração cheio de pavor», debatendo-se no «cárcere do Ser» e do «pensar», mas um incitamento a afrontar «sorridente» a morte. Além disso, o verbo «embandeirar» é amplamente usado em «A Partida».

Que a vida é tudo, e a morte é nada, e que o abismo
É só a cegueira de ver,
Que tudo isto não pode existir e deixar de existir,
Porque existir é ser, e ser não se reduz[1] ao nada.
Ah, se todo este mundo claro, e estas flores e luz,
Se todo este mundo com terra e mar e casas e gente,
Se todo este mundo natural, social, intelectual,
Estes corpos nus por baixo das vestes naturais,
Se isto é ilusão, porque é que isto está aqui?
Ó mestre Caeiro, só tu é que tinhas razão!
Se isto não é, por que é que é?
Se isto não pode ser, então porque pôde ser?

Acolhei-a, ao chegar,
A ela, à Morte, a esse erro da vista,
Com os cheiros dos campos, e as flores cortadas trazidas ao colo,
Com as romarias e as tardes pelas estradas,
Com os ranchos festivos, e os lares contentes,
Com a alegria e a dor, com o prazer e a mágoa,
Com todo o vasto mar movimentado da vida.
Acolhei-a sem medo,
Como quem na estação de província, no apeadeiro campestre,
Acolhe o viajante que há-de chegar no comboio de Além.
Acolhei-a contentes,
Crianças cantando de riso, corpos de jovens em fogo,
Alegria rude e natural das tabernas,
E os braços e os beijos e os sorrisos das raparigas.

Embandeira em[2] arco a cores de sangue e verde,
Embandeira em arco a cores de luz e de fogo,
Que a morte é a vida que veio mascarada,
E o além será isto, isto mesmo, noutro presente
Não sei de que novo modo diversamente.
Gritai às alturas,
Gritos pelos vales,
Que a morte não tem importância nenhuma,
Que a morte é um disparate,
Que a morte é um ☐
E que se tudo isto é um sonho, é a morte um sonho também.[3]

---

1   No original, «não se reduz-se», por lapso.
2   No original, «em a», por lapso.
3   P/C consideraram este fragmento um poema à parte. A EC também o desliga de «A Partida», inserindo-o noutro conjunto, como costuma fazer, não respeitando a integralidade de cada fragmento.

d

Ave atque vale, ó assombroso universo!
Ave atque vale, de que diversa maneira
É que eu te verei, e será definitivamente,
Se haverá ainda mais vida, mais modos de te conhecer,
Mais lados de onde te olhar, – e talvez nunca te verei do Único –
Seja como for, *ave atque vale*, ó Mundo!

Partirei para aquele teu aspecto que a Morte deve revelar-me
Com o coração confrangido, a alma ansiosa, o olhar vago,
E toda a consciência da aventura pondo-me ondas no sangue...
Eu partirei para a Morte nada esperando encontrar
Mas disposto a ver coisas prodigiosas do outro lado do Mundo.[1]

Ave atque vale, ó Universo espontâneo!
Verde esmiuçado a ervas nos prados contentes,
Verde escurecido das copas das árvores ao vento,
Escura brancura da água,
Penugem invisível dos brejos,
Garras de sombra imaterial dos vendavais,
Grandes extensões ☐ dos mares
Curso evidente dos rios ☐

Ave atque vale! Até Deus! Até Mim! Até Vós!

Quando eu abandonar *o meu ser*[2] como uma cadeira donde me *levanto*[3]
Deixar atrás o *mundo*[4] como a um quarto donde saio,
Abandonar toda esta forma, de sentidos e pensamento, de sentir[5] as coisas,
Como uma capa que me prenda,
Quando de vez minha alma chegar à superfície da minha pele
E dispersar o meu ser o universo exterior,
Seja com alegria que eu reconheça que a Morte
Vem como um sol distante na antemanhã do meu novo ser.

Numa viagem oblíqua do meu leito de moribundo,
Viagem em diagonal às dimensões dos objectos
Para o canto do tecto mais longe, a cama erguer-se-á do chão,
Erguer-se-á como um balão ridículo e seguirá
Como um comboio sobre os *rails* diretamente...

---
1   Verso dubitado, tal como o anterior.
2   Variante sobreposta: «a minha individualidade».
3   Variante entre parênteses: «ergo».
4   Variante sobreposta: «universo».
5   Palavra dubitada: «sentir».

☐
Não tenho medo, ó Morte, ao que não deixa entrever
O teu postigo proibido na tua porta sobre o mundo.

Estendo os braços para ti como uma criança
Do colo da ama para o aparecimento da mãe...
Por ti deixo contente os meus brinquedos de adulto,
Por ti não tenho parentes, não tenho nada que me prenda
A este prodigioso, constante e doentio universo...
Todo o Definitivo deve estar em Ti ou em parte nenhuma.

e

E eu o complexo, eu o numeroso,
Eu *a*[1] saturnalia de todas as possibilidades,
Eu o quebrar do dique de todas as personalizações,
Eu o excessivo, eu o sucessivo, eu o ☐
Eu o prolixo até de continências e paragens,
Eu que tenho vivido através do meu sangue e dos meus nervos
Todas as sensibilidades correspondentes a todas as metafísicas
Que tenho desembarcado em todos os portos da alma,
Passado em aeroplano sobre todas as terras do espírito,
Eu o explorador de todos os sertões do raciocínio,
O ☐
O criador de *Weltanschauungen*,
Pródigo semeador pela minha própria indiferença
De correntes de moderno todas diferentes
Todas no momento em que são concebidas verdades,
Todas pessoas diferentes, todas eu-próprio apenas –
Eu morrerei assim? Não: o universo é grande
E tem possibilidade de coisas infinitas acontecerem.
Não: tudo é melhor e maior que nós o pensamos
E a morte revelará coisas absolutamente inéditas...
Deus será mais contente.
Salve, ó novas coisas, a acontecer-me quando eu morrer,
Nova mobilidade do universo a despontar no meu horizonte
Quando definitivamente
Como um vapor largando do cais para longa viagem,

---

1 Variante opcional, entre parênteses: «as».

Com a banda de bordo a tocar o hino nacional da Alma
Eu largado para X, perturbado pela partida
Mas cheio da vaga esperança ignorante dos emigrantes,
Cheio de fé no Novo, de Crença limpa no Ultramar,
Eia – por ai fora, por esses mares internado,
À busca do meu futuro – nas terras, lagos e rios
Que ligam a redondeza da terra – todo o Universo –
Que oscila à vista. Eia por aí fora...
Ave atque vale, ó prodigioso[1] *Universo...*

Haverá primeiro
Uma grande aceleração das sensações, um ☐
Com grandes *dérapages* nas estradas da minha consciência,
☐
(E até à *atterrissage* final do meu aero ☐)
Uma grande conglobação das sensações incontíguas,
Veloz silvo voraz do espaço entre a alma e Deus
Do meu ☐
Os meus estados de alma, de sucessivos, tornar-se-ão simultâneos,
Toda a minha individualidade se amarrotará num só ponto,
E quando, prestes a partir,
Tudo quanto vivo, e o que viverei para além do mundo,
Será fundido num só conjunto homogéneo e incandescente
E com um tal aumentar do ruído dos motores
Que se torna um ruído já não férreo, mas apenas abstracto,
Irei num silvo de sonho de velocidade pelo Incógnito fora
Deixando prados, paisagens, vilas dos dois lados
E cada vez mais no confim, nos longes do cognoscível,
Sulco de movimento no estaleiro das coisas,
Nova espécie de eternidade dinâmica assobiando através da eternidade estática –
s-s-s-ss-sss
z-z-z-z-z-z automóvel divino

f

E quando o leito estiver quase ao pé do tecto
E eu olhando para trás, por esta vigia – o quarto todo com os seus armários,
E sentindo na alma o movimento da hélice do navio,

---

[1] Palavra dubitada e com variante sobreposta: «clamoroso».

Verei já tudo ao longe e diferente e frio...
As minhas sensações uma cidade amontoada distante
E ao fundo, por detrás delas, o universo inteiro, ponte que finda...

g

A morte – esse pior que tem por força que acontecer;
Esse cair para o fundo do poço sem fundo;[1]
Esse escurecer universal para dentro;
Esse *apocalipse*[2] da consciência, com a queda de todas as estrelas –
Isso que será meu um dia,
Um dia pertíssimo, pertíssimo,
Pinta de negro todas as minhas sensações,
E é areia sem corpo escorrendo-me por entre os dedos
O pensamento e a vida.

A gare no deserto, deserta;
O intérprete mudo;
O boneco humano sem olhos nem boca;
Embandeirado a fogo-fátuo
Num mar que é só puro espaço
Sob um céu sacudido por relâmpagos pretos...
Sinistra singre, roída de vermes audíveis, a quilha sentiente
E sejam os mastros dedos de âmbar, longuíssimos,
Apontando o vácuo das coisas (que é o abismo em tudo)...
As velas de um reposteiro vermelho lindo e baço
Se abram ao vento soprando de um buraco enorme sem fim,
E comecem, fora do tempo, uma viagem ao fim de tudo.
Estica um horror consciente no gemer dos cabos...
O ruído do ranger da madeira é *dentro da*[3] alma...
O avanço velocíssimo é uma coisa que falta...
E se a vida é horizontal, isto dá-se verticalmente...[4]

---

[1] Verso dubitado.
[2] Variante sobreposta: «juízo final».
[3] Variante sobreposta: «feito de».
[4] A EC considera este fragmento um poema à parte.

h

Entremos na morte com alegria! Caramba
O ter que vestir fato, o ter que lavar o corpo,
O ter que ter razão, semelhanças, maneiras e modos;
O ter rins, fígado, pulmões, brônquios, dentes.
Coisas onde há dor e sangue e moléstias
(Merda para isso tudo!)

Estou morto, de tédio também
E bato, a rir, com a cabeça nos astros
Como se desse com ela num arco de brincadeira
Estendido, no carnaval, de um lado ao outro do corredor,
Irei vestido de astros; com o sol por chapéu de coco[1]
No grande Carnaval do espaço entre Deus e a vida.

Meu corpo é a minha roupa de baixo; que me importa
Que o seu carácter de lixo seja terra no jazigo,
Que aqui ou ali a coma a traça orgânica toda?
<u>Eu sou Eu</u>.
Viva eu porque estou morto! Viva!
<u>Eu sou Eu</u>.
Que tenho eu com a roupa-cadáver que deixo?
Que tem o cu com as calças?
Então não teremos nós cuecas por esse infinito fora?
O quê, o para além dos astros nem me dará outra camisa?
Bolas, deve haver lojas nas grandes ruas de Deus.

Eu, assombroso e desumano,
Indistinto a esfinges claras,
☐
Vou embrulhar-me em estrelas
E vou usar o Sol como chapéu de coco
Neste grande carnaval do depois de morrer.
Vou trepar, como uma mosca ou um macaco pelo sólido
Do vasto céu arqueado do mundo,
Animando a monotonia dos espaços abstractos
Com a minha presença subtilíssima.[2]

---

1   Palavra dubitada: «coco».
2   A inclusão deste fragmento no conjunto «A Partida» não me parece oferecer dúvidas, atendendo ao assunto e ao estilo. Contudo, P/C consideram-no um poema à parte.

i

Todos julgamos que seremos vivos depois de mortos.
Nosso medo da morte é o de sermos enterrados vivos.
Queremos ao pé de nós os cadáveres dos que amámos
Como se aquilo ainda fosse eles
E não o grande *maillot* interior que a nascença nos deu.[1]

[Anos 20]

j

Quando for a Grande Partida,
Quando embarcarmos de vez para fora dos seres e dos sentimentos
E no paquete A Morte (que rótulo levarão as nossas malas...
Que nome comprazentemente estrangeiro, de lugar, é o do porto de destino?)
Quando, emigrantes para sempre, fizermos a viagem irreparável,
E abandonarmos este oco e pavoroso mundo tão □ para os nervos,
Estas sensações das coisas tão ligadas e misteriosas,
Estes sentimentos humanos tão naturais e inexplicáveis,
Estas torturas, estes desejos para fora d'aqui (e de agora), estas saudades súbitas e
　　　　　　　　　　　　　　　　　　　　　　　　　　　　　　sem objecto,
Este subir do nosso feminino ao olhar que se vela e é materno para as coisas
　　　　　　　　　　　　　　　　　　　　　　　　　　　　　　pequeninas,
Para os soldados de chumbo, e os comboios de corda e as fivelas dos sapatos da
　　　　　　　　　　　　　　　　　　　　　　　　　　　　　　nossa infância,
Quando, de vez, para sempre, irremediavelmente,
□[2]

l

Da casa do monte, símbolo eterno e perfeito,
Vejo os campos, os campos todos,
E eu os saúdo por fim com a voz verdadeira,
Eu lhes dou vivas, chorando, com as lágrimas certas e os vivas exactos –
Eu os aperto a meu peito, como filho que encontrasse o pai perdido.

1　Ausente do poema «A Partida» em EC e P/C.
2　A EC considera este fragmento um poema à parte.

Vivam, vivam, vivam
Os montes, e a planície, e as ervas!
Vivam os rios, vivam as fontes!
Vivam as flores, e as árvores, e as pedras!
Vivam os entes vivos – os bichos pequenos,
Os bichos que correm, insectos e aves,
Os animais todos, tão reais sem mim,
Os homens, as mulheres, as crianças,
As famílias, e as não-famílias, igualmente!
Tudo quanto sente sem saber porquê!
Tudo quanto vive sem pensar que vive!
Tudo que acaba e cessa sem angústia nem nada,
Sabendo, melhor que eu, que nada há que temer,
Que nada é fim, que nada é abismo, que nada é mistério,
E que tudo é Deus, e que tudo é Ser, e que tudo é Vida.

Ah, estou liberto!
Ah, quebrei todas
As algemas do pensamento.
Eu, o claustro e a cave voluntários de mim-mesmo,
Eu o próprio abismo que sonhei,
Eu, que via em tudo caminhos e atalhos de sombra
E a sombra e os caminhos e os atalhos *eram eu*![1]
Ah, estou liberto...
Mestre Caeiro, voltei à tua casa do monte[2]
E vi o mesmo que vias, mas com meus olhos,
Verdadeiramente com meus olhos,
Verdadeiramente verdadeiros...
Ah vi que não há morte alguma!
Vi que □[3]

m

Não há abismos!
Nada é sinistro!
Não há mistério verdadeiro!
Não há mistério ou verdade!

---
1   Variante sobreposta: «estavam em mim».
2   Verso dubitado.
3   Tanto a EC como P/C consideraram este fragmento um poema à parte.

Não há Deus, nem vida, nem alma distante da vida!
Tu, tu mestre Caeiro, tu é que tinhas razão!
Mas ainda não viste tudo; tudo é mais ainda!
Alegre cantaste a alegria de tudo,
Mas sem pensá-lo tu sentias
Que é porque a alegria de tudo é essencialmente imortal.
Como cantaras alegre a morte futura
Se a puderas pensar como morte,
Se deveras sentiras a noite e o acabamento?
Não, não: tu sabias,
Não com teu pensamento, mas com teu corpo Inteiro,
Com todos os teus sentidos tão acordados ao mundo
Que não há nada que morra, que não há coisa que cesse,
Que cada momento não passa nunca,
Que a flor colhida fica sempre na haste,
Que o beijo dado é eterno,
Que na essência e universo das coisas
Tudo é alegria e sol
E só no erro e no olhar há dor e dúvida e sombra.
Embandeira em canto e rosas!

E da estação de província, do apeadeiro campestre,
– Lá vem o comboio!
Com lenços agitados, com olhos que brilham eternos
Saudemos em ouro e flores a morte que chega!

Não, não enganas!
Avó carinhosa de terra já grávida!
Madrinha disfarçada dos sentidos expressos!

E o comboio entra na curva, mais lento, e vai parar...
E com grande explosão de todas as minhas esperanças
Meu coração universo
Inclui a ouro todos os sóis,
Borda-se a prata todas as estrelas,
Entumesce-se em flores e verduras,
E a morte que chega conclui que a já conhecem
E no seu rosto grave desabrocha
O sorriso humano de Deus![1]

---

1   P/C consideraram este fragmento um poema à parte. A EC também o desliga de «A Partida», inserindo-o noutro conjunto, como costuma fazer, não respeitando a integralidade de cada fragmento.

n

[I]

Eu cantarei,
Quando a manhã abrir as portas do meu esforço,
Eu cantarei,
Quando o *alto-dia*[1] me fizer fechar os olhos,
Eu cantarei,
Quando o crepúsculo limar as arestas,
Eu cantarei,
Quando a noite entrar como a Imperatriz venerada
Eu cantarei a Tua Glória e o meu desígnio.
Eu cantarei
E nas estradas ladeadas por abetos,[2]
Nas áleas dos jardins emaranhados,
Nas esquinas das ruas, nos pátios
Das casas-de-guarda,
A Tua Vitória entrará como um som de clarim
E o meu desígnio esperá-la-á sem segundo pensamento.

II

Perto da minha porta
Onde brincam as crianças dos outros,
Rompe um canto infantil, disciplinado e cómodo,
E eu sou a quinta criança ali, se houver só quatro,
E ninguém me abandonar embora eu não esteja lá.
Canto talvez, dormindo transparente e *calado*.[3]

o

Meu amor perdido, não te choro mais, que eu não te perdi!
Porque posso perder-te na rua, mas não posso perder-te no ser,
Que o ser é o mesmo em ti e em mim.

---
1 Variante sobreposta: «meio-dia».
2 Palavra dubitada: «abetos».
3 Variante subposta: «ouvindo».
  A EC considera à parte estes dois fragmentos, inexistentes em P/C.

Muito é ausência, nada é perda!
Todos os mortos – gente, dias, desejos,
Amores, ódios, dores, alegrias –
Todos estão apenas em outro continente...
Chegará a vez de eu partir e ir vê-los.
De se reunir a família e os amantes e os amigos
Em abstracto, em real, em perfeito,
Em definitivo e divino.

Reunir-me-ei em vida e morte
Aos sonhos que não realizei,
Darei os beijos nunca dados,
Receberei os sorrisos que me negaram,
Terei em forma de alegria as dores que tive...

Ah, comandante, quanto tarda ainda
A partida do transatlântico?
Faz tocar a banda de bordo –
Músicas alegres, banais, humanas, como a vida –
Faz partir, que eu quero partir...

Som do erguer do ferro, meu estertor,
Quando é que por fim eu te ouvirei?
Fremir do costado pela pulsação das máquinas –
Meu coração no bater final convulso –,
Toque das vigias, suspiros do porto
☐
Lenços a acenarem-me do cais em que ficam...
Até mais tarde, até quando vierdes, até sempre!
Até o eterno em alegre Agora...
Até o ☐[1]

p

Grande Libertador,
Que quebraste as algemas de todas as mortes – as do corpo e as da alma,
A morte, a doença, a tristeza
A arte,[2] a ciência,[3] a filosofia...

---
1 A EC e a de P/C consideram à parte este fragmento.
2 Variante sobreposta para esta vírgula: «e».
3 *Idem*.

Grande Libertador
Que arrasaste os muros da cadeia velha
E fizeste ruir os andaimes da cadeia nova,
Que abriste de par em par as janelas todas
Das salas todas de todas as casas
E o vento real limpou do fumo e do sono
As salas dadas aos prazeres das salas,
☐[1]

q

Agora que estou quase na morte e vejo tudo já claro,
Grande Libertador, volto submisso a ti.

Sem dúvida teve um fim a minha personalidade.
Sem dúvida porque se exprimiu, quis dizer qualquer coisa
Mas hoje, olhando pra trás, só uma ânsia me fica –
Não ter tido a tua calma superior a ti-próprio,
A tua libertação constelada de Noite Infinita.

Não tive talvez missão alguma na terra,
☐

r

Desfraldando ao conjunto fictício dos céus estrelados
O esplendor do sentido nenhum da vida...
Toquem num arraial a marcha fúnebre minha!
Quero cessar sem consequências...
Quero ir para a morte como para uma festa ao crepúsculo,
☐

---

[1] A EC integra este fragmento na «Saudação a Walt Whitman», considerando ser ele o «Grande Libertador» aqui evocado, que é, sem sombra de dúvida, Alberto Caeiro, como acontece noutros fragmentos desta série. P/C inserem este poema apenas em nota, duvidando da sua atribuição a Campos, que me parece indubitável.

24

Minha imaginação é um Arco de Triunfo.
Por baixo passa toda a Vida.
Passa a vida comercial de hoje, automóveis, camions,
Passa a vida tradicional nos trajes de alguns regimentos,
Passam todas as classes sociais, passam todas as formas de vida,
E no momento em que passam na sombra do Arco de Triunfo
Qualquer coisa de triunfal cai sobre eles,
E eles são, um momento, pequenos e grandes.
São momentaneamente um triunfo que eu os faço ser.

O Arco de Triunfo da minha Imaginação
Assenta de um lado sobre Deus e do outro
Sobre o quotidiano, sobre o mesquinho (segundo se julga),
Sobre a faina de todas as horas, as sensações de todos os momentos,
E as rápidas intenções que morrem antes do gesto.

Eu-próprio, à parte e fora da minha imaginação,
E contudo parte dela,
Sou a figura triunfal que olha do alto do arco,
Que sai do arco e lhe pertence,
E fita quem passa por baixo elevada e suspensa,
Monstruosa e bela.

Mas às grandes horas da minha sensação,
Quando em vez de rectilínea, ela é circular
E gira vertiginosamente sobre si-própria,
O Arco desaparece, funde-se com a gente que passa,
E eu sinto que sou o Arco, e o espaço que ele abrange,
E toda a gente que passa,
E todo o passado da gente que passa,
E todo o futuro da gente que passa,
E toda a gente que passará
E toda a gente que já passou.
Sinto isto, e ao senti-lo sou cada vez mais
A figura esculpida a sair do alto do arco
Que fita para baixo
O universo que passa.
Mas eu próprio sou o Universo,
Eu próprio sou sujeito e objecto,
Eu próprio sou Arco e Rua,

Eu próprio cinjo[1] e deixo passar, abranjo e liberto,
Fito *de*[2] alto, e de baixo fito-me fitando,
Passo[3] por baixo, fico em cima, quedo-me dos lados,
Totalizo e transcendo,
Realizo Deus numa arquitectura triunfal
De Arco de Triunfo posto sobre o universo,
De Arco de Triunfo construído
Sobre todas as sensações de todos que sentem
E sobre todas as sensações de todas as sensações...

Poesia do ímpeto e do giro,
Da vertigem e da explosão,
Poesia dinâmica, sensacionista, silvando
Pela minha imaginação fora em torrentes de fogo,
Em grandes rios de chama, em grandes vulcões de lume.

---

1   No original, «cingo», por lapso.
2   Variante sobreposta: «por».
3   No original, «Passa», por aparente lapso.

25

I

Com as malas feitas e tudo a bordo
E nada mais a esperar da terra que deixamos,
Já com os trajes moles característicos dos viajantes,[1] debruçados da amurada
Digamos adeus com um levantar da alegria ao que fica,
Adeus às afeições, e aos pensamentos domésticos, e às lareiras, e aos irmãos,
E enquanto se abre o espaço entre o navio lento e o cais
Gozemos uma grande esperança indefinida e arrepiada,
Uma trémula sensação de futuro.

Eis-nos a caminho, e quase a meio do rio
Aumenta a nitidez deixada na terra
Dos alpendres e dos guindastes ou das mercadorias descarregadas,
E é a nós, felizmente, que diz adeus aquela família
Aglomerada no extremo do cais, com um cuidado subjectivo e visível
De não cair dentro d'água no meio da emoção.

Olhemos para os companheiros de bordo. Como são diversos!
Uns vão em trânsito. Não é com eles nenhuma destas despedidas...
Outros, com um ar palidamente sorridente de não querer chorar,
Acenam com um gesto deselegante e pouco afoito com os lenços
Para lenços que se acenam de outra gente que ficou no cais,
No cais – ah reparem – subitamente tão mais longe do que notámos.

A amargura alegre da ida,
O sabor especial a começo de viagem marítima, a mistura com nossos sentidos
De cheiro das malas, de cheiro a navio, de cheiro a comida de bordo,
E a nossa alma é um composto confuso de cheiros e sabores
E tudo é a viagem indefinida que faremos vista através do paladar e do olfacto,
Tudo é a incerteza sensual da vida sentida pela espinha abaixo...

E nós não deixamos ninguém...
Se deixássemos, ah os lenços [.], o navio que se afasta
Afastar-se-ia de mais do que da terra;
Afastava-se do nosso passado todo, de nós-mesmos, ficados no cais e aqui a
                                                                                caminho,
Do sentimento doméstico com que beijamos a nossa mãe,

---

[1] A EC leu: «Já com as treze malas características dos viajantes», o que se me afigura exagerado...

Da alegria com que às vezes, brincando, arreliamos os nossos irmãos...
Partir! Partir é viver excessivamente. O que é tudo senão partir...
Todos os dias do cais da nossa vida nos separamos, navios □,
E vamos para o futuro como se fôssemos para o Mistério,
Mas que sabemos nós para onde vamos, ó dor, e o que somos,
E que proteico e fluido Deus é tutelar das partidas?

Olha, de longe já, os guindastes ainda mexendo,
Olha as figuras[1] no cais, negras figuras, manchadas de lenços que se acenam,
Olha os casarões de zinco ondulado dos cais e docas, às portas deles,
O sossego destacado e acostumado a isto dos empregados e doscarregadores...
Vai tal angústia, tão inexplicável angústia na minha alma,
Que não sei como têm coragem, vendo que eu grito assim, para estarem parados
No cais, tranquilamente, os descarregadores e os guardas-fiscais!

Bebedeira de vida... ligeiro nervoso nas nossas sensações...
Perturbação alcoólica dos nossos sentidos íntimos...
A nossa alma sai um pouco para fora do seu lugar
E as rodas da nossa vida quotidiana começam a cambalear como se fossem sair do
                                     eixo...

Pelo convés fora a gente que já está acostumada a estar aqui a bordo
Está alheia a isto e interessada contudo
(Ah eu quando me interesso nunca estou alheio, nunca olho tranquilo,
Fremem em mim os nervos vibrados de todos que vejo que sentem,
Correm-me dos olhos as lágrimas de todos que choram porque se separam,
Tenho nas mãos os gestos circulares de mãos saudosas já que acenam com lenços,
Sou todas as penas que toda esta gente tem de se ir embora...
Sou as esperanças que Ievam consigo e agora lhes fazem mais trémula a dor da
                                     partida,
Estou pensando com um orgulho estúpido, por dentro deles todos, na roupa que
                                  compraram para a viagem,
Nos pequenos objetos que, na véspera («Lá me ia esquecendo», dizem, e era uma
                                  coisa inútil),
Compraram de noite numa loja feérica cheia de malas de couro e que ia fechar...
Ah, com todos os nervos de toda a gente, os meus nervos vibram...
E com os estremeções das máquinas do navio, e com o estralejar da bandeira ao
                                  vento
E com o túmido tremor das enxárcias e com o ondular dos toldos
E toda a minha alma é uma dolorosa vibração física em ritmos de mim).[2]

---

1 Palavra dubitada.
2 Pessoa fechou aqui, contra as normas, o parênteses aberto no 3º verso da estrofe.

Vida cosmopolita atirada aos quatro ventos...
Vida de tanta gente real a bordo de tantos navios...
Embriaguez de lidar com outra gente e saber que eles existem e têm vidas passadas,
                                                                   preparadas, gozadas,
Sofridas, e tão curioso o traje, interessante a moral, de cada pessoa,
E tão cheio de enigmas e de metafísicas o modo como falam, como riem, como
                                    arranjam o cabelo, como se entendem uns com os outros...
Sensação metafísica das outras pessoas e das suas realidades, e do seu *décor*...
Ó doença humanitária dos meus nervos vibrando cheios de outras pessoas,
Volúpia de gozar e sofrer através de hipóteses dos outros...
E eu ser só eu, só eu eternamente, e não ter outras vidas senão a minha!
Como se tocassem o fado de repente à meia-noite numa aldeia na América do Norte,
Um patriotismo metafísico com os nervos de toda a gente vibra em mim a cada
                                                                                            momento
Quando reparo cosmopoliticamente nos outros, e ouço várias línguas,
E vejo nos gestos e nos trajes – que parecem idênticos mas são tão diferentes – várias
                                                                pátrias, vários costumes,
E entrevejo lares diversos, vidas comerciais complexas, amores desconhecidos, ruas
                                                                de cidades que desconheço,
Tudo como num animatógrafo num teatro do tamanho do Universo,
Onde se soubesse que, acabada a sessão e saindo para fora,
Não há casa para onde se regresse, nem automóvel que nos leve para um lugar
                                                                                qualquer,
Mas a Noite Absoluta, e Deus talvez como uma Lua Enorme significando.

IV[1]

Profunda e religiosa solidão do indefinido Universo,
Vastidão enorme, nem larga nem alta nem comprida, mas só espaço, o constelado
                                                                                                 espaço
Deste mistério azul-negro e *estrelado*[2] onde a terra é uma coisa
E as vidas aparecem como lanchas à superfície *da água*...[3]
Raios de sol entrando pela janela entreaberta no quarto da casa de campo,
Meios-dias nas eiras abandonadas,
Tardes noites para encontros em outras margens de rios,
Fazei do nosso conseguimento natural um sossego, uma capa

---

[1] Numeração precedida por «Fim», o que parece indicar que o poeta, que tencionava dividir o poema em quatro partes, só realizou a primeira, como indicou, e precipitou a quarta, «Fim» da Ode. Pode também admitir-se que encarasse dividir o poema em quatro partes quando o passasse a limpo.
[2] Variante sobreposta: «constelado».
[3] Variante opcional, entre parênteses: «das águas».

E descei sobre a minha alma...
Vós ó campos repousados e incivilizados,
Vós ó rios tranquilamente passando por uma inquietação,
Vós ó jardins públicos às tardes visitados,
Vós ó tanques de quintas, vós ó lareiras em solares,[1]
E disperso arfar de sedas pretas o silêncio da noite.

---
1 A palavra «solares» está dubitada.

Poema com recurso a técnicas futuristas: uso de várias línguas e disposição gráfica no final (lado recto e, a seguir, lado verso da folha)

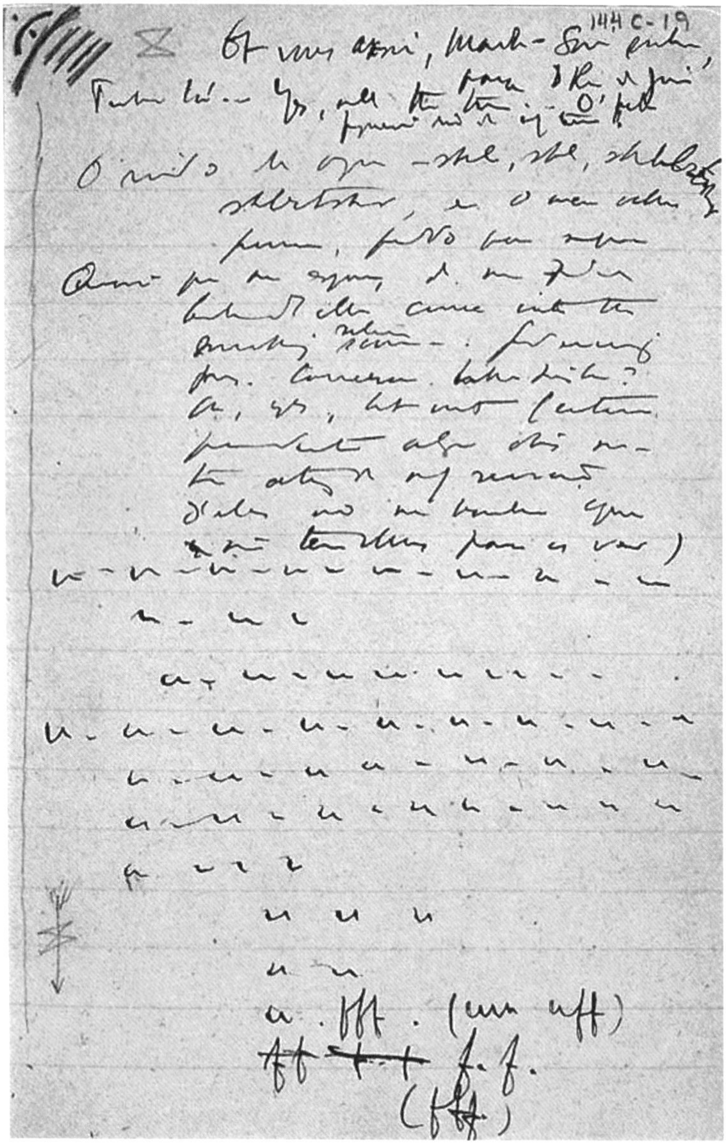
144 C-19

26

Meu cérebro fotográfico...
Vaga náusea física... o cais no longe cheira-me a aqui perto...[1]
Que tristeza a de partir! *What time did the captain say we were to Ieave*? de partir
                                                                            e deixar atrás de nós
Não só as pedras da cidade, e as casas e a cidade vista de longe
Mas oh, *May you just come & see that village on the other side of the river, it's just*
                                                                           perfect in this brightness
Também as memórias antigas, as carícias maternas hoje na sepultura,
Tudo isso parece que ficou aqui, deixado aqui, e nós indo sem levar isso tudo... *Non,*
                                                                        Monsieur, c'est de l'autre bord...
Ó Chico, não te chegues para fora
(*Right* oh!) podes cair!

Que lume na lenha da velha lareira provinciana – o senhor dá-me licença? – passa uma farda de guarda-fiscal pelo meu ombro – e dos contos que me contavam nas noites de inverno u-uf-u-u-u-u... o apito do vapor...

Et vous aussi, Mark – Sim senhor, para o Rio de Janeiro
Tenho lá... *yes, all the time*... Ó pobre pequenino rio da minha terra!
O ruído da água — shl, shl, shlbrtsher, shlbrtsher, e o meu velho primo, perdido para
                                                                                    sempre
Quase que me esqueço de me poder lembrar dele *came into thesmoking room*...[2]
Good evening Mr. Cameron. Like Lisbon? Oh, yes, but not (entram para dentro [...]
através da minha sensação deles no meu ombro que não tem olhos para os ver)[3]

u-u-u-u-u-u-u
u-u-u
u-u-u-u-u-u
u-u-u-u-u-u-u-u-u
u-u-u-u-u-u-u
u-u-u
u-u-u
u-u
u-fff-(uu uff)
f.f.
(fff)[4]

                                                                                                                              [1916]

---

1   Verso dubitado.
2   Variante sobreposta a «thesmoking room»: «saloon».
3   Como se pode ver no segundo fac-símile, as três últimas linhas foram escritas como prosa (inovação futurista).
4   Ausente de EC. P/C admitem que não seja atribuível a Campos, opinião que não partilho: nem Pessoa nem nenhum dos seus «outros» assinariam tal texto que, à maneira futurista, mistura vários idiomas.

27

Foi numa das minhas viagens...
Era mar-alto e luar...
Cessara o ruído da noite a bordo.
Um a um grupo a grupo, recolheram-se os passageiros,
A banda era só uma estante que ficara a um canto não sei porquê...
Só na sala de fumo em silêncio jogava xadrez...
A vida soava pela porta aberta para a casa das máquinas...
Só... E eu era uma alma nua diante do Universo...
(Ó minha vila natal em Portugal tão longe!
Porque não morri eu criança quando só te conhecia a ti?)

Ah, quando nos fazemos ao mar
Quando largamos da terra, quando a vamos perdendo de vista,
Quando tudo se vai enchendo de vento puramente marítimo,
Quando a costa se torna uma linha sombria,
Uma linha cada vez mais vaga no anoitecer (pairam luzes) –
Ah então que alegria de liberdade para quem se sente.
Cessa de haver razão para existir socialmente.
Não há já razões para amar, odiar, dever,
Não há já leis, não há mágoas que tenham sabor humano...
Há só a Partida Abstracta, o movimento das águas,
O movimento do afastamento, o som
Das ondas arrulhando à proa,
E uma grande paz intranquila entrando suave, no espírito.

Ah ter toda a minha vida
Fixa instavelmente num momento destes,
Ter todo o sentido da minha duração sobre a terra
Tornado um afastamento dessa costa onde deixei tudo –
Amores, irritações, tristezas, cumplicidades, deveres,
A angústia irrequieta dos remorsos,
A fadiga da inutilidade de tudo,
A saciedade até das coisas imaginadas,
A náusea, as luzes,
As pálpebras pesadas sobre a minha vida perdida...

Irei p'ra longe, p'ra longe! P'ra longe, ó barco sem causa,
Para a irresponsabilidade pré-histórica das águas eternas,
Para longe, para sempre para longe, ó morte.
Quando souber aonde para longe e porque para longe, ó vida...

28

Ah, estranha vida a de bordo! Cada novo dia
Raia mais novo e mais outro que cada dia *na*[1] terra.
Ruído[2] dos guindastes! Carga em transbordo! Energia
Das coisas □
□ melodia
Para a minha alma que ante o Real o perde e o erra...
No mar, no navegar, – ruído de hélice eterno! –
O tempo é outro tempo, o espaço é de outra largura
E cada costa que surge é um dia que raia e é terno
De oco o olhar que abrange a imensidão e nada possui,
E o respirar do ar □[3]

---

1   Variante sobreposta: «em».
2   Variante sobreposta: «Barulho».
3   Ausente de EC e de P/C, embora a atribuição a Campos seja indiscutível.

29

Episódios

... O tédio dos radidiotas e dos aerochatos,
De todo o conseguimento quantitativo desta vida sem qualidade.
A náusea de ser contemporâneo de mim mesmo –
E a ânsia de novo novo, de certo verdadeiro,
De fonte, de começo, de origem.

A pedra no anel errado no teu dedo
Como fulgura na minha memória,
Ó pobre esfinge da aristocracia burguesa conversada em viagem!
Que vagos amores escondias na tua elegância verdadeira
Tão falsos, pobre iludida lúcida,
Encontrada a bordo *desse*[1] navio, como de todos os navios!

Tomavas cocaína por superioridade ensinada,
Rias dos velhos maçadores menos maçadores que tu,
Pobre criança orfã de mais que pai e mãe,
Pobre-diabo meio-*flapper*, tão transtransviada!
E eu, o moderno que o não sou, eu que consinto
Nos arredores da minha sensibilidade as tendas dos ciganos,
De toda a modernidade papel-moeda;
Eu, incongruente e sem esperanças,
Passageiro como tu no navio, mas mais passageiro que tu,
Porque onde tu és certa eu sou incerto,
Onde tu sabes o que és eu não sei o que sou e sei que não sabes o que és,
E entre as danças tocadas *ad nauseam* pela banda de bordo
Debruço-me sobre o mar nocturno e tenho saudades de mim.

Que fiz eu da vida?
Que fiz eu do que queria fazer da vida?
Que fiz do que podia ter feito da vida?
Serei eu como tu, ó viajante do Anel Anafrodisíaco?
Olho-te sem te distinguir da matéria amorfa das coisas
E rio no fundo do meu pensamento oceânico e vazio.

No quintal da minha casa provinciana e pequena –
Casa como a que têm milhões não como eu no mundo –

---

[1] Variante sobreposta: «deste».

Deve haver paz a esta hora, sem mim.
Mas em mim é que nunca haverá paz,
Nem com que se faça a paz,
Nem com que se imagine a paz...
Porque então sorrio eu de ti, viajante superfina?

Ó pobre água-de-colónia da melhor qualidade,
Ó perfume moderno do melhor gosto, em frasco de feitio,
Meu pobre amor que não amo caricatural e bonita!
Que texto para um sermão o que não és!
Que poemas não faria um poeta verdadeiro sem pensar em ti!

Mas a banda de bordo estruge e acaba...
E o ritmo do mar homérico trepa por cima do meu cérebro –
Do velho mar homérico, ó selvagem *deste cérebro*[1] grego,
Com penas na cabeça da alma,
Com argolas no nariz da sensualidade,
E com consciência de meio-manequim de ter aspecto no mundo.

Mas o facto é que a banda de bordo cessa,
E eu verifico
Que pensei em ti enquanto durou a banda de bordo.
No fundo somos todos
Românticos,
Vergonhosamente românticos
E o mar continua, agitado e calmo,
Servo sempre da atenção severa da lua,[2]
Como, aliás, o sorriso com que me interrogo
E olho para o céu sem metafísica e sem ti... Dor de corno...

---

1 Variante subposta: «do mundo».
2 O poeta deve ter encarado terminar aqui o poema: desenhou um traço que não aceito como separador por ter posteriormente acrescentado três versos.

30

Afinal, a melhor maneira de viajar é sentir,
Sentir tudo de todas as maneiras.
Sentir tudo excessivamente,
Porque todas as coisas são, em verdade, excessivas
E toda a realidade é um excesso, uma violência,
Uma alucinação extraordinariamente nítida
Que vivemos todos em comum com a fúria das almas,
O centro para onde tendem as estranhas forças centrífugas
Que são as psiques humanas no seu acordo de sentidos.

Quanto mais eu sinta, quanto mais eu sinta como várias pessoas,
Quanto mais personalidades eu tiver,
Quanto mais intensamente, estridentemente as tiver,
Quanto mais simultaneamente sentir com todas elas,
Quanto mais unificadamente diverso, dispersadamente atento,
Estiver, sentir, viver, for,
Mais possuirei a existência total do universo,
Mais completo serei pelo espaço inteiro fora,
Mais análogo serei a Deus, seja ele quem for,
Porque, seja ele quem for, com certeza que é Tudo,
E fora d'Ele há só Ele, e Tudo para Ele é pouco.

Cada alma é uma escada para Deus,
Cada alma é um corredor-Universo para Deus,
Cada alma é um rio correndo por margens de Externo
Para Deus e em Deus com um sussurro soturno.

Sursum Corda! Erguei as almas! Toda a Matéria é Espírito,
Porque Matéria e Espírito são apenas nomes confusos
Dados à grande sombra que ensopa o Exterior em sonho
E funde em Noite e Mistério o Universo Excessivo!
Sursum Corda! Na noite acordo, o silêncio é grande,
As coisas, de braços cruzados sobre o peito, reparam
Com uma tristeza nobre para os meus olhos abertos
Que as vê como vagos vultos nocturnos na noite negra.
Sursum corda! Acordo na noite e sinto-me diverso.
Todo o Mundo com a sua forma visível do costume,
Jaz no fundo dum poço e faz um ruído confuso,
Escuto-o, e no meu coração um grande pasmo soluça.

Sursum Corda! ó Terra, jardim suspenso, berço
Que embala a Alma dispersa da humanidade sucessiva!
Mãe verde e florida todos os anos recente,
Todos os anos vernal, estival, outonal, hiemal,
Todos os anos celebrando às mancheias as festas de Adónis
Num rito anterior a todas as significações,
Num grande culto em tumulto pelas montanhas e os vales!
Grande coração pulsando no peito nu dos vulcões,
Grande voz acordando em cataratas e mares,
Grande bacante ébria do Movimento e da Mudança,
Em cio de vegetação e florescência rompendo
Teu próprio corpo de terra e rochas, teu corpo submisso
À tua própria vontade transtornadora e eterna!
Mãe carinhosa e unânime dos ventos, dos mares, dos prados,
Vertiginosa mãe dos vendavais e ciclones,
Mãe caprichosa que faz vegetar e secar,
Que perturba as próprias estações e confunde
Num beijo imaterial os sóis e as chuvas e os ventos!

Sursum Corda! Reparo para ti e todo eu sou um hino!
Tudo em mim como um satélite da tua dinâmica íntima
Volteia serpenteando ficando como um anel
Nevoento, de sensações reminiscidas e vagas,
Em torno ao teu vulto interno túrgido e fervoroso.

Ocupa de toda a tua força e de todo o teu poder quente
Meu coração a ti aberto!
Como uma espada trespassando meu ser erguido e extático,
Intersecciona com o meu sangue, com a minha pele e os meus nervos,
Teu movimento contínuo, contíguo a ti-própria sempre.

Sou um monte confuso de forças cheias de infinito
Tendendo em todas as direcções para todos os lados do espaço,
A Vida, essa coisa enorme, é que prende tudo e tudo une
E faz com que todas as forças que raivam dentro de mim
Não passem de mim, não quebrem meu ser, não partam meu corpo,
Não me arremessem, como uma bomba de Espírito que estoira
Em sangue e carne e alma espiritualizados para entre as estrelas,
Para além dos sóis de outros sistemas e dos astros remotos.

Tudo o que há dentro de mim tende a voltar a ser tudo.
Tudo o que há dentro de mim tende a despejar-me no chão,
No vasto chão supremo que não está em cima nem em baixo

Mas sob as estrelas e os sóis, sob as almas e os corpos
Por uma oblíqua posse dos nossos sentidos intelectuais.

Sou uma chama ascendendo, mas ascendo para baixo e para cima,
Ascendo para todos os lados ao mesmo tempo, sou um globo
De chamas explosivas buscando Deus e queimando
A crosta dos meus sentidos, o muro da minha lógica,
A minha inteligência limitadora e gelada.

Sou uma grande máquina movida por grandes correias
De que só vejo a parte que pega nos meus tambores,
O resto vai para além dos astros, passa para além dos sóis,
E nunca parece chegar ao tambor donde parte...

Meu corpo é o[1] centro dum volante estupendo e infinito
Em marcha sempre vertiginosamente em torno de si,
Cruzando-se em todas as direcções com outros volantes,
Que se entrepenetram e misturam, porque isto não é no espaço
Mas não sei onde espacial de uma outra maneira-Deus.

Dentro de mim estão presos e atados ao chão
Todos os movimentos que compõem o universo,
A fúria minuciosa e □ dos átomos
A fúria de todas as chamas, a raiva de todos os ventos,
A espuma furiosa de todos os rios, que se precipitam,[2]
E a chuva como pedras atiradas de catapultas
De enormes exércitos de anões escondidos no céu.

Sou um formidável dinamismo obrigado ao equilíbrio
De estar dentro do meu corpo, de não transbordar da minh'alma.
Ruge, estoira, vence, quebra, estrondeia, sacode,
Freme, treme, espuma, venta, viola, explode,
Perde-te, transcende-te, circunda-te, vive-te, rompe e foge,
Sê com todo o meu corpo todo o universo e a vida,
Arde com todo o meu ser todos os lumes e luzes,
Risca com toda a minha alma todos os relâmpagos e fogos,
Sobrevive-me em minha vida em todas as direcções!

---
1   No texto, «um», por aparente lapso.
2   Entre este verso e o seguinte, um espaço que não respeitei por me parecer lapso do autor.

31

Os emigrados

Sós nas grandes cidades desamigas,
Sem falar a língua que se fala nem a que se pensa,
Mutilados da relação com os outros,
Que depois contarão na pátria os triunfos da sua estada.
Coitados dos que conquistam Londres e Paris!
Voltam ao lar sem melhores maneiras nem melhores caras
Apenas sonharam de perto o que viram –
Permanentemente estrangeiros.
Mas não rio deles. Tenho eu feito outra coisa com o ideal?

E o propósito que uma vez formei num hotel, planeando a legenda?
É um dos pontos negros da biografia que não tive.[1]

---

[1] Este verso e o anterior estão dubitados. A EC acrescenta o texto em 45ᵛ e em 45a, que não é, de forma nenhuma, continuação do poema mas rascunho do «Poema em Linha Recta».

32

Uma vontade física de comer o universo
Toma às vezes o lugar do meu pensamento.
Uma fúria desmedida
A conquistar a posse como que absorvedora
Dos céus e das estrelas
Persegue-me como um remorso de não ter cometido um crime.

Como quem olha um mar
Olho os que partem em viagem...
Olho os comboios como quem os estranha
Grandes coisas férreas e absurdas que levam almas,
Que levam consciências da vida e de si-próprias
Para lugares verdadeiramente reais,
Para os lugares que – custa a crer – realmente existem
Não sei como, mas é no espaço e no tempo[1]
E têm gente que tem vidas reais
Seguidas hora a hora como as nossas vidas...

Ah, por uma nova sensação física
Pela qual eu possuísse o universo inteiro
Um uno tacto que fizesse pertencer-me,
A meu ser possuidor fisicamente,
O universo com todos os seus sóis e as suas estrelas
E as vidas múltiplas das suas almas...[2]

---

[1] A palavra «tempo» está dubitada.
[2] P/C relegaram, injustificadamente, este poema para Anexo.

33

E eu era parte de toda a gente que partia,
A minha alma era parte do lenço com que aquela[1] rapariga acenava
Da janela afastando-se de comboio...
O adeus do rapaz de *bonnet* claro
É dirigido a alguém dentro de mim
Sem que ele o queira ou o saiba...
E *Paris-Fuentes d'Oñoro*
Em letras encarnadas em fundo branco
Ao centro da carruagem, e no alto
Em letras que parecem mais vivas e salientes
C.ª Internacional dos Wagons Lits[2]
E o comboio avança – eu fico...[3]

34

Ah, as horas indecisas em que a minha vida parece[4] de um outro...
As horas do crepúsculo no terraço dos cafés cosmopolitas!
Na hora de olhos húmidos em que se acendem as luzes
E o cansaço sabe vagamente a uma febre passada.[5]

---

1   No original, «com aquela», por lapso.
2   Leitura conjecturada de garatujas indecifráveis.
3   P/C colocam também em Anexo este poema atribuído a Campos.
4   Opcional entre parênteses: «parece ter sido».
5   P/C consideram este poema continuação do anterior, o que se me afigura totalmente improvável, dada a descontinuidade de sentido e de situação.

35

Toda a gente é interessante se a gente souber ver toda a gente.
Que obra-prima para um pintor *possível*[1] em[2] cada cara que existe!
Que expressões em todas, em tudo!
Que *maravilhosos perfis todos os perfis!*[3]
Vista de frente, que cara qualquer cara!
Os gestos humanos de cada qual, que humanos os gestos![4]

36

O ter deveres, que prolixa coisa!
Agora tenho eu que estar à uma menos cinco
Na Estação do Rossio, tabuleiro superior – despedida
Do amigo que vai no «Sud Express» de toda a gente
Para onde toda a gente vai, o Paris...

Tenho que lá estar
E acreditem, o cansaço antecipado é tão grande
Que, se o «Sud Express» soubesse, descarrilava...

Brincadeira de crianças?
Não, descarrilava a valer...
Que leve a minha vida dentro, arre, quando descarrile!...

Tenho desejo forte,
E o meu desejo, porque é forte, entra na substância do mundo.

---

1 Variante sobreposta: «virtual:
2 Proposição assinalada como opcional.
3 Variantes: sobreposta a «maravilhosos», «extraordinários»; a «maravilhosos perfis todos os perfis!»: «extraordinário perfil qualquer perfil!».
4 Apesar de atribuído, P/C consideram-no anexo.

37

Poema em linha recta

Nunca conheci quem tivesse levado porrada.
Todos os meus conhecidos têm sido campeões em tudo.

E eu, tantas vezes reles, tantas vezes porco, tantas vezes vil,
Eu tantas vezes irrespondivelmente parasita,
Indesculpavelmente sujo,
Eu, que tantas vezes não tenho tido paciência para tomar banho,
Eu, que tantas vezes tenho sido ridículo, absurdo,
Que tenho enrolado os pés publicamente nos tapetes das etiquetas,
Que tenho sido grotesco, mesquinho, submisso e arrogante,
Que tenho sofrido enxovalhos e calado,
Que quando não tenho calado, tenho sido mais ridículo ainda;
Eu, que tenho sido cómico às criadas de hotel,
Eu, que tenho sentido o piscar de olhos dos moços de fretes,
Eu, que tenho feito vergonhas financeiras, pedido emprestado sem pagar,

Eu, que, quando a hora do soco surgiu, me tenho agachado
Para fora da possibilidade do soco;
Eu, que tenho sofrido a angústia das pequenas coisas ridículas,
Eu verifico que não tenho par nisto tudo neste mundo.

Toda a gente que eu conheço e que fala comigo
Nunca teve um acto ridículo, nunca sofreu enxovalho,
Nunca foi senão príncipe – todos eles príncipes – na vida...

Quem me dera ouvir de alguém a voz humana
Que confessasse não um pecado, mas uma infâmia;
Que contasse, não uma violência, mas uma cobardia!
Não, são todos o Ideal, se os oiço e me falam.
Quem há neste largo mundo que me confesse que uma vez foi vil?
Ó príncipes, meus irmãos![1]

Arre, estou farto de semideuses!
Onde é que há gente no mundo?

Então sou só eu que é vil e erróneo nesta terra?

---

[1] Na Ática, único testemunho, em vez de ponto de exclamação, uma vírgula, o que parece lapso.

Poderão as mulheres não os terem amado,
Podem ter sido traídos – mas ridículos nunca!
E eu, que tenho sido ridículo sem ter sido traído,
Como posso eu falar com os meus superiores sem titubear?
Eu, que tenho sido vil, literalmente vil,
Vil no sentido mesquinho e infame da vileza.

38

Vou atirar uma bomba ao destino.[1]

39

Duas horas e meia da madrugada. Acordo e adormeço.
Houve em mim um momento de vida diferente entre sono e sono.

Se ninguém condecora o sol por dar luz,
Para que condecoram quem é herói?

Durmo com a mesma razão com que acordo
E é no intervalo que existo.[2]

Nesse momento, em que acordei, dei por todo o mundo –
Uma grande noite incluindo tudo
Só para fora[3]

---

1   Ausente de EC, este poema, de um único verso, assinado, deve figurar no activo de Campos. P/C consideraram-no prosa.
2   Este verso e o anterior estão dubitados.
3   Sem pontuação.
    Ausente de EC e P/C, provavelmente por levarem a sério a atribuição a Alberto Caeiro, por Pessoa, numa lista, deste poema e do seguinte, num período em que Campos se tinha retirado como poeta.

40

O conto antigo da Gata Borralheira,
O João Ratão e o Barba Azul e os 40 Ladrões,
E depois o Catecismo e a história de Cristo
E depois todos os poetas e todos os filósofos;
E a lenha ardia na lareira quando se contavam contos,
O sol havia lá fora em dias de destino,
E por cima da leitura dos poetas as árvores *e as terras*...¹
Só hoje vejo o que é que aconteceu na verdade.
Que a lenha ardida, cantante porque ardia,²
Que o sol dos dias de destino, porque já não há,
Que as árvores e as terras (para além das páginas dos poetas) □ –
Que disto tudo só fica o que nunca foi:
Porque a recompensa de não existir é estar sempre presente.

41

Ah, sempre me contentou que a plebe se divertisse.
Sou-lhe alheio à alegria, mas não alheio a que a tenha.
Quero que sejam alegres à maneira deles.
Se o fossem à minha seriam tristes.
Não pretendo ser como eles, nem que eles sejam como eu.
Cada um no seu lugar e com a alegria dele.
Cada um no seu ponto de espírito e falando a língua dele.
Ouço a sua alegria, amo-a, não participo não a posso ter.³

[posterior a 1921]

42

Ah quem tivesse a força para desertar deveras!⁴

---

1 Variante sobreposta: «faziam sombra».
2 Este verso e os que se seguem estão dubitados.
3 Ausente de EC e de P/C, apesar de o poema não poder ser atribuível senão a Campos.
4 Ausente de P/C, apesar de Campos ter praticado várias vezes poemas com um só verso.

LIVRO II
O engenheiro metafísico (1923-1930)

43

Lisbon revisited
(1923)

Não: não quero nada.
Já disse que não quero nada.

Não me venham com conclusões!
A única conclusão é morrer.

Não me tragam estéticas!
Não me falem em moral!
Tirem-me daqui a metafísica!
Não me apregoem sistemas completos, não me enfileirem conquistas
Das ciências (das ciências, Deus meu, das ciências!) –
Das ciências, das artes, da civilização moderna!

Que mal fiz eu aos deuses todos?

Se têm a verdade, guardem-na!

Sou um técnico, mas tenho técnica só dentro da técnica.
Fora disso sou doido, com todo o direito a sê-lo.
Com todo o direito a sê-lo, ouviram?

Não me macem, por amor de Deus!

Queriam-me casado, fútil, quotidiano e tributável?
Queriam-me o contrário disto, o contrário de qualquer coisa?
Se eu fosse outra pessoa, fazia-lhes, a todos, a vontade.
Assim, como sou, tenham paciência!
Vão para o diabo sem mim,
Ou deixem-me ir sozinho para o diabo!
Para que havemos[1] de ir juntos?

Não me peguem no braço!
Não gosto que me peguem no braço. Quero ser sozinho,
Já disse que sou só sozinho!
Ah, que maçada quererem que eu seja de companhia!

---

1   Em *Contemporânea*, «havermos», por evidente gralha, reproduzida por EC e P/C, apesar de a Ática a ter corrigido.

Ó céu azul – o mesmo da minha infância –,
Eterna verdade vazia e perfeita!
Ó macio Tejo ancestral e mudo,
Pequena verdade onde o céu se reflecte!
Ó mágoa revisitada, Lisboa de outrora de hoje!
Nada me dais, nada me tirais, nada sois que eu me sinta.

Deixem-me em paz! Não tardo, que eu nunca tardo...
E enquanto tarda o Abismo e o Silêncio quero estar sozinho!

44

Passagem das horas

Nada me prende, a nada me ligo, a nada pertenço.
Todas as sensações me tomam e nenhuma fica.
Sou mais variado que uma multidão de acaso,
Sou mais diverso que o universo espontâneo,
Todas as épocas me pertencem um momento,
Todas as almas um momento tiveram seu lugar em mim.
Fluido de intuições, rio de supor-mas,
Sempre ondas sucessivas,
Sempre o mar – agora desconhecendo-se
Sempre separando-se de mim, indefinidamente.

Ó cais onde eu embarque definitivamente para a Verdade.
Ó barco, com capitão e marinheiros, visível no símbolo,
Ó águas plácidas, como as de um rio que há, no crepúsculo
Em que me sonho possível –
Onde estais que seja um lugar, quando sois que seja uma hora?
Quero partir e encontrar-me,
Quero voltar a saber de onde,
Como quem volta ao lar, como quem torna a ser social,
Como quem ainda é amado na aldeia antiga,
Como quem roça pela infância morta em cada pedra de muro,
E vê abertos em frente os eternos campos de outrora.
E a saudade como uma canção de mãe a embalar flutua
Na tragédia de *já ter passado*,[1]
Ó terras ao sul, conterrâneas, locais e vizinhas!
Ó linha dos horizontes, parada nos meus olhos,[2]
Que tumulto de vento próximo me é ainda distante,
E como oscilas no que eu vejo, de aqui!

Merda p'rá vida!
Ter profissão pesa aos ombros como um fardo pago,
Ter deveres estagna,
Ter moral apaga,
Ter a revolta contra deveres e a revolta contra a moral.
Vive na rua sem siso.

10/4/1923

---

1   Variante entre parênteses: «o passado ter passado».
2   Este verso e os que se seguem estão dubitados.

45

Encostei-me para trás na cadeira de convés e fechei os olhos,
E o meu destino apareceu-me na alma como um precipício.
A minha vida passada misturou-se-me com a futura,
E houve no meio um ruído do salão de fumo,
Onde, aos meus ouvidos, acabara a partida de xadrez.

Ah, balouçado
Na sensação das ondas,
Ah, embalado
Na ideia tão confortável de hoje ainda não ser amanhã,
De pelo menos neste momento não ter responsabilidades nenhumas,
De não ter personalidade propriamente, mas sentir-me ali,
Em cima da cadeira como um livro[1] que a sueca ali deixasse.

Ah, afundado
Num torpor da imaginação, sem dúvida um pouco sono,
Irrequieto tão sossegadamente,
Tão análogo de repente à criança que fui outrora
Quando brincava na quinta e não sabia álgebra,
Nem as outras álgebras com x e y's de sentimento.

Ah, todo eu anseio
por esse momento sem importância nenhuma
Na minha vida,
Ah, todo eu anseio por esse momento, como por outros análogos –
Aqueles momentos em que não tive importância nenhuma,
Aqueles em que compreendi todo o vácuo da existência sem inteligência para o
                                                                    compreender
E havia luar e mar e a solidão, ó Álvaro.

---

1   No original, por lapso do autor, «livre».

46

Vai pelo cais fora um bulício de chegada próxima,
Começam chegando os primitivos da espera,
Já ao longe o paquete de África se avoluma e esclarece.
Vim aqui para não esperar ninguém,
Para ver os outros esperar,
Para ser os outros todos a esperar,
Para ser a esperança de todos os outros.

Trago um grande cansaço de ser tanta coisa.
Chegam os retardatários do princípio,
E de repente impaciento-me de esperar, de existir, de ser,
Vou-me embora brusco e notável ao porteiro que me fita muito mas rapidamente.

Regresso à cidade como à liberdade.

Vale a pena sentir para ao menos deixar de sentir.

47

Mas eu, em cuja alma se reflectem
As forças todas do universo,
Em cuja reflexão emotiva e sacudida
Minuto a minuto, emoção a emoção,
Coisas antagónicas e absurdas se sucedem –
Eu o foco inútil de todas as realidades,
Eu o fantasma nascido de todas as sensações,
Eu o abstracto, eu o projectado no *écran*,
Eu a mulher legítima e triste do Conjunto,
Eu sofro ser eu através disto tudo como ter sede sem ser de água.

48

Ah, onde estou ou onde passo, ou onde não estou nem passo,
A banalidade devorante das caras de toda a gente!
Ah, a angústia insuportável de [haver][1] gente!
O cansaço inconvertível de ver e ouvir!

(Murmúrio outrora de regatos próprios, de arvoredo meu.)

Queria vomitar o que vi, só da náusea de o ter visto,
Estômago da alma alvorotado de eu ser...

---
1   Na Ática e edições posteriores falta, por aparente lapso, «haver», que o sentido do verso impõe.

49

O tumulto concentrado da minha imaginação intelectual...

Fazer filhos à razão prática, como os crentes enérgicos...

Minha juventude perpétua
De viver as coisas pelo lado das sensações e não das responsabilidades,
De □

(Álvaro de Campos, nascido no Algarve, educado por um tio-avô, padre, que lhe instilou um certo amor às coisas clássicas...) (Veio para Lisboa muito novo...)

A capacidade de pensar o que sinto, que me distingue do homem vulgar
Mais do que ele se distingue do macaco.
(Sim, amanhã o homem vulgar talvez me leia e compreenda a substância do meu
    ser,
Sim, admito-o,
Mas o macaco já hoje sabe ler o homem vulgar e lhe compreende a substância
    do ser.)

Se alguma coisa foi porque é que não é?
Ser não é ser?
As flores do campo da minha infância, não as terei eternamente,
Em outra maneira de ser?
Perderei para sempre os afectos que tive, e até os afectos que pensei ter?
Há alguém[1] que tenha a chave da porta do ser, que não tem porta,
E me possa abrir com razões a inteligência do mundo?

---

1 No original «algum», que deve ser gralha, atendendo ao verso seguinte, de que é sujeito.

50

Cristãos, pagãos, maometanos,
A qual de vós fará o Mistério a vontade?
A incerteza do que é a morte é o que nos vale na vida.
O desconhecimento do que é a morte é o sentido da vida.

O desconhecermos a morte é que faz a beleza da vida.

Quem sabe o valor exato de uma vida?
Sei que há uma vida, e que apagam essa vida – não sei é quem apaga.
Mas sei que de cada vida que passa há um vácuo em mim.[1]

---

1   Ausente de EC e P/C, apesar de constar nas minhas anteriores edições da *Poesia* de Campos (Ed. Assírio & Alvim).

51

O descalabro a ócio e estrelas...
Nada mais...
Farto...
Arre...
Todo o mistério do mundo entrou para a minha vida económica.
Basta!...
O que eu queria ser, e nunca serei, estraga-me as ruas.
Mas então isto não acaba?
É destino?
Sim, é o meu destino
Distribuído pelos meus conseguimentos no lixo
E os meus propósitos à beira da estrada –
Os meus conseguimentos rasgados por crianças,
Os meus propósitos mijados por mendigos,
E toda a minha alma uma toalha suja que escorregou para o chão.
....
O horror do som do relógio à noite na sala de jantar de uma casa de província –
Toda a monotonia e a fatalidade do tempo...
O horror súbito do enterro que passa
E tira a máscara a todas as esperanças.
Ali...
Ali vai a conclusão.
Ali, fechado e selado,
Ali, debaixo do chumbo lacrado e com cal na cara
Vai o que pena como nós,
Vai o que sentiu como nós,
Vai o nós!
Ali, sob um pano cru acro e[1] horroroso como uma abóbada de cárcere
Ali, ali, ali... E eu?

---
1   Na Ática: «é», por aparente lapso.

52

Mas não é só o cadáver
Essa pessoa horrível que não é ninguém,
Essa novidade abísmica do corpo usual,
Esse desconhecido que aparece por ausência na pessoa que conhecemos,
Esse abismo cavado entre vermos e entendermos –
Não é só o cadáver que dói na alma com medo,
Que põe um silêncio no fundo do coração,
As coisas usuais externas de quem morreu
Também perturbam a alma, mas com mais ternura no medo,
Sejam de um inimigo,
Quem pode ver sem saudade a mesa a que ele se sentava,
A caneta com que escrevia?
Quem pode ver sem uma angústia própria
A espingarda do caçador desaparecido sem ela para alívio de todos os montes?
O casaco do mendigo morto, onde ele metia as mãos (já ausentes para sempre) na
                                                                                     algibeira,
Os brinquedos, horrivelmente arrumados já, da criança morta,
Tudo isso me pesa de repente no entendimento estrangeiro
E uma saudade do tamanho do *espaço*[1] apavora-me a alma...

---

[1] Variantes subpostas: «abismo», «morte».

53

O dia está a intentar raiar. As estrelas cosmopolitas
Fecham-se para nada no céu sobre-universal.

Numa grande premeditação de raiar o dia
O céu empalidece no oriente...
É quase[1] azul negro o escuro claro onde estão semeadas as estrelas.
Ergo a cabeça da orgia dos astros.

Raça contraditória do abismo,[2]
Começamos a esfinges.[3]

---

1 Variante sobreposta: «Perde o».
2 Este verso e o seguinte estão dubitados.
3 Ausente da EC e de P/C, embora seja nitidamente de Campos.

54

Quando nos iremos, ah quando iremos de aqui?
Quando, do meio destes amigos que não conheço,
Do meio destas maneiras de compreender que não compreendo,
Do meio destas vontades involuntariamente
Tão contrárias à minha, tão contrárias a mim?!

Ah, navio que partes, que tens por fim partir,
Navio com velas, navio com máquina, navio com remos,
Navio com qualquer coisa com que nos afastemos,
Navio de qualquer modo deixando atrás esta costa,
Esta, a sempre esta costa, esta sempre esta gente,
Só válida à emoção através da saudade futura,
Da saudade, esquecimento que se lembra,
Da saudade, engano que se deslembra da realidade,
Da saudade, remota sensação do incerto
Vago misterioso antepassado que fomos,
Renovação da vida antenatal, *leve fumo*[1]
Absurdamente surgindo, estática e constelada
Do vácuo dinâmico do mundo.

Que eu sou daqueles que sofrem sem sofrimento,
Que têm realidade na alma,
Que não são mitos, são a realidade
Que não têm alegria do corpo ou da alma, daqueles
Que vivem pedindo esmola com a vontade de perdê-la...
Eu quero partir, como quem exemplarmente parte.
Para que hei-de estar onde estou se é só onde estou?
Para que hei-de ser eu sempre eu se eu não posso ser quem sou?
Mas isto tudo é como uma realidade longínqua
Daqueles que partiram ou daqueles
Cujo lar é nenhum e de memória.
Quando, navio naufragado, deixaremos o lar que não temos?

Navio, navio, vem!
Ó lugre, corveta, barca, vapor de carga, paquete,
Navio carvoeiro, veleiro de mastro, carregado de madeira,
Navio de passageiros de todas as nações diversas,
Navio todos os navios,

---

[1] Variante sobreposta: «via láctea lenta».

Navio possibilidade de ir em todos navios
Indefinidamente, incoerentemente,
À busca de nada, à busca de não buscar,
À busca só de partir,
À busca só de não ser
A primeira morte possível ainda em vida –
O afastamento, a distância, a separar-nos de nós.

Porque é sempre de nós que nos separamos quando deixamos alguém,
É sempre de nós que partimos quando deixamos a costa,
A casa, o campo, a margem, a gare, ou o cais.
Tudo que vimos é nós, vivemos só nós o mundo.
Não temos senão nós dentro e fora de nós,
Não temos nada, não temos nada, não temos nada...
Só a sombra fugaz no chão da caverna no depósito de almas,
Só a brisa breve feita pela passagem da consciência,
Só a gota de água na folha seca, inútil orvalho,
Só a roda multicolor girando branca aos olhos
Do fantasma inteiro que somos,
Lágrima das pálpebras descidas
Do olhar velado divino.

Navio, quem quer que seja, não quero ser eu! Afasta-me
A remo ou vela ou máquina, afasta-me de mim!
Vá. Veja eu o abismo abrir-se entre mim e a costa,
O rio entre mim[1] e a margem,
O mar entre mim e o cais,
A morte, a morte, a morte, entre mim e a vida!

28/10/1924

---

1   «Mim»: leitura conjecturada por faltar esse pedaço de folha no original rasgado.

55

Ver as coisas até ao fundo...[1]
E se as coisas não tiverem fundo?

Ah, que bela a superfície!
Talvez a superfície seja a essência
E o mais que a superfície seja o mais que tudo
E o mais que tudo não é nada.

Ó face do mundo, só tu, de todas as faces,
És a própria alma que reflectes[2]

[posterior a 1923]

56

Que lindos olhos de azul inocente os do pequenito do agiota!

Santo Deus, que entroncamento esta vida!

Tive sempre, feliz ou infelizmente, a sensibilidade humanizada,
E toda a morte me doeu sempre pessoalmente,
Sim, não só pelo mistério de ficar inexpressivo o orgânico,
Mas de maneira direta, cá do coração.

Como o sol doura as casas dos réprobos!
Poderei odiá-los sem desfazer no sol?

Afinal que coisa a pensar com o sentimento distraído
Por causa dos olhos de criança de uma criança...

---

1 Ao longo da margem direita, epígrafe ou apontamento avulso: «Tudo quanto é complicado não me merece paixão. António».
2 Acrescentei um ponto final, ao contrário da EC, que supõe o poema incompleto.
  Este verso e o anterior estão dubitados.
  Poema ausente de P/C.

57

Cruzou por mim, veio ter comigo, numa rua da Baixa
Aquele homem mal vestido, pedinte por profissão que se lhe vê na cara,
Que simpatiza comigo e eu simpatizo com ele;
E reciprocamente, num gesto largo, transbordante, dei-lhe tudo quanto tinha
(Excepto, naturalmente, o que estava na algibeira onde trago mais dinheiro:
Não sou parvo nem romancista russo, aplicado,
E romantismo, sim, mas devagar...).

Sinto uma simpatia por essa gente toda,
Sobretudo quando não merece simpatia.
Sim, eu sou também vadio e pedinte,
E sou-o também por minha culpa.
Ser vadio e pedinte não é ser vadio e pedinte:
É estar ao lado da escala social,
É não ser adaptável às normas da vida,
Às normas reais ou sentimentais da vida –
Não ser Juiz do Supremo, empregado certo, prostituta,
Não ser pobre a valer, operário explorado,
Não ser doente de uma doença incurável,
Não ser sedento de[1] justiça, ou capitão de cavalaria,
Não ser, enfim, aquelas pessoas sociais dos novelistas
Que se fartam de letras porque têm razão para chorar lágrimas,
E se revoltam contra a vida social porque têm razão para isso supor.

Não: tudo menos ter razão!
Tudo menos importar-me com a humanidade!
Tudo menos ceder ao humanitarismo!
De que serve uma sensação se há uma razão exterior para ela?

Sim, ser vadio e pedinte, como eu sou,
Não é ser vadio e pedinte, o que é corrente:
É ser isolado na alma, e isso é que é ser vadio,
É ter que[2] pedir aos dias que passem, e nos deixem, e isso é que é ser pedinte.[3]

Tudo mais é estúpido como um Dostoievski ou um Gorki.
Tudo mais é ter fome ou não ter que vestir.
E, mesmo que isso aconteça, isso acontece a tanta gente
Que nem vale a pena ter pena da gente a quem isso acontece.

---

1   Na Ática, «da», por aparente lapso.
2   Palavra acrescentada, ausente na Ática, por aparente lapso.
3   Na Ática, por visível lapso: «é ter pedinte».

Sou vadio e pedinte a valer, isto é, no sentido translato,
E estou-me rebolando numa grande caridade por mim.

Coitado do Álvaro de Campos!
Tão isolado na vida! Tão deprimido nas sensações!
Coitado dele, enfiado na poltrona da sua melancolia!
Coitado dele, que com lágrimas (autênticas) nos olhos,
Deu hoje, num gesto largo, liberal e moscovita,
Tudo quanto tinha, na algibeira em que tinha pouco, àquele
Pobre que não era pobre, que tinha olhos tristes por profissão.

Coitado do Álvaro de Campos, com quem ninguém se importa!
Coitado dele que tem tanta pena de si mesmo!

E, sim, coitado dele!
Mais coitado dele que de muitos que são vadios e vadiam,
Que são pedintes e pedem,
porque a alma humana é um abismo.

Eu é que sei. Coitado dele!

Que bom poder-me revoltar num comício dentro da minha alma!
Mas até nem parvo sou!
Nem tenho a defesa de poder ter opiniões sociais.
Não tenho, mesmo, defesa nenhuma: sou lúcido.

Não me queiram converter a convicção: sou lúcido.
Já disse: sou lúcido.
Nada de estéticas com coração: sou lúcido.
Merda! Sou lúcido.

58

Lisbon revisited
(1926)

Nada me prende a nada.
Quero cinquenta coisas ao mesmo tempo.
Anseio com uma angústia de fome de carne
O que não sei que seja –
Definidamente pelo indefinido...
Durmo irrequieto, e vivo num sonhar irrequieto
De quem dorme irrequieto, metade a sonhar.

Fecharam-me todas as portas abstractas e necessárias.
Correram cortinas[1] de todas as hipóteses que eu poderia ver da rua.
Não há na travessa achada o número de porta que me deram.

Acordei para a mesma vida para que tinha adormecido.
Até os meus exércitos sonhados sofreram derrota.
Até os meus sonhos se sentiram falsos ao serem sonhados.
Até a vida só desejada me farta – até essa vida...

Compreendo a intervalos desconexos;
Escrevo por lapsos de cansaço;
E um tédio que é até do tédio arroja-me à praia.

Não sei que destino ou futuro compete à minha angústia sem leme;
Não sei que ilhas do Sul impossível aguardam-me náufrago;
Ou que palmarés[2] de literatura me darão ao menos um verso.

Não, não sei isto, nem outra coisa, nem coisa nenhuma...
E, no fundo do meu espírito, onde sonho o que sonhei,
Nos campos últimos da alma, onde memoro sem causa
(E o passado é uma névoa natural de lágrimas falsas),
Nas estradas e atalhos das florestas longínquas
Onde supus o meu ser,
Fogem desmantelados, últimos restos

---

[1] Depreendo que Pessoa fez emendas no original dactilografado, de que apenas dispomos de uma cópia a químico, já que esse original, entregue na Ática, não regressou ao Espólio: supressão da expressão «por dentro», que figura no testemunho 70-25ʳ e 26ʳ, e acrescento de pontuação, mais adiante, em «sem leme» (;), no primeiro verso da 5ª estrofe, e uma vírgula depois de «alma», no terceiro verso da 6ª estrofe. Respeitei essas hipotéticas emendas.

[2] No testemunho citado e na *Contemporânea*, «palmares», versão seguida por todos os editores.

Da ilusão final,
Os meus exércitos sonhados, derrotados sem ter sido,
As minhas coortes por existir, esfaceladas em Deus.

Outra vez te reveio,
Cidade da minha infância pavorosamente perdida...
Cidade triste e alegre, outra vez sonho aqui...
Eu? Mas sou eu o mesmo que aqui vivi, e aqui voltei,
E aqui tornei a voltar, e a voltar,
E aqui de novo tornei a voltar?
Ou somos, todos os Eu que estive aqui ou estiveram,
Uma série de contas-entes ligadas por um fio-memória,
Uma série de sonhos de mim de alguém de fora de mim?

Outra vez te reveio,
Com o coração mais longínquo, a alma menos minha.

Outra vez te revejo – Lisboa e Tejo e tudo –,
Transeunte inútil de ti e de mim,
Estrangeiro aqui como em toda a parte,
Casual na vida como na alma,
Fantasma a errar em salas de recordações,
Ao ruído dos ratos e das tábuas que rangem
No castelo maldito de ter que viver...

Outra vez te revejo,
Sombra que passa através de sombras, e brilha
Um momento a uma luz fúnebre desconhecida,
E entra na noite como um rastro de barco se perde
Na água que deixa de se ouvir...

Outra vez te revejo,
Mas, ai, a mim não me revejo!
Partiu-se o espelho mágico em que me revia idêntico,
E em cada fragmento fatídico vejo só um bocado de mim –
Um bocado de ti e de mim!...

26/4/1926

59

A coisa estranha e muda em todo o corpo,
Que *está ali*,[1] ebúrnea, no caixão,
O corpo humano que não é corpo humano
Que ali se cala em todo o ambiente;
O cais deserto que ali aguarda o *incógnito*[2]
O assombro álgido ali entreabrindo
A porta suprema e invisível;
O nexo incompreensível
Entre a energia e a vida,
Ali janela para a noite *infinita*...[3]
Ele – o cadáver do outro,
Evoca-me do futuro
Eu próprio assim, eu mesmo assim...

E embandeiro em arco a negro as minhas esperanças
Minha fé *cambaleia*[4] como uma paisagem de bêbado,
Meus projectos tocam um muro infinito até infinito.

[1926]

---

1   Variante sobreposta: «se deita».
2   Variante sobreposta: «ser levado».
3   Variante sobreposta: «incógnita».
4   Variante sobreposta: «vertigina».

60

Se te queres matar, porque não te queres matar?
Ah, aproveita! que eu, que tanto amo a morte e a vida,
Se ousasse matar-me, também me mataria...
Ah, se ousares, ousa!
De que te serve o quadro sucessivo das imagens externas
A que chamamos o mundo?
A cinematografia das horas representadas
Por actores de convenções e poses determinadas,
O circo polícromo do nosso dinamismo sem fim?
De que te serve o teu mundo interior que desconheces?
Talvez, matando-te, o conheças finalmente.
Talvez, acabando, comeces.
E, de qualquer forma, se te cansa seres,
Ah, cansa-te nobremente,
E não cantes,[1] como eu, a vida por bebedeira,
Não saúdes como eu a morte em literatura!

Fazes falta? Ó sombra fútil chamada gente!
Ninguém faz falta; não fazes falta a ninguém...
Sem ti correrá tudo sem ti.
Talvez seja pior para outros existires que matares-te...
Talvez peses mais durando, que deixando de durar...

A mágoa dos outros?... Tens remorso adiantado
De que te chorem?
Descansa: pouco te chorarão...
O impulso vital apaga as lágrimas pouco a pouco,
Quando não são de coisas nossas,
Quando são do que acontece aos outros, sobretudo a morte,
Porque é a coisa depois da qual nada acontece aos outros...

Primeiro é a angústia, a surpresa da vinda
Do mistério e da falta da tua vida falada...
Depois o horror do caixão visível e material,
E os homens de preto que exercem a profissão de estar ali.
Depois a família a velar, inconsolável e contando anedotas,

---

[1] No original: «cantas».

Lamentando a pena de teres morrido,[1]
E tu mera causa ocasional daquela carpidação,
Tu verdadeiramente morto, muito mais morto que calculas...
Muito mais morto aqui que calculas,
Mesmo que estejas muito mais vivo além...

Depois a trágica retirada[2] para o jazigo ou a cova,
E depois o princípio da morte da tua memória.
Há primeiro em todos um alívio
Da tragédia um pouco maçadora de teres morrido...
Depois a conversa aligeira-se quotidianamente,
E a vida de todos os dias retoma o seu dia...

Depois, lentamente esqueceste.
Só és lembrado em duas datas, aniversariamente:
Quando faz anos que nasceste, quando faz anos que morreste.
Mais nada, mais nada, absolutamente mais nada.
Duas vezes no ano pensam em ti.
Duas vezes no ano suspiram por ti os que te amaram,
E uma ou outra vez suspiram se por acaso se fala em ti.

Encara-te a frio, e encara a frio o que somos...
Se queres matar-te, mata-te...
Não tenhas escrúpulos morais, receios de inteligência!...
Que escrúpulos ou receios tem a mecânica da vida?
Que escrúpulos químicos tem o impulso que gera
As seivas, e a circulação do sangue, e o amor?
Que memória dos outros tem o ritmo alegre da vida?

Ah, pobre vaidade de carne e osso chamada homem,
Não vês que não tens importância absolutamente nenhuma?

És importante para ti, porque é a ti que te sentes.
És tudo para ti, porque para ti és o universo,
E o próprio universo e os outros
Satélites da tua subjetividade objetiva.
És importante para ti porque só tu és importante para ti.
E se és assim, ó mito, não serão os outros assim?

---

1   Optei, neste verso, pela versão da Ática, que usou nitidamente um testemuno posterior ao único de que dispomos no Espólio [69-2]: o que foi levado, sem retorno, para a gráfica. Como habitualmente, Pessoa simplifica o texto, reduzindo-o ao seu essencial: os três versos, «Lamentando[,] entre as últimas notícias dos jornais da noite, / A pena de teres morrido, interseccionando com o último crime...», a um único: « Lamentando a pena de teres morrido,».

2   Optei, igualmente, pela versão da Ática, pelas razões anteriormente anunciadas: em vez de «retirada preta» [69-2], «trágica retirada», correcção de Pessoa no hipotético testemunho usado por essa edição.

Tens, como Hamlet, o pavor do desconhecido?
Mas o que é conhecido? o que é que tu conheces,
Para que chames desconhecido a qualquer coisa em especial?

Tens, como Falstaff, o amor gorduroso da vida?
Se assim a amas materialmente, ama-a ainda mais materialmente:
Torna-te parte carnal da terra e das coisas!
Dispersa-te, sistema físico-químico
De células nocturnamente conscientes
Pela nocturna consciência da inconsciência dos corpos,
Pelo grande cobertor não-cobrindo-nada das aparências,
Pela relva e a erva da proliferação dos seres,
Pela névoa atómica das coisas,
Pelas paredes turbilhonantes
Do vácuo dinâmico do mundo...

26/4/1926

61

Faróis distantes,
De luz subitamente tão acesa,
De noite e ausência tão rapidamente volvida,
Na noite, no convés, que consequências aflitas!
Mágoa última dos despedidos,
Ficção de pensar...

Faróis distantes...
Incerteza da vida...
Voltou crescendo a luz acesa avançadamente,
No acaso do olhar perdido...

Faróis distantes...
A vida de nada serve...
Pensar na vida de nada serve...
Pensar de pensar na vida de nada serve...

Vamos para longe e a luz que vem grande vem menos grande,
Faróis distantes...

30/4/1926

62

O florir do encontro casual
Dos que hão sempre de ficar estranhos...

O único olhar sem interesse recebido no acaso
Da estrangeira rápida...

O olhar de interesse da criança trazida pela mão
Da mãe distraída...

As palavras de episódio trocadas
Com o viajante episódico
Na episódica viagem...

Grandes mágoas de todas as coisas serem bocados...
Caminho sem fim...

30/4/1926

63

Meu coração, bandeira içada
Em festas onde não há ninguém...
Meu coração, barco atado à margem
Esperando o dono, cadáver amarelado entre os juncais...
Meu coração, a mulher do forçado,
A estalajadeira dos mortos da noite,
Aguarda à porta, com um sorriso maligno,
Todo o sistema do universo,
Concluso a podridão e a esfinges...
Meu coração, algema partida...[1]

---

[1] A EC considera, inadmissivelmente, este poema parte da «Passagem das horas»; Ivo Castro, também inadmissivelmente, inclui-o na poesia ortónima; P/C toleram-no, como «esboço lírico», em Anexo.

64

Ode mortal

Tu, Caeiro, meu mestre, qualquer que seja o *corpo*[1]
Com que vestes agora, distante ou próximo, a essência
Da tua alma universal localizada,
Do teu corpo divino intelectual...

Viste com a tua cegueira perfeita, sabes o não ver...
Porque o que viste com os teus dedos materiais e admiráveis
Foi a face sensível e não a face fisiognómica das coisas
Foi a realidade, e não o real.
É à luz que ela é visível,
E ela só é visível porque há luz,[2]
Porque a verdade que é tudo é só a verdade que há em tudo
E a verdade que há em tudo é a verdade que o *excede*![3]

Ah, sem receio!
Ah, sem angústia![4]
Ah, sem cansaço antecipado da marcha
Nem cadáver velado pelo próprio cadáver na *alma*[5]
Nas noites em que o vento assobia no mundo deserto
E a casa onde durmo é um túmulo de tudo,
Nem o sentir-se muito importante sentindo-se cadáver,
Nem a consciência de não ter consciência dentro de tábuas e chumbo,
Nem nada...
Olho o céu do dia, espelha o céu da noite
E este universo esférico e côncavo
Vejo-o como um espelho dentro do qual vivemos,
Limitado porque é a parte de dentro
Mas com estrelas e o sol rasgando o visível
Por fora, para o convexo que é infinito...
E aí, no Verdadeiro,
Tirarei os astros e a vida da algibeira como um presente ao Certo,

---

1   Variante sobreposta: «traje».
2   Este verso e o anterior estão dubitados.
3   Variante sobreposta: «mostra».
4   Este verso e o anterior estão dubitados.
5   Variante sobreposta: «ideia».

Lerei a Vida de novo, como numa carta guardada
E então, com luz melhor, *perceberei*[1] a letra e saberei.

O cais está cheio de gente a ver-me partir.
Mas o cais é à minha volta e eu encho o navio –
E o navio é cama, caixão, sepultura –
E eu não sei o que sou pois já não estou ali...

E eu, que cantei
A civilização moderna, aliás igual à antiga,
As coisas do meu tempo só porque esse tempo foi meu,
As máquinas, os motores,
☐
Vou em diagonal a tudo para cima.
Passo pelos interstícios de tudo,
E como um pó sem ser rompo o envólucro
E partirei, *globe-trotter* do Divino,
Quantas vezes, quem sabe?, regressando ao mesmo ponto
(Quem anda de noite que sabe do andar e da noite?),
Levarei na sacola o conjunto do visto –
O céu e de estrelas, e o sol em todos os modos,
E todas as estações e as suas maneiras de cores,
E os campos, e as serras, e as terras que cessam em praias
E o mar para além, e o para além do mar que há além.

E de repente se abrirá a Última Porta das coisas,
E Deus, como um Homem, me aparecerá por fim.
E será o Inesperado que eu esperava –
O Desconhecido que eu conheci sempre –
O único que sempre conheci,
E ☐

Gritai de alegria, gritai comigo, gritai,
Coisas cheias, sobre-cheias,
Que sois minha vida turbilhonante...
Eu vou sair da esfera oca
Não por uma estrela, mas pela luz de uma estrela –
Vou para o espaço real...
Que o espaço cá dentro é espaço por estar fechado
E só parece infinito por estar fechado muito longe –
Muito longe em pensá-lo.

---

[1] Variante sobreposta: «verei bem».

A minha mão está já no puxador-luz.
Vou abrir com um gesto largo,
Com um gesto autêntico e mágico
A *porta*[1] para o Convexo,
A *janela*[2] para o Informe,
A *razão*[3] para o maravilhoso Definitivo.

Vou poder circum-navegar por fora este dentro
Que tem as estrelas no fim, vou ter o céu
Por baixo do sobrado curvo –
Tecto da cave das coisas reais,
Da abóbada nocturna da morte e da vida...

Vou partir para FORA,
para o Arredor Infinito,
Para a circunferência exterior, metafísica,
Para a luz por fora da noite,
Para a Vida-morte por fora da morte-Vida.

12/1/1927

---

1 Encarada a variante com maiúscula: «Porta».
2 Encarada a variante com maiúscula: «Janela».
3 Encarada a variante com maiúscula: «Razão».

65

Nas praças vindouras – talvez as mesmas que as nossas –
Que elixires serão apregoados?
Com rótulos diferentes, os mesmos do Egipto dos Faraós;
Com outros processos de fazer comprar, os que já são nossos.

E as metafísicas perdidas nos cantos dos cafés de toda a parte,
As filosofias solitárias de tanta trapeira de falhado,
As ideias casuais de tanto casual, as intuições de tanto ninguém –
Um dia talvez, em fluido abstracto, e substância implausível,
Formem um Deus, e ocupem o mundo.
Mas a mim, hoje, a mim
Não há sossego de pensar nas propriedades das coisas,
Nos destinos que não desvendo,
Na minha própria metafísica, que tenho porque penso e sinto.
Não há sossego,
E os grandes montes ao sol têm-no tão nitidamente!

Têm-no? Os montes ao sol não têm coisa nenhuma do espírito.
Não seriam montes, não estariam ao sol, se o tivessem.

O cansaço de pensar, indo, até ao fundo de existir,
Faz-me velho desde antes de ontem com um frio até no corpo.

O que é feito dos propósitos perdidos, e dos sonhos impossíveis?
E porque é que há propósitos mortos e sonhos sem razão?
Nos dias de chuva lenta, contínua, monótona, uma,
Custa-me levantar-me da cadeira onde não dei por me ter sentado,
E o universo é absolutamente oco em torno de mim.

O tédio que chega a constituir nossos ossos encharcou-me o ser,
E a memória de qualquer coisa de que me não lembro esfria-me a alma.

Sem dúvida que as ilhas dos mares do sul têm possibilidades para o sonho,
E que os areais dos desertos todos compensam um pouco a imaginação;
Mas no meu coração sem mares nem desertos nem ilhas sinto eu,
Na minha alma vazia estou,
E narro-me prolixamente sem sentido, como se um parvo estivesse com febre.

Fúria fria do destino,
Intersecção de tudo,
Confusão das coisas com as suas causas e os seus efeitos,
Consequência de ter corpo e alma,
E o som da chuva chega até eu ser, e é escuro.

3/2/1927

66

Ai, Margarida,
Se eu te desse a minha vida,
Que farias tu com ela?
– Tirava os brincos do prego,
Casava c'um homem cego
E ia morar para a Estrela.

Mas, Margarida,
Se eu te desse a minha vida,
Que diria tua mãe?
(Ela conhece-me a fundo.)
– Que há muito parvo no mundo,
E que eras parvo também.

Margarida,
Se eu te desse a minha vida
No sentido de morrer?
– Eu iria ao teu enterro,
Mas achava que era um erro
Querer amar sem viver.

Mas, Margarida,
Se este dar-te a minha vida
Não fosse senão poesia?
– Então, filho, nada feito.
Fica tudo sem efeito.
Nesta casa não se fia.

Comunicado pelo Engenheiro Naval
Sr. Alvaro de Campos em estado
de inconsciência
alcoólica.

[1/10/1927]

67

O frio especial das manhãs de viagem,
A angústia da partida, carnal no arrepanhar
Que vai do coração à pele,
Que chora virtualmente embora alegre.

[9/10/1927]

68

Perdi a esperança como uma carteira vazia...
Troçou de mim o Destino; fiz figas para o outro lado,
E a revolta bem podia ser bordada a missanga por minha avó
E ser relíquia da sala da casa velha que não tenho.

(Jantávamos cedo, num outrora que já me parece de outra incarnação,
E depois tomava-se chá nas noites sossegadas que não voltam.
Minha infância, meu passado sem adolescência, passaram,
Fiquei triste, como se a verdade me tivesse sido dita,
Mas nunca mais pude sentir verdade nenhuma excepto sentir o passado.)

17/12/1927

69

Tabacaria[1]

Não sou nada.
Nunca serei nada.
Não posso querer ser nada.
À parte isso, tenho em mim todos os sonhos do mundo.

Janelas do meu quarto,
Do meu quarto de um dos milhões do mundo que ninguém sabe quem é
(E se soubessem quem é, o que saberiam?),
Dais para o mistério de uma rua cruzada constantemente por gente,
Para uma rua inacessível a todos os pensamentos,
Real, impossivelmente real, certa, desconhecidamente certa,
Com o mistério das coisas por baixo das pedras e dos seres,
Com a morte a pôr humidade nas paredes e cabelos brancos nos homens,
Com o Destino a conduzir a carroça de tudo pela estrada de nada.

Estou hoje vencido, como se soubesse a verdade.
Estou hoje lúcido, como se estivesse para morrer,
E não tivesse mais irmandade com as coisas
Senão uma despedida, tornando-se esta casa e este lado da rua
A fileira de carruagens de um comboio, e uma partida apitada
De dentro da minha cabeça.
E uma sacudidela dos meus nervos e um ranger de ossos na ida.

Estou hoje perplexo, como quem pensou e achou e esqueceu.
Estou hoje dividido entre a lealdade que devo
À Tabacaria do outro lado da rua, como coisa real por fora,
E à sensação de que tudo é sonho, como coisa real por dentro.

Falhei em tudo.
Como não fiz propósito nenhum, talvez tudo fosse nada.
A aprendizagem que me deram,
Desci dela pela janela das traseiras da casa.
Fui até ao campo com grandes propósitos,[2]
Mas lá encontrei só ervas e árvores,
E quando havia gente era igual à outra.
Saio da janela, sento-me numa cadeira. Em que hei-de pensar?

---

1 Outro título encarado no testemunho 70-27 e 28: MARCHA DA DERROTA, ainda impresso nas provas da *presença*.
2 No testemunho 70-29, substituiu «propósitos» por «leituras», voltando depois à versão inicial.

Que sei eu do que serei, eu que não sei o que sou?
Ser o que penso? Mas penso ser tanta coisa!
E há tantos que pensam ser a mesma coisa que não pode haver tantos!
Génio? Neste momento
Cem mil cérebros se concebem em sonho génios como eu,
E a história não marcará, quem sabe?, nem um,
Nem haverá senão estrume de tantas conquistas futuras.
Não, não creio em mim.
Em todos os manicómios há doidos malucos com tantas certezas!
Eu, que não tenho nenhuma certeza, sou mais certo ou menos certo?
Não, nem em mim...
Em quantas mansardas e não-mansardas do mundo
Não estão nesta hora génios-para-si-mesmos sonhando?
Quantas aspirações altas e nobres e lúcidas –
Sim, verdadeiramente altas e nobres e lúcidas –,
E quem sabe se realizáveis,
Nunca verão a luz do sol real nem acharão ouvidos de gente?
O mundo é para quem nasce para o conquistar
E não para quem sonha que pode conquistá-lo, ainda que tenha razão.
Tenho sonhado mais que o que Napoleão fez.
Tenho apertado ao peito hipotético mais humanidades do que Cristo.
Tenho feito filosofias em segredo que nenhum Kant escreveu.
Mas sou, e talvez serei sempre, o da mansarda,
Ainda que não more nela;
Serei sempre *o que não nasceu para isso*;
Serei sempre só *o que tinha qualidades*;
Serei sempre o que esperou que lhe abrissem a porta ao pé de uma parede sem
porta,
E cantou a cantiga do Infinito numa capoeira,
E ouviu a voz de Deus num poço tapado.
Crer em mim? Não, nem em nada.
Derrame-me a Natureza sobre a cabeça ardente
O seu sol, a sua chuva, o vento que me acha o cabelo,
E o resto que venha se vier, ou tiver que vir, ou não venha.
Escravos cardíacos das estrelas,
Conquistámos todo o mundo antes de nos levantar da cama;
Mas acordámos e ele é opaco,
Levantámo-nos e ele é alheio,
Saímos de casa e ele é a terra inteira,
Mais o Sistema Solar e a Via Láctea e o Indefinido.

(Come chocolates, pequena;
Come chocolates!
Olha que não há mais metafísica no mundo senão chocolates.
Olha que as religiões todas não ensinam mais que a confeitaria.
Come, pequena suja, come!
Pudesse eu comer chocolates com a mesma verdade com que comes!
Mas eu penso e, ao tirar o papel de prata, que é de folha de estanho,
Deito tudo para o chão, como tenho deitado a vida.)

Mas ao menos fica da amargura do que nunca serei
A caligrafia rápida destes versos,
Pórtico partido para o Impossível.
Mas ao menos consagro a mim mesmo um desprezo sem lágrimas,
Nobre ao menos no gesto largo com que atiro
A roupa suja que sou, sem rol, pra o decurso das coisas,
E fico em casa sem camisa.

(Tu, que consolas, que não existes e por isso consolas,
Ou deusa grega, concebida como estátua que fosse viva,
Ou patrícia romana, impossivelmente nobre e nefasta,
Ou princesa de trovadores, gentilíssima e colorida,
Ou marquesa do século dezoito, decotada e longínqua,
Ou *cocotte* célebre do tempo dos nossos pais,
Ou não sei quê moderno – não concebo bem o quê –,
Tudo isso, seja o que for, que sejas, se pode inspirar que inspire!
Meu coração é um balde despejado.
Como os que invocam espíritos invocam espíritos invoco
A mim mesmo e não encontro nada.
Chego à janela e vejo a rua com uma nitidez absoluta.
Vejo as lojas, vejo os passeios, vejo os carros que passam,
Vejo os entes vivos vestidos que se cruzam,
Vejo os cães que também existem,
E tudo isto me pesa como uma condenação ao degredo,
E tudo isto é estrangeiro, como tudo.)

Vivi, estudei, amei, e até cri,
E hoje não há mendigo que eu não inveje só por não ser eu.
Olho a cada um os andrajos e as chagas e a mentira,
E penso: talvez nunca vivesses nem estudasses nem amasses nem cresses
(Porque é possível fazer a realidade de tudo isso sem fazer nada disso);
Talvez tenhas existido apenas, como um lagarto a quem cortam o rabo
E que é rabo para aquém do lagarto remexidamente.

Fiz de mim o que não soube,
E o que podia fazer de mim não o fiz.
O dominó que vesti era errado.
Conheceram-me logo por quem não era e não desmenti, e perdi-me.
Quando quis tirar a máscara,
Estava pegada à cara.
Quando a tirei e me vi ao espelho,
Já tinha envelhecido.
Estava bêbado, já não sabia vestir o dominó que não tinha tirado.
Deitei fora a máscara e dormi no vestiário
Como um cão tolerado pela gerência
Por ser inofensivo
E vou escrever esta história para provar que sou sublime.

Essência musical dos meus versos inúteis,
Quem me dera encontrar-te como coisa que eu fizesse,
E não ficasse sempre defronte da Tabacaria de defronte,
Calcando aos pés a consciência de estar existindo,
Como um tapete em que um bêbado tropeça
Ou um capacho que os ciganos roubaram e não valia nada.

Mas o Dono da Tabacaria chegou à porta e ficou à porta.
Olho-o com o desconforto da cabeça mal voltada
E com o desconforto da alma mal-entendendo.
Ele morrerá e eu morrerei.
Ele deixará a tabuleta, eu deixarei versos.
A certa altura morrerá a tabuleta também, e os versos também,
Depois de certa altura morrerá a rua onde esteve a tabuleta,
E a língua em que foram escritos os versos.
Morrerá depois o planeta girante em que tudo isto se deu.
Em outros satélites de outros sistemas qualquer coisa como gente
Continuará fazendo coisas como versos e vivendo por baixo de coisas como
                                                                                  tabuletas,
Sempre uma coisa defronte da outra,
Sempre uma coisa tão inútil como a outra,
Sempre o impossível tão estúpido como o real,
Sempre o mistério do fundo tão certo como o sono de mistério da superfície,
Sempre isto ou sempre outra coisa ou nem uma coisa nem outra.

Mas um homem entrou na Tabacaria (para comprar tabaco?),
E a realidade plausível cai de repente em cima de mim.
Semiergo-me enérgico, convencido, humano,
E vou tencionar escrever estes versos em que digo o contrário.

Acendo um cigarro ao pensar em escrevê-los
E saboreio no cigarro a libertação de todos os pensamentos.
Sigo o fumo como a uma rota própria,
E gozo, num momento sensitivo e competente,
A libertação de todas as especulações
E a consciência de que a metafísica é uma consequência de estar mal disposto.

Depois deito-me para trás na cadeira
E continuo fumando.
Enquanto o Destino mo conceder, continuarei fumando.

(Se eu casasse com a filha da minha lavadeira
Talvez fosse feliz.)
Visto isto, levanto-me da cadeira. Vou à janela.

O homem saiu da Tabacaria (metendo troco na algibeira das calças?).
Ah, conheço-o: é o Esteves sem metafísica.
(O Dono da Tabacaria chegou à porta.)
Como por um instinto divino o Esteves voltou-se e viu-me.
Acenou-me adeus, gritei-lhe *Adeus ó Esteves!*, e o universo
Reconstruiu-se-me sem ideal nem esperança, e o Dono da Tabacaria sorriu.

Lisboa, 15 de Janeiro de 1928

70

Quase sem querer (se o soubéssemos!) os grandes homens saindo dos homens vulgares

O sargento acaba imperador por transições imperceptíveis
Em que se vai misturando
O conseguimento com o sonho do que se consegue a seguir
E o caminho vai por degraus visíveis, depressa.
Ai dos que desde o princípio vêem o fim!
Ai dos que aspiram a saltar a escada!
O conquistador de todos os impérios *foi*[1] sempre ajudante de guarda-livros.
A amante de todos os reis – mesmo dos já mortos – é mãe séria e carinhosa.
Se assim como vejo os corpos por fora, visse as almas por dentro.

Ah, que *penitenciária*[2] os desejos!
Que manicómio o sentido da vida!

---

1 Variante sobreposta: «continua».
2 Variante sobreposta: «penitenciários».

71

Gazetilha[1]

Dos Lloyd Georges da Babilónia
Não reza a história nada.
Dos Briands da Assíria ou do Egipto,
Dos Trotskys de qualquer colónia
Grega ou romana já passada,
O nome é morto, inda que escrito.

Só o parvo dum poeta, ou um louco
Que fazia filosofia,
Ou um geómetra maduro,
Sobrevive a esse tanto pouco
Que está lá para trás no escuro
E nem a história já historia.

Ó grandes homens do Momento!
Ó grandes glórias a ferver
De quem a obscuridade foge!
Aproveitem sem pensamento!
Tratem da fama e do comer,
Que amanhã é dos loucos de hoje!

---

[1] Num testemunho dactilografado (70-42) o título é «Gazetilha Futurista» e a atribuição a Campos aparece riscada.

72

No conflito escuro e besta
Entre a luz e o lojame,
Que ao menos luz se derrame
Sobre a verdade, que é esta:

Como é uso dos lojistas
Aumentar aos cem por cento,
Protestam contra um aumento
Que é reles às suas vistas.

E gritam que é enxovalho
Que os grandes, quando ladrões,
Nem guardem as tradições
Dos gatunos de retalho.

Lujistas,[1] que vos ocorra
Roubar duzentos por cento!
E acaba logo o argumento
Entre a Máfia e a Camorra...

73

Escrito num livro abandonado em viagem

Venho dos lados de Beja.
Vou para o meio de Lisboa.
Não trago nada e não acharei nada.
Tenho o cansaço antecipado do que não acharei,
E a saudade que sinto não é nem do[2] passado nem do futuro.
Deixo escrita neste livro a imagem[3] do meu desígnio morto:
Fui, como ervas, e não me arrancaram.

[25/1/1928]

---

1 O autor escreveu, primeiro, «luzistas», mas substituiu o z «de luz» (2º verso) por j, intersseccionando luzistas com «lojistas» (5º verso).
2 Na versão da revista *presença*, reproduzida pela Ática, «no».
3 No testemunho 70-34ᵛ, Pessoa introduziu a variante «arranjo», que posteriormente rejeitou, no texto fornecido à revista *presença* – mais uma prova de como é errado o processo seguido pela EC e seus seguidores: Pessoa, quando passa a limpo, recusa frequentemente a variante.

74

Apostila

Aproveitar o tempo!
Mas o que é o tempo, para que eu o aproveite?
Aproveitar o tempo!
Nenhum dia sem linha...
O trabalho honesto e superior...
O trabalho à Virgílio, à Milton...
Mas é tão difícil ser honesto ou ser superior!
É tão pouco provável ser Milton ou ser Virgílio!

Aproveitar o tempo!
Tirar da alma os bocados precisos – nem mais nem menos –
Para com eles juntar os cubos ajustados
Que fazem gravuras certas na história
(E estão certas também do lado de baixo, que se não vê)...
Pôr as sensações em castelo de cartas, pobre China dos serões,
E os pensamentos em dominó, igual contra igual,
E a vontade em carambola difícil...
Imagens de jogos ou de paciências ou de passatempos –
Imagens da vida, imagens das vidas, Imagem da Vida...

Verbalismo...
Sim, verbalismo...
Aproveitar o tempo!
Não ter um minuto que o exame de consciência desconheça...
Não ter um acto indefinido nem factício...
Não ter um movimento desconforme com propósitos...
Boas-maneiras da alma...
Elegância de persistir...

Aproveitar o tempo!
Meu coração está cansado como um[1] mendigo verdadeiro.
Meu cérebro está pronto como um fardo posto ao canto.
Meu canto (verbalismo!) está tal como está e é triste.
Aproveitar o tempo!
Desde que comecei a escrever passaram cinco minutos.

---

1 Artigo ausente na Ática, presente no testemunho 70-35 e, de facto, pedido pelo ritmo, essencial para Pessoa.

Aproveitei-os ou não?
Se não sei se os aproveitei, que saberei de outros minutos?

(Passageira que viajavas tantas vezes no mesmo compartimento comigo
No comboio suburbano,
Chegaste a interessar-te por mim?
Aproveitei o tempo olhando para ti?
Qual foi o ritmo do nosso sossego no comboio andante?
Qual foi o entendimento que não chegámos a ter?
Qual foi a vida que houve nisto? Que foi isto à vida?)

Aproveitar o tempo!...
Ah, deixem-me não aproveitar nada!
Nem tempo, nem ser, nem memórias de tempo ou de ser!
Deixem-me ser uma folha de árvore, titilada por brisas,
A poeira de uma estrada, involuntária e sozinha,
O regato casual das chuvas que vão acabando,[1]
O vinco deixado na estrada pelas rodas enquanto não vêm outras,
O pião do garoto, que vai a parar,
E oscila, no mesmo movimento que o da terra,
E estremece, no mesmo movimento que o da alma,
E cai, como caem os deuses, no chão do Destino.

[11/4/1928]

---

[1] Verso ausente da Ática e das suas derivadas edições. Apesar de não indicar sistematicamente as numerosas e graves falhas dessa edição, não posso deixar de assinalar esta ausência.

75

Demogorgon

Na rua cheia de sol vago há casas paradas e gente que anda.
Uma tristeza cheia de pavor esfria-me.
Pressinto um acontecimento do lado de lá das frontarias e dos movimentos.

Não, não, Isso não!
Tudo menos saber o que é o Mistério!
Superfície do Universo, ó Pálpebras Descidas,
Não vos ergais nunca!
O olhar da Verdade Final não deve poder suportar-se!

Deixai-me viver sem saber nada, e morrer sem ir saber nada!
A razão de haver ser, a razão de haver seres, de haver tudo,
Deve trazer uma loucura maior que os espaços
Entre as almas e entre as estrelas.

Não, não, a verdade não! Deixai-me estas casas e esta gente;
Assim mesmo, sem mais nada, estas casas e esta gente...
Que bafo[1] horrível e frio me toca em olhos fechados?
Não os quero abrir de viver! Ó Verdade, esquece-te de mim!

12/4/1928

---
1   Na Ática e suas derivadas, «abafo».

76

Adiamento

Depois de amanhã, sim, só depois de amanhã...
Levarei amanhã a pensar em depois de amanhã,
E assim será possível; mas hoje não...
Não, hoje nada; hoje não posso.
A persistência confusa da minha subjectividade objectiva,
O sono da minha vida real, intercalado,
O cansaço antecipado e infinito,
Um cansaço de mundos para apanhar um eléctrico...
Esta espécie de alma...
Só depois de amanhã...
Hoje quero preparar-me,
Quero preparar-me para pensar amanhã no dia seguinte...
Ele é que é decisivo.
Tenho já o plano traçado; mas não, hoje não traço planos...
Amanhã é o dia dos planos.
Amanhã sentar-me-ei à secretária para conquistar o mundo;
Mas só conquistarei o mundo depois de amanhã...
Tenho vontade de chorar,
Tenho vontade de chorar muito de repente, de dentro...
Não, não queiram saber mais nada, é segredo, não digo.
Só depois de amanhã...
Quando era criança o circo de domingo divertia-me toda a semana.
Hoje só me diverte o circo de domingo de toda a semana da minha infância...
Depois de amanhã serei outro,
A minha vida triunfar-se-á,
Todas as minhas qualidades reais de inteligente, lido e prático
Serão convocadas por um edital...
Mas por um edital de amanhã...
Hoje quero dormir, redigirei amanhã...
Por hoje, qual é o espectáculo que me repetiria a infância?
Mesmo para eu comprar os bilhetes amanhã,
Que depois de amanhã é que está bem o espetáculo...
Antes, não...
Depois de amanhã terei a pose pública que amanhã estudarei.
Depois de amanhã serei finalmente o que hoje não posso nunca ser.
Só depois de amanhã...

Tenho sono como o frio de um cão vadio.
Tenho muito sono.
Amanhã te direi as palavras, ou depois de amanhã...
Sim, talvez só depois de amanhã...

O porvir...
Sim, o porvir...

[14/4/1928]

77

Mestre, meu mestre querido!
Coração do meu corpo intelectual e inteiro!
Vida da origem da minha inspiração!
Mestre, que é feito de ti nesta forma de vida?

Não cuidaste se morrerias, se viverias, nem de ti nem de nada,
Alma abstrata e visual até aos ossos,
Atenção maravilhosa ao mundo exterior sempre múltiplo,
Refúgio das saudades de todos os deuses antigos,
Espírito humano da terra materna,
Flor acima do dilúvio da inteligência subjetiva...

Mestre, meu mestre!
Na angústia sensacionista de todos os dias sentidos,
Na mágoa quotidiana das matemáticas de ser,
Eu, escravo de tudo como um pó de todos os ventos,
Ergo as mãos para ti, que estás longe, tão longe de mim!

Meu mestre e meu guia!
A quem nenhuma coisa feriu, nem doeu, nem perturbou,
Seguro como um sol fazendo o seu dia involuntariamente,
Natural como um dia mostrando tudo,
Meu mestre, meu coração não aprendeu a tua serenidade.
Meu coração não aprendeu nada.
Meu coração não é nada,
Meu coração está perdido.[1]

Mestre, só seria como tu se tivesse sido tu.
Que triste a grande hora alegre em que primeiro te ouvi!
Depois tudo é cansaço neste mundo subjectivado,
Tudo é esforço neste mundo onde se querem coisas,
Tudo é mentira neste mundo onde se pensam coisas,
Tudo é outra coisa neste mundo onde tudo se sente.
Depois, tenho sido como um mendigo deixado ao relento
Pela indiferença de toda a vila.
Depois, tenho sido como as ervas arrancadas,
Deixadas aos molhos em alinhamentos *sem sentido*.[2]
Depois, tenho sido eu, sim eu, por minha desgraça,

---

1 Verso dubitado.
2 Variante, ao lado: «destruídos pelo vento».

E eu, por minha desgraça, não sou eu nem outro nem ninguém.
Depois, mas porque é que [me][1] ensinaste a clareza da vista,
Se não me podias ensinar a ter a alma com que a ver clara?
Porque é que me chamaste para o alto dos montes
Se eu, criança das cidades do vale, não sabia respirar?
Porque é que me deste a tua alma se eu não sabia que fazer dela
Como quem está carregado de ouro num deserto,
Ou canta com voz divina entre ruínas?
Porque é que me acordaste para a sensação e a nova alma,
Se eu não saberei sentir, se a minha alma é de sempre a minha?

Prouvera ao Deus ignoto que eu ficasse sempre aquele
Poeta decadente, estupidamente pretensioso,
Que poderia ao menos vir a agradar,
E não surgisse em mim a pavorosa ciência de ver.
Para que me tornaste eu? Deixasses-me ser humano!

Feliz o homem marçano,
Que tem a sua tarefa quotidiana normal, tão leve ainda que pesada,
Que tem a sua vida usual,
Para quem o prazer é prazer e o recreio é recreio,
Que dorme sono,
Que come comida,
Que bebe bebida, e por isso tem alegria.

A calma que tinhas, deste-ma, e foi-me inquietação.
Libertaste-me, mas o destino humano é ser escravo.
Acordaste-me, mas o sentido de ser humano é dormir.

15/4/1928

---

[1] É admissível que a ausência do pronome, no testemunho 69-5, seja lapso, atendendo a que é sempre usado nos versos seguintes, paralelos a este.

78

Às vezes medito,
Às vezes medito, e medito mais fundo, e ainda mais fundo
E todo o mistério das coisas aparece-me como um óleo à superfície,
E todo o universo é um mar de caras de olhos *fechados*[1] para mim.
Cada coisa – um candeeiro de esquina, uma pedra, uma árvore,
É um olhar que me fita de um abismo incompreensível,
E desfilam no meu coração os deuses todos, e as ideias dos deuses.

Ah, haver coisas!
Ah, haver seres!
Ah, haver maneira de haver seres,
De haver haver,
De haver como haver haver,
De haver...
Ah, o existir o fenómeno abstracto – existir,
Haver consciência e realidade,
O que quer que isto seja...
Como posso eu exprimir o horror que tudo isto me causa?
Como posso eu dizer como é isto para se sentir?
Qual é alma de haver ser?

Ah, o pavoroso mistério de existir a mais pequena coisa
Porque é o pavoroso mistério de haver qualquer coisa
Porque é o pavoroso mistério de haver...[2]

29/4/1928

---

1 Variante sobreposta: «abertos».
2 A EC não inseriu o lado verso da folha, isto é, os quatro últimos versos.

79

O que é haver ser, o que é haver seres, o que é haver coisas,
O que é haver vida em plantas e nas gentes,
E coisas que a gente constrói –
Maravilhosa alegria de coisas e de seres –
Perante a ignorância em que estamos de como isto tudo pode ser.

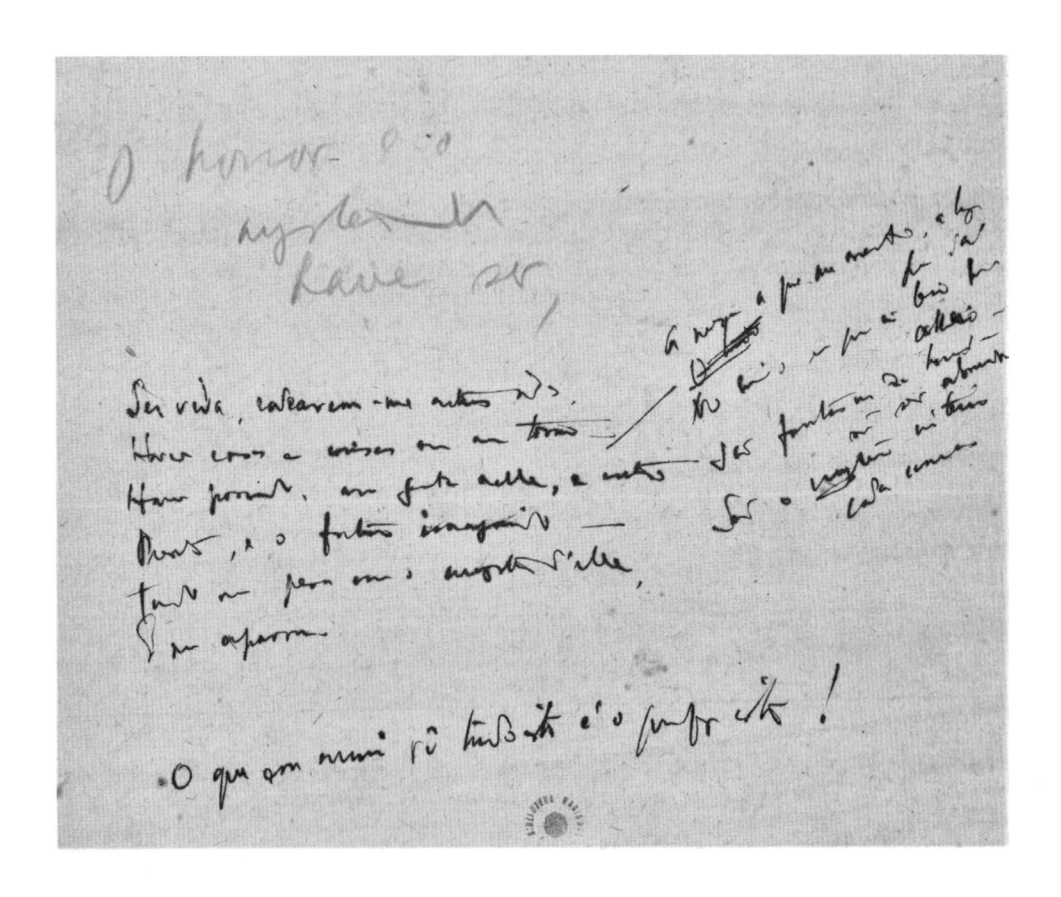

Poema ausente de EC e P/C, que pode ser considerado na fronteira entre Fausto e Campos

80

O horror e o mistério de haver ser,
Ser vida, ladearem-me outras vidas,
Haver casas e coisas em meu torno –
A mesa a que me encosto, a luz que dá
No livro em que não leio por alheio –
São fantasmas de haver... são ser absurdo
São o mistério inteiro cada coisa.
Haver passado, com gente nele, e antes
Presente, e o futuro imaginado –
Tudo me pesa com o mistério dele,
E me apavora.

O que em mim vê tudo isto é o próprio isto![1]

---
1   Ausente de EC e de P/C.

81

Ah, perante esta única realidade, que é o mistério,
Perante esta única realidade terrível – a de haver uma realidade,
Perante este horrível ser que é haver ser,
Perante este abismo de existir um abismo,
Este abismo de a existência de tudo ser um abismo,
Ser um abismo por simplesmente ser,
Por poder ser,
Por haver ser!
Perante isto tudo como tudo o que os homens fazem,
Tudo o que os homens dizem,
Tudo quanto constroem, desfazem ou se constrói ou desfaz através deles,
Se empequena!
Não, não se empequena... se transforma em outra coisa –
Numa só coisa tremenda e negra e impossível,
Uma coisa que está para além dos deuses, de Deus, do Destino –
Aquilo que faz que haja deuses e Deus e Destino,
Aquilo que faz que haja ser para que possa haver seres,
Aquilo que subsiste através de todas as formas
De todas as vidas, abstratas ou concretas,
Eternas ou contingentes,
Verdadeiras ou falsas!
Aquilo que quando se abrangeu tudo, ainda ficou fora,
Porque quando se abrangeu tudo não se abrangeu explicar porque é um tudo,
Porque há qualquer coisa, porque há qualquer coisa, porque há qualquer coisa!

Minha inteligência tornou-se um coração cheio de pavor,
E é com minhas ideias que tremo, com a minha consciência de mim,
Com a substância essencial do meu ser abstracto
Que sufoco de incompreensível,
Que me esmago de ultratranscendente,
E deste medo, desta angústia, deste perigo do ultra-ser,
Não se pode fugir, não se pode fugir, não se pode fugir!

Cárcere do Ser, não há libertação de ti?
Cárcere de pensar, não há libertação de ti?
Ah, não, nenhuma – nem morte, nem vida, nem Deus!
Nós, irmãos gémeos do Destino em ambos existirmos,
Nós, irmãos gémeos dos Deuses todos, de toda a espécie,
Em sermos o mesmo abismo, em sermos a mesma sombra,
Sombra sejamos, ou sejamos luz, sempre a mesma noite.

82

Se nada houvesse para além da morte,
Nada, e o que um espírito é pronto a querer
O que a imaginação em vão procura
Não fosse nada... E só um vácuo inteiro
No mundo, o enorme mundo perceptível,
Não fosse nem o azulado das ondas
Nem a antecâmara da Realidade
Não outra coisa que o oco dele próprio,
E vazio do ser implodindo
Éter da ininteligibilidade
Onde o erro da razão sobre montes e vagas
Sem nexo em existir sem leis flutua...

Quem sabe se o supremo e ermo mistério
Do universo não é ele existir
Com inteireza tal em existir
Que não tenha sentido nem razão
Nem mesmo uma existência, de tão única,
Concebível... Meu espírito, corrompe-se
Ao místico furor do pensamento...
De horror sem dor...

Se o mundo inteiro, – abismo sem começo,
Poço sem paredes, negro absurdo
Aberto noutro absurdo ainda mais negro –
Não tem possível interpretação
Nem intertemporalidade num futuro
Da razão, ou da alma, ou do universo
Ele-próprio.
      Ah o ocaso sobre os montes
Com que réstea de luz nos faz de longe
O gesto lento de nos abençoar...
E nem sombra, nem mesmo definida
Tristeza dói...

Ó sempre mesma dor do pensamento.[1]

---

[1] No verso da folha, ininteligíveis garatujas, a lápis – com intenção de acrescento?

83

Na última página de uma antologia nova[1]

Tantos bons poetas!
Tantos bons poemas!
São realmente bons e bons,
Com tanta concorrência não fica ninguém,
Ou ficam ao acaso, numa lotaria da posteridade,
Obtendo lugares por capricho do Empresário...
Tantos bons poetas!
Para que escrevo eu versos?
Quando os escrevo parecem-me
O que a minha emoção, com que os escrevi, me parece –
A única coisa grande no mundo...
Enche o universo de frio o pavor de mim.
Depois, escritos, visíveis, legíveis...
Ora... E nesta antologia de poetas menores?
Tantos bons poetas!
O que é o génio, afinal, ou como é que se distingue
O génio,[2] e os bons poetas dos maus poetas?
Sei lá se realmente se distingue...
O melhor é dormir...
Fecho a antologia mais cansado do que do mundo –
Sou vulgar?...
Há tantos bons poetas!
Santo Deus! ......

1/5/1928

---
1   A palavra «NOVA» está dubitada.
2   O autor escreveu «O génio da habilidade,», mas riscou «habilidade», esquecendo-se de cortar o «da».

84

No ocaso, sobre Lisboa, no tédio dos dias que passam,
Fixo no tédio do dia que passa permanentemente –
Moro na vigília involuntária como um fecho de porta
Que não fecha coisa nenhuma.
Meu coração involuntário, impulsivo,
Naufraga a esfinges indigentes
Nas consequências e fins acordados no além...[1]

[1/5/1928]

---

1 Apesar de ser nitidamente de Campos, não figura na EC nem em P/C.

85

Na noite terrível, substância natural de todas as noites,
Na noite de insónia, substância natural de todas as minhas noites,
Relembro, velando em modorra incómoda,
Relembro o que fiz e o que podia ter feito na vida.
Relembro, e uma angústia
Espalha-se por mim todo como um frio do corpo ou um medo.
O irreparável do meu passado – esse é que é o cadáver!
Todos os outros cadáveres pode ser que sejam ilusão.
Todos os mortos pode ser que sejam vivos noutra parte.
Todos os meus próprios momentos passados pode ser que existam algures,
Na ilusão do espaço e do tempo,
Na falsidade do decorrer.

Mas o que eu não fui, o que eu não fiz, o que nem sequer sonhei;
O que só agora vejo que deveria ter feito,
O que só agora claramente vejo que deveria ter sido –
Isso é que é morto para além de todos os Deuses,
Isso – e *foi afinal*[1] o melhor de mim – é que nem os Deuses fazem viver...

Se em certa altura
Tivesse voltado para a esquerda em vez de para a direita;
Se em certo momento
Tivesse dito sim em vez de não, ou não em vez de sim;
Se em certa conversa
Tivesse tido as frases que só agora, no meio-sono, elaboro –
Se tudo isso tivesse sido assim,
Seria outro hoje, e talvez o universo inteiro
Seria insensivelmente levado a ser outro também.

Mas não virei para o lado irreparavelmente perdido,
Não virei nem pensei em virar, e só agora o percebo;
Mas não disse não ou não disse sim, e só agora vejo o que não disse;
Mas as frases que faltou dizer nesse momento surgem-me todas,
Claras, inevitáveis, naturais,
A conversa fechada concludentemente,
A matéria toda resolvida...
Mas só agora o que nunca foi, nem será para trás, me dói.

---

1 Variante à margem: «é hoje talvez».

O que falhei deveras não tem esperança nenhuma,
Em sistema metafísico nenhum.
Pode ser que para outro mundo eu possa levar o que sonhei,
Mas poderei eu levar para outro mundo o que me esqueci de sonhar?
Esses sim, os sonhos por haver, é que são o cadáver.
Enterro-o no meu coração para sempre, para todo o tempo, para todos os universos,
Nesta noite em que não durmo, e o sossego me cerca[1]
Como uma verdade de que não partilho,
E lá fora o luar, como a esperança que não tenho, é invisível p'ra mim.[2]

11/5/1928

---

1 Este verso e os dois que se seguem estão dubitados.
2 Acrescentado a lápis, no final do poema, sem indicação do sítio onde encarava inseri-lo: «O que aqui jazo e aqui gemo / Aqui no rosto atlântico do mundo».

86

Nuvens

No dia triste o meu coração mais triste que o dia...
Obrigações morais e civis?
Complexidade de deveres, de consequências?
Não, nada...
O dia triste, a pouca vontade para tudo...
Nada...

Outros viajam (também viajei), outros estão ao sol
(Também estive ao sol, ou supus que estive),
Todos têm razão, ou vida, ou ignorância *sintética*,[1]
Vaidade, alegria e sociabilidade,
E emigram para voltar, ou para não voltar,
Em navios que os transportam simplesmente.
Não sentem o que há de morte em toda a partida,
De mistério em toda a chegada,
De horrível em todo o novo...
Não sentem: por isso são deputados e financeiros,
Dançam e são empregados no comércio,
Vão a todos os teatros e conhecem gente...
Não sentem: para que haveriam de sentir?

Gado vestido dos currais dos Deuses,
Deixá-lo passar engrinaldado para o sacrifício
Sob o sol, álacre, vivo, contente de sentir-se...
Deixai-o passar, mas ai, vou com ele sem grinalda
Para o mesmo destino!
Vou com ele sem o sol que sinto, sem a vida que tenho,
Vou com ele sem desconhecer...

No dia triste o meu coração mais triste que o dia...
No dia triste todos os dias...
No dia tão triste...

13/5/1929

---

[1] Variante sobreposta: «simétrica».

87

Ao volante do Chevrolet pela estrada de Sintra,
Ao luar e ao sonho, na estrada deserta,
Sozinho guio, guio quase devagar, e um pouco
Me parece, ou me forço um pouco para que me pareça,
Que sigo por outra estrada, por outro sonho, por outro mundo,
Que sigo sem haver Lisboa deixada ou Sintra a que ir ter,
Que sigo, e que mais haverá em seguir senão não parar mas seguir?

Vou passar a noite a Sintra por não poder passá-la em Lisboa,
Mas, quando chegar a Sintra, terei pena de não ter ficado em Lisboa.
Sempre esta inquietação sem propósito, sem nexo, sem consequência,
Sempre, sempre, sempre,
Esta angústia excessiva do espírito por coisa nenhuma,
Na estrada de Sintra, ou na estrada do sonho, ou na estrada da vida...

Maleável aos meus movimentos subconscientes no volante,
Galga sob mim comigo o automóvel que me emprestaram.
Sorrio do símbolo, ao pensar nele, e ao virar à direita.
Em quantas coisas que me emprestaram eu sigo no mundo!
Quantas coisas que me emprestaram guio como minhas!
Quanto que me emprestaram, ai de mim!, eu próprio sou!

À esquerda o casebre – sim, o casebre – à beira da estrada.
À direita o campo aberto, com a lua ao longe.
O automóvel, que parecia há pouco dar-me liberdade,
É agora uma coisa onde estou fechado,
Que só posso conduzir se nele estiver fechado,
Que só domino se me incluir nele, se ele me incluir a mim.

À esquerda lá para trás o casebre modesto, mais que modesto.
A vida ali deve ser feliz, só porque não é a minha.
Se alguém me viu da janela do casebre, sonhará: Aquele é que é feliz.
Talvez à criança espreitando pelos vidros da janela do andar que está em cima
Fiquei (com o automóvel emprestado) como um sonho, uma fada real.
Talvez à rapariga que olhou, ouvindo o motor, pela janela da cozinha
No pavimento térreo,
Sou qualquer coisa do príncipe de todo o coração de rapariga,
E ela me olhará de esguelha, pelos vidros, até à curva em que me perdi.
Deixarei sonhos atrás de mim, ou é o automóvel que os deixa?
Eu, guiador do automóvel emprestado, ou o automóvel emprestado que eu guio?

Na estrada de Sintra ao luar, na tristeza, ante os campos e a noite,
Guiando o Chevrolet emprestado desconsoladamente,
Perco-me na estrada futura, sumo-me na distância que alcanço,
E, num desejo terrível, súbito, violento, inconcebível,
Acelero...
Mas o meu coração ficou no monte de pedras, de que me desviei ao vê-lo sem vê-lo,
À porta do casebre,
O meu coração vazio,
O meu coração insatisfeito,
O meu coração mais humano do que eu, mais exacto que a vida.

Na estrada de Sintra, perto da meia-noite, ao luar, ao volante,
Na estrada de Sintra, que cansaço da própria imaginação,
Na estrada de Sintra, cada vez mais perto de Sintra,
Na estrada de Sintra, cada vez menos perto de mim...

11/5/1928

88

Nocturno de dia

... Não: o que tenho é sono.
O quê? Tanto cansaço por causa das responsabilidades,
Tanta amargura por causa de talvez se não ser célebre,
Tanto desenvolvimento de opiniões sobre a imortalidade...
O que tenho é sono, meu velho, sono...
Deixem-me ao menos ter sono; quem sabe que mais terei?

16/6/1928

89

"The times"

Sentou-se bêbado à mesa e escreveu um fundo
Do «Times», claro, inclassificável, lido...,
Supondo (coitado!) que ia ter influência no mundo...
....
Santo Deus!... E talvez a tenha tido!

16/8/1928

90

Canção à inglesa

Cortei relações com o sol e as estrelas, pus ponto no mundo.
Levei a mochila das coisas que sei para o lado e p'ro fundo,
Fiz a viagem, comprei o inútil, achei o incerto,
E o meu coração é o mesmo que foi, um céu e um deserto.
Falhei no que fui, falhei no que quis, falhei no que soube.
Não tenho já alma que a luz me desperte ou a treva me roube,
Não sou senão náusea, não sou senão cisma, não sou senão ânsia,[1]
Sou uma coisa que fica a uma grande distância
E vou, só porque o meu ser é cómodo e profundo,
Colado como um escarro a uma das rodas do mundo.

[1/12/1928]

---

1 Este verso e o anterior estão dubitados.

91

Canção abrupta

O céu de todos os invernos
Cobre em meu ser todo o¹ verão...
Vai p'ra as profundas dos infernos
E deixa em paz meu coração!

Quê? Não me fica se te opões?
Pois leva-o e² guarda-o, bem ou mal
Eu tenho muitos corações
É um privilégio intelectual

Madona que vais comprar couves,³
Não te esqueças de me esquecer
O teu perfil dá-me trabalho
Quero □

Bem sei,⁴ o teu perfil persiste...
*Amo-te*⁵ e é triste não poder
Deixar de *amar-te*⁶ sem estar triste...
Se és mulher que em verdade existe
Raios te parta! Vai morrer!⁷

1/12/1928

---

1   Variante subposta: «um».
2   Variante subposta: «,».
3   Em vez de «couves», o autor escrevera primitivamente «alho» para rimar.
4   Variante sobreposta: «Mas dóis,».
5   Variantes: sobreposta, «Vejo-te; subposta, «Penso-te».
6   Variante sobreposta: «ver-te».
7   Poema ausente de EC.

92

O futuro

Sei que me espera qualquer coisa
Mas não sei que coisa me espera.

Como um quarto escuro
Que temo quando creio que nada temo
Mas se o temo, por ele, temo em vão.
Não é uma presença: é um frio e um medo,
O mistério da morte a mim o liga
Ao brutal fim do humano poema.[1]

[1/12/1928]

93

Não tenho sinceridade nenhuma que te dar.
Se te falo, adapto instintivamente frases
A um sentido que me esqueço de ter.

[22/1/1929]

---

1   Ausente de EC e P/C.

94

Ora até que enfim..., perfeitamente...
Cá está ela!
Tenho a loucura exatamente na cabeça.

Meu coração estoirou como uma bomba de pataco,
E a minha cabeça teve o sobressalto pela espinha acima...

Graças a Deus que estou doido!
Que tudo quanto dei me voltou em lixo,
E, como cuspo atirado ao vento,
Me dispersou pela cara livre!
Que tudo quanto fui se me atou aos pés,
Como a sarapilheira para embrulhar coisa nenhuma!
Que tudo quanto pensei me faz cócegas na garganta
E me quer fazer vomitar sem eu ter comido nada!
Graças a Deus, porque, como na bebedeira,
Isto é uma solução.
Arre, encontrei uma solução, e foi preciso o estômago!
Encontrei uma verdade, senti-a com os intestinos!

Poesia transcendental, já a fiz também!
Grandes reptos líricos, também já por cá passaram!
A organização de poemas relativos à vastidão de cada assunto resolvido em vários –
Também não é novidade.
Tenho vontade de vomitar, e de me vomitar a mim...
Tenho uma náusea que, se pudesse comer o universo para o despejar na pia,
                                        comia-o.

Com esforço, mas era para bom fim.
Ao menos era para um fim.
E assim como sou não tenho nem fim nem vida...

95

O soslaio do operário estúpido *para o*[1] engenheiro doido –
O engenheiro doido fora da engenharia –
O sorriso trocado que sinto nas costas quando passo entre os normais...
(Quando me olham cara a cara não os sinto sorrir).

22/1/1929

---

[1] Variante sobreposta: «ao».

96

Apontamento

A minha alma partiu-se como um vaso vazio.
Caiu pela escada excessivamente abaixo.
Caiu das mãos da criada descuidada.
Caiu, fez-se em mais pedaços do que havia loiça no vaso.

Asneira? Impossível? Sei lá!
Tenho mais sensações do que tinha quando me sentia eu.
Sou um espalhamento de cacos sobre um capacho por sacudir.

Fiz barulho na queda como um vaso que se partia.
Os deuses que há debruçam-se do parapeito da escada.
E fitam os cacos que a criada deles fez de mim.

Não se zangam[1] com ela.
São tolerantes com ela.
O que eu era?[2] um vaso vazio?

Olham os cacos absurdamente conscientes,
Mas conscientes de si-mesmos, não conscientes deles.

Olham e sorriem.
Sorriem tolerantes à[3] criada involuntária.

Alastra a grande escadaria atapetada de estrelas.
Um caco brilha, virado do exterior lustroso, entre os astros.
A minha obra? A minha alma principal? A minha vida?
Um caco.
E os deuses olham-no especialmente, pois não sabem porque ficou ali.[4]

---

1   Em *presença*, «zanguem», o que parece ser gralha, perpetuada pela Ática.
2   Interrogação ausente da *presença* e de todas as edições derivadas, mas que me parece indispensável.
3   Em *presença*, «a», sem acento.
4   Em *presença*, sem ponto final.

Poema de difícil leitura, originando nos versos 10 a 12 a versão da EC reproduzida na nota 1.

97

Talvez não seja mais do que o meu sonho...
Esse sorriso será para outro, ou a propósito de outro,
Loura débil...
Esse olhar para mim casual como um calendário...
Esse agradecer-me quando a não deixei cair do eléctrico
Um agradecimento...
Perfeitamente...
Gosto de lhe ouvir em sonho o seguimento que não houve
De conversas que não chegou a haver.
Há gente que nunca é adulta nem [.]![1]
Creio mesmo que pouca gente chega a ser adulta – pouca –
E a que chega a ser adulta de facto morre sem dar por nada.

Loura débil, figura de inglesa absolutamente portuguesa,
Cada vez que te encontro lembro-me dos versos que esqueci...
É claro que não me importo nada contigo
Nem me lembro de te ter esquecido senão quando te vejo,
Mas o encontrar-te dá som ao dia e ao desleixo
Uma poesia de superfície,
Uma coisa a mais no a menos da improficuidade da vida...
Loura débil, feliz porque não és inteiramente real,
Porque nada que vale a pena ser lembrado é inteiramente real,
E nada que vale a pena ser real vale a pena.[2]

25/1/1929

---

1. Como se vê pelo fac-símile, o texto é de dificílima leitura, originando, nos versos 10 a 12, a imaginativa versão da EC: «A garota que nunca é adulta se prostitui? / Creio mesmo que pouca garota chega a ser adulta e puta – / E a que chega a ser adulta e puta morre sem dar por isso.»
2. Os três últimos versos estão dubitados.

98

Insónia

Não durmo, nem espero dormir.
Nem na morte espero dormir.

Espera-me uma insónia da largura dos astros,
E um bocejo inútil do comprimento do mundo.

Não durmo; não posso ler quando acordo de noite,
Não posso escrever quando acordo de noite,
Nao posso pensar quando acordo de noite –
Meu Deus, nem posso sonhar quando acordo de noite!

Ah, o ópio de ser outra pessoa qualquer!

Não durmo, jazo, cadáver acordado, sentindo,
E o meu sentimento é um pensamento vazio.
Passam por mim, transtornadas, coisas que me sucederam
– Todas aquelas de que me arrependo e me culpo –;
Passam por mim, transtornadas, coisas que me não sucederam
– Todas aquelas de que me arrependo e me culpo –;
Passam por mim, transtornadas, coisas que não são nada,
E até dessas me arrependo, me culpo, e não durmo.

Não tenho força para ter energia para acender um cigarro.
Fito a parede fronteira do quarto como se fosse o universo.
Lá fora há o silêncio dessa coisa toda.
Um grande silêncio apavorante noutra ocasião qualquer,
Noutra ocasião qualquer em que eu pudesse sentir.

Estou escrevendo versos realmente simpáticos –
Versos a dizer que não tenho nada que dizer,
Versos a teimar em dizer isso,
Versos, versos, versos, versos, versos...
Tantos versos...
E a verdade toda, e a vida toda fora deles e de mim!

Tenho sono, não durmo, sinto e não sei em que sentir.
Sou uma sensação sem pessoa correspondente,
Uma abstracção de autoconsciência sem de quê,

Salvo o necessário para sentir consciência,
Salvo – sei lá salvo o quê...

Não durmo. Não durmo. Não durmo.
Que grande sono em toda a cabeça e em cima dos olhos e na alma!
Que grande sono em tudo excepto no poder dormir!

Ó madrugada, tardas tanto... Vem...
Vem, inutilmente,
Trazer-me outro dia igual a este, a ser seguido por outra noite igual a esta...
Vem trazer-me a alegria dessa esperança triste,
Porque sempre és alegre, e sempre trazes esperança,
Segundo a velha literatura das sensações.
Vem,[1] traz a esperança, vem, traz a esperança.
O meu cansaço entra pelo colchão dentro.
Doem-me as costas de não estar deitado de lado.
Se estivesse deitado de lado doíam-me as costas de estar deitado de lado.
Vem,[2] madrugada, chega!

Que horas são? Não sei.
Não tenho energia para estender uma mão para o relógio,
Não tenho energia para nada, nem para mais nada...
Só para estes versos, escritos no dia seguinte.
Sim, escritos no dia seguinte.
Todos os versos são sempre escritos no dia seguinte.

Noite absoluta, sossego absoluto, lá fora.
Paz em toda a Natureza.
A humanidade repousa e esquece as suas amarguras.
Exactamente.
A humanidade esquece as suas alegrias e amarguras.
Costuma dizer-se isto.
A humanidade esquece, sim, a humanidade esquece,
Mas mesmo acordada a humanidade esquece.
Exactamente. Mas não durmo.

27/3/1929

---

1 «Bem» em vez de «Vem», lapso evidente.
2 *Idem.*

99

O sorriso triste do ante-dia que começou
Platina fria no engaste de negro azulando-se escuramente.

100

Acaso

No acaso da rua o acaso da rapariga loura.
Mas não, não é aquela.

A outra era noutra rua, noutra cidade, e eu era outro.

Perco-me subitamente da visão imediata,
Estou outra vez na outra cidade, na outra rua,
E a outra rapariga passa.

Que grande vantagem o recordar intransigentemente!
Agora tenho pena de nunca mais ter visto a outra rapariga,
E tenho pena de afinal nem sequer ter olhado para esta.

Que grande vantagem trazer a alma virada do avesso!
Ao menos escrevem-se versos.
Escrevem-se versos, passa-se por doido, e depois por génio, se calhar,
Se calhar, ou até sem calhar,
Maravilha das celebridades!

Ia eu dizendo que ao menos escrevem-se versos...
Mas isto era a respeito de uma rapariga,
De uma rapariga loura,
Mas qual delas?
Havia uma que vi há muito tempo numa outra cidade,
Numa outra espécie de rua;
E houve esta[1] que vi há muito tempo numa outra cidade
Numa outra espécie de rua;
Porque todas as recordações são a mesma recordação,
Tudo que foi é a mesma morte,
Ontem, hoje, quem sabe se até amanhã?

Um transeunte olha para mim com uma estranheza ocasional.
Estaria eu a fazer versos em gestos e caretas?
Pode ser... A rapariga loura?
É a mesma afinal...
Tudo é o mesmo afinal...

Só eu, de qualquer modo não sou o mesmo, e isso é o mesmo *também*.[2]

27/3/1929

---

1 Antes de «esta», «que», por evidente lapso.
2 Variante subposta: «afinal».

101

Ah, abram-me outra realidade!
Quero ter, como Blake, a contiguidade dos anjos
E ter visões por almoço.
Quero encontrar as fadas na rua!
Quero desimaginar-me deste mundo feito com garras,[1]
Desta civilização feita com pregos.
Quero viver, como uma bandeira à brisa,
Símbolo de qualquer coisa no alto de uma coisa qualquer!

Depois encerrem-me onde queiram.
Meu coração verdadeiro continuará velando
Pano brasonado a esfinges,
No alto do mastro das visões
Aos quatro ventos do Mistério.
O Norte – o que todos querem
O Sul – o que todos desejam
O Este – de onde tudo vem
O Oeste – aonde tudo finda
– Os quatro ventos do místico ar da civilização
– Os quatro modos de não ter razão, e de entender o mundo.

4/4/1929

---

[1] Desta palavra, apenas restam, no original rasgado, três letras: «ga» e o que poderá ser um «n» ou dois «r», o que nos abre duas possibilidades: ganchos ou garras. A vírgula é igualmente conjecturada.

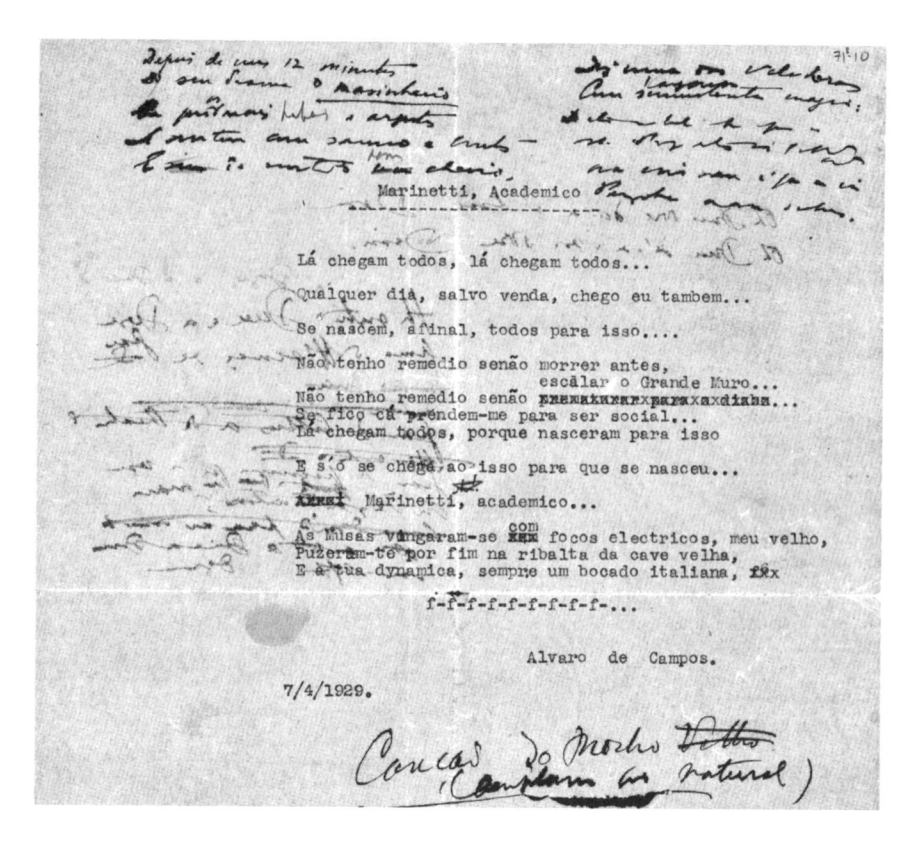

Dactiloscrito «Marinetti, académico», encimado por outro poema de Campos, «Depois de uns doze minutos»

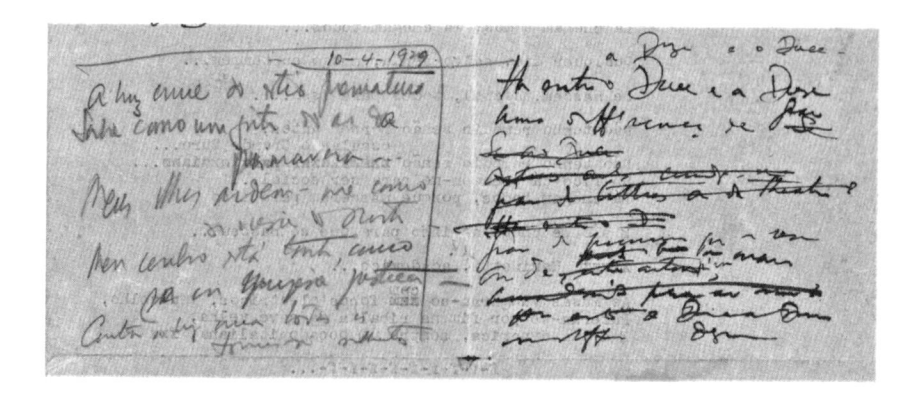

O poema à esquerda, atribuído a Campos, ombreia com outro que não lhe é atribuível, embora a EC o tenha incluído em Apêndice

102

Marinetti, académico

Lá chegam todos, lá chegam todos...
Qualquer dia, salvo venda, chego eu também...
Se nascem, afinal, todos para isso...

Não tenho remédio senão morrer antes,
Não tenho remédio senão escalar o Grande Muro...
Se fico cá, prendem-me para ser social...

Lá chegam todos, porque nasceram para Isso,
E só se chega ao Isso para que se nasceu...

Lá chegam todos...
Marinetti, académico...

As Musas vingaram-se com focos eléctricos, meu velho,
Puseram-te por fim na ribalta da cave velha,
E a tua dinâmica, sempre um bocado italiana, f-f-f-f-f-f-f....

[7/4/1929]

103

A luz cruel do estio prematuro
Sai como um grito do ar da primavera...
Meus olhos ardem-me como se viesse da Noite...
Meu cérebro está tonto, como se eu quisesse justiça...
Contra a luz crua todas as formas são silhuetas.

10/4/1929

104

Meu coração, mistério batido pelas lonas dos ventos...
Bandeira a estralejar desfraldadamente ao alto,
Árvore misturada, curvada, sacudida pelo vendaval,
Agitada como uma espuma verde pegada a si mesma,
☐[1]
Pra sempre condenada à raiz de não *se*[2] poder exprimir!
Queria gritar alto com uma voz que dissesse!
Queria levar ao menos a um outro coração a consciência do meu!
Queria ser lá fora, ☐
Mas o que sou? O trapo que foi bandeira,
As folhas varridas para o canto que foram ramos,
As palavras socialmente desentendidas, até por quem as aprecia,
Eu que quis fora a minha alma inteira,
E ficou só o chapéu do mendigo debaixo do automóvel,
O estragado estragado,
E o riso dos rápidos soou para trás na estrada dos felizes...

10/5/1929

---
1 Pessoa deixou um espaço em branco, aparentemente, para acrescentar outro verso relacionado com «Árvore».
2 Variante sobreposta: «me».

105
Quasi[1]

Arrumar a vida, pôr prateleiras na vontade e na acção.
Quero fazer isto agora, como sempre quis, com o mesmo resultado;
Mas que bom ter o propósito claro, firme só na clareza, de fazer qualquer coisa!

Vou fazer as malas para o Definitivo,
Organizar Álvaro de Campos,
E amanhã ficar na mesma coisa que antes de ontem – um antes de ontem que é
$$\text{sempre...}$$

Sorrio do conhecimento antecipado da coisa-nenhuma que serei...
Sorrio ao menos; sempre é alguma coisa o sorrir.

Produtos românticos, nós todos.
E se não fôssemos produtos românticos, se calhar não seríamos nada.

Assim se faz a literatura...
Coitadinhos Deuses, assim até se faz a vida!

Os outros também são românticos,
Os outros também não realizam nada, e são ricos e pobres,
Os outros também levam a vida a olhar para as malas a arrumar,
Os outros também dormem ao lado dos papéis meio compostos,
Os outros também são eu.

Vendedeira da rua cantando o teu pregão como um hino inconsciente,
Rodinha dentada na relojoaria da economia política,
Mãe, presente ou futura,[2] de mortos no descascar dos Impérios,
A tua voz chega-me como uma chamada a parte nenhuma, como o silêncio da vida...

Olho dos papéis que estou pensando em afinal não arrumar
Para a janela por onde não vi a vendedeira que ouvi por ela,
E o meu sorriso, que ainda não acabara, acaba no meu cérebro em metafísica.

Descri de todos os deuses diante de uma secretária por arrumar,
Fitei de frente todos os destinos pela distracção de ouvir apregoando-se,
E o meu cansaço é um barco velho que apodrece na praia deserta,
E com esta imagem de qualquer outro poeta fecho a secretária e o poema.

Como um deus, não arrumei nem a verdade nem a vida.

[15/5/1929]

---

1   No testemunho 70-45, aparentemente anterior a este, que a Ática seguiu, o título é «Reticências».
2   Neste testemunho, por lapso, «futuro». No testemunho 70-45, seguido pela Ática, «futura».

106

Não ter deveres, nem horas certas, nem realidades...
Ser uma ave *humana*[1]
Que passe haleyiónica sobre a intransigência do mundo –
Ganhando o pão da sua noite com o suor da fronte dos outros –
Faz-tudo triste
No coliseu com lágrimas,
E *compère* antigo, um pouco mais cheio que Vénus de Milo,
Na insubsistência dos acasos.
E um pouco de sol, ao menos, para os sonhos onde não vivo.[2]

107

Ah a frescura na face de não cumprir um dever!
Faltar é positivamente estar no campo!
Que refúgio o não se poder ter confiança em nós!
Respiro melhor agora que passaram as horas dos encontros.
Faltei a todos, com uma deliberação do desleixo,
Fiquei esperando a vontade de ir para lá, que eu saberia que não vinha.
Sou livre, contra a sociedade organizada e vestida.
Estou nu, e mergulho na água da minha imaginação.
É tarde para eu estar em qualquer dos dois pontos onde estaria à mesma hora,
Deliberadamente à mesma hora...
Está bem, ficarei aqui sonhando versos e sorrindo em itálico.
É tão engraçada esta parte assistente da vida!
Até não consigo acender o cigarro seguinte... Se é um gesto,
Fique com os outros, que me esperam, no desencontro que é a vida.

17/6/1929

---

1 Variantes: sobreposta, «íntima»; subposta, «diversa».
2 Ausente da EC.

108

Poema de canção sobre a esperança

I

Dá-me lírios, lírios,
E rosas também.
Mas se não tens lírios
Nem rosas a dar-me,
Tem vontade ao menos
De me dar os lírios
E também as rosas.
Basta-me a vontade,
Que tens, se a tiveres,
De me dar os lírios
E as rosas também,
E terei os lírios –
Os melhores lírios –
E as melhores rosas
Sem receber nada,
A não ser a prenda
Da tua vontade
De me dares lírios
E rosas também.

II

Usas um vestido
Que é uma lembrança
Para o meu coração.
Usou-o outrora
Alguém que me ficou
Lembrada sem vista.
Tudo na vida
Se faz por recordações.
Ama-se por memória.
Certa mulher faz-nos ternura

Por um gesto que lembra a nossa mãe.
Certa rapariga faz-nos alegria
por falar como a nossa irmã.
Certa criança arranca-nos da desatenção
Porque amámos uma mulher parecida com ela
Quando éramos jovens e não lhe falávamos.
Tudo é assim, mais ou menos,
O coração anda aos trambolhões.
Viver é desencontrar-se consigo mesmo.
No fim de tudo, se tiver sono, dormirei.
Mas gostava de te encontrar e que falássemos.
Estou certo que simpatizaríamos um com o outro.
Mas se não nos encontrarmos, guardarei o momento
Em que pensei que nos poderíamos encontrar.
Guardo tudo,
Guardo as cartas que me escrevem,
Guardo até as cartas que não me escrevem –
Santo Deus, a gente guarda tudo mesmo que não queira,
E o teu vestido azulinho, meu Deus, se eu te pudesse atrair
Através dele até mim!
Enfim, tudo pode ser...
És tão nova – tão jovem, como diria o Ricardo Reis –
E a minha visão de ti explode literariamente,
E deito-me para trás na praia e rio como um elemental inferior.[1]
Arre, sentir cansa, e a vida é quente quando o sol está alto.
Boa noite na Austrália!

17/6/1929

---

1 Substituí a vírgula no texto, aparente lapso, por um ponto final.

109

Já sei: alguém disse a verdade –
Até os cordéis parecem aflitos –
Entra neste lar o objetivo.
E cada um ficou de fora, como um pano na corda
Que a chuva apanha esquecido na noite de janelas fechadas.

110

Não se preocupem comigo: também tenho a verdade.
Tenho-a a sair da algibeira como um prestidigitador.
Também pertenço...
Ninguém conclui sem mim, é claro,
E estar triste é ter ideias destas.
Ó meu capricho entre terraços aristocráticos,
Comes açorda em mangas de camisa no meu coração.

18/6/1929

111

Ah, no terrível silêncio do quarto
O relógio com o seu soar de silêncio!
Monotonia!
Quem me dará outra vez a minha infância perdida?
Quem ma encontrará no meio da estrada de Deus –
Perdida definitivamente, como um lenço no comboio.

16/8/1929

112

E eu que estou bêbado de toda a injustiça do mundo –
O[1] dilúvio de Deus e o bebé loirinho boiando morto à tona de água –
Eu, em cujo coração a angústia dos outros é raiva,
E a vasta humilhação de existir um amor taciturno –
Eu, o lírico que faz frases porque não pode fazer sorte,
Eu, o fantasma do meu desejo redentor, névoa fria –
Eu não sei se devo fazer poemas, escrever palavras, porque a alma –
A alma inúmera dos outros sofre sempre fora de mim.

Meus versos são a minha impotência.
O que não consigo, escrevo-o;
E os ritmos diversos que faço aliviam a minha cobardia.

A costureira estúpida violada por sedução,
O marçano rato preso sempre pelo rabo,
O comerciante próspero escravo da sua prosperidade
– Não distingo, não louvo, não ☐ –
São todos[2] bichos humanos, estupidamente sofrentes.

Ao sentir isto tudo, ao pensar isto tudo, ao raivar isto tudo,
Quebro o meu coração fatidicamente como um espelho,
E toda a injustiça do mundo é *um mundo*[3] dentro de mim.

Meu coração esquife, meu coração ☐, meu coração cadafalso –
Todos os crimes se deram e se pagaram dentro de mim.

Lacrimejância inútil, pieguice humana dos nervos,
Bebedeira da servilidade altruísta,
Voz com[4] papelotes *chorando*[5] no deserto de um quarto andar esquerdo...

---

1   Aparentemente, sinal de supressão possível de todo o verso ou apenas do artigo.
2   Variante sobreposta: «Ah pobres».
3   Variante sobreposta: «cardíaca».
4   O autor parece ter hesitado entre «com» e «de», escrevendo as duas palavras uma sobre a outra.
5   Variante sobreposta dubitada: «clamando».

113

Diluente

A vizinha do número catorze ria hoje da porta
De onde há um mês saiu o enterro do filho pequeno.
Ria naturalmente com a alma na cara.
Está certo: é a vida.
A dor não dura porque a dor não dura.
Está certo.
Repito: está certo.
Mas o meu coração não está certo.
O meu coração romântico faz enigmas do egoísmo da vida.

Cá está a lição, ó alma da gente![1]
Se a mãe esquece o filho que saiu dela e morreu,
Quem se vai dar ao trabalho de se lembrar de mim?
Estou só no mundo, como um *pião decaído*.[2]
Posso morrer como o orvalho seca
Por uma arte natural de natureza solar.
Posso morrer à vontade da deslembrança,
Posso morrer como ninguém...
Mas isto dói,
Isto é indecente para quem tem coração...
Isto...
Sim, isto fica-me nas goelas como uma sanduíche com lágrimas...
Glória? Amor? O anseio de uma alma humana?
Apoteose às avessas...
Deem-me Água de Vidago, que eu quero esquecer a Vida!

29/8/1929

---
1   Na margem direita, sinal de verso dubitado.
2   Variante sobreposta: «tijolo partido». Todo este verso está dubitado.

114

Bem sei que tudo é natural
Mas ainda tenho coração...
Boa noite e merda!...
(Estala, meu coração!)
(Merda para a humanidade inteira!)

Na casa da mãe do filho que foi atropelado,
Tudo ri, tudo brinca.
E há um grande ruído de buzinas sem conta a lembrar.

Receberam a compensação:
Bebé igual a X,
Gozam o X neste momento,
Comem e bebem o bebé morto,
Bravo! São gente!
Bravo! São a humanidade!
Bravo: são todos os pais e todas as mães
Que têm filhos atropeláveis!
Como tudo esquece quando há dinheiro,
Bebé igual a X.

Com isso se forrou a papel uma casa.
Com isso se pagou a última prestação da mobília.
Coitadito do Bebé.
Mas, se não tivesse sido morto por atropelamento, que seria das contas?

Sim, era amado.
Sim, era querido
Mas morreu.
Paciência, morreu!
Que pena, morreu!
Mas deixou o com que pagar contas
E isso é qualquer coisa.
(É claro que foi uma desgraça)
Mas agora pagam-se as contas.
(É claro que aquele pobre corpinho
Ficou triturado)
Mas agora, ao menos, não se deve na mercearia.
(É pena sim, mas há sempre um alívio.)

O bebé morreu, mas o que existe são dez contos.
Isso, dez contos.
Pode fazer-se muito (pobre bebé!) com dez contos.
Pagar muitas dívidas (bebezinho querido)
Com dez contos.
Pôr muita coisa em ordem
(Lindo bebé que morreste) com dez contos.
Bem se sabe, é triste
(Dez contos)
Uma criancinha nossa atropelada
(Dez contos)
Mas a visão da casa remodelada
(Dez contos)
De um lar reconstituído
(Dez contos)
Faz esquecer muitas coisas (como o choramos!)
Dez contos!
Parece que foi por Deus que os recebeu
(Esses dez contos)
Pobre bebé trucidado!
Dez contos.

115

De la musique...

Ah, pouco a pouco, entre as árvores antigas,
A figura dela emerge, e eu deixo de pensar...

Pouco a pouco da angústia de mim vou eu mesmo emergindo...

As duas figuras encontram-se na clareira ao pé do lago...

... As duas figuras sonhadas,
Porque isto foi só um raio de luar e uma tristeza minha,
E uma suposição de outra coisa,
E o resultado de existir...

Verdadeiramente, ter-se-iam encontrado as duas figuras
Na clareira ao pé do lago?
                           (... Mas se não existem?...)
... Na clareira ao pé do lago ....

[17/9/1929]

116

P-há

Hoje, que sinto nada a vontade, e não sei que dizer,
Hoje, que tenho a inteligência sem saber o que qu'rer,
Quero escrever o meu epitáfio: Álvaro de Campos jaz
Aqui, o resto a Antologia grega traz...
E a que propósito vem este bocado de rimas?
Nada... Um amigo meu, chamado (suponho) Simas,
Perguntou-me na rua o que é que estava a fazer,
E escrevo estes versos assim em vez de lho não saber dizer.
É raro eu rimar, e é raro alguém rimar com juízo.
Mas às vezes rimar é preciso.
Meu coração faz *pá* como um saco de papel socado
Com força, cheio de sopro, contra a parede do lado.
E o transeunte, num sobressalto, volta-se de repente
E eu acabo este poema indeterminadamente.

2/12/1929

117

Esse é um génio, é o que é novo é □
Outro é um deus, e as crianças do mundo lhe cospem na cara.
Queria ser uma pedra, não aspiro a mais, quero
Ser uma coisa que não possa ter vergonha nem desespero,
Fui rei nos meus sonhos, mas nem sonhos houve, além de mim,
E a última palavra que se escreve nos livros é a palavra Fim.

[1929?]

118

Nunca, por mais que viaje, por mais que conheça
O sair de um lugar, o chegar a um lugar, conhecido ou desconhecido,
Perco, ao partir, ao chegar, e na linha móbil que os une,
A sensação de arrepio, o medo do novo, a náusea –
Aquela náusea que é o sentimento que sabe que o corpo tem a alma.
Trinta dias de viagem, três dias de viagem, três horas de viagem –
Sempre a opressão se infiltra no fundo do meu coração.

31/12/1929 (Évora)

119

Passo, na noite da rua suburbana,
Regresso da conferência com peritos como eu.
Regresso só, e poeta agora, sem perícia nem engenharia,
Humano até ao som dos meus sapatos solitários no princípio da noite
Onde ao longe a porta da tenda tardia se encobre com o último taipal.
Ah, o som do jantar nas casas felizes!
Passo, e os meus ouvidos veem para dentro das casas.
O meu exílio natural enternece-se no escuro
Da rua meu lar, da rua meu ser, da rua meu sangue.
Ser a criança economicamente garantida,
Com a cama fofa e o sono da infância e a criada!
Ó meu coração sem privilégio!
Minha sensibilidade da exclusão!
Minha mágoa extrema de ser eu!

Quem fez lenha de todo o berço da minha infância?
Quem fez trapos de limpar o chão dos meus lençóis de menino?
Quem expôs por cima das Cascas e do cotão das casas
Nos caixotes de lixo do mundo
As rendas daquela camisa que *usei*[1] para me batizarem?
Quem me vendeu ao Destino?
Quem me trocou por mim?

Venho de falar precisamente em circunstâncias positivas.
Pus pontos concretos, como um numerador automático.
Tive razão como uma balança.
Disse como sabia.

Agora, a caminho do carro eléctrico do terminus de onde se volta à cidade,
Passo, bandido, metafísico, sob a luz dos candeeiros afastados,
E na sombra entre os dois candeeiros afastados tenho vontade de não seguir.
Mas apanharei o eléctrico.
Soará duas vezes a campainha lá do fim invisível da correia *puxada*[2]
Pelas mãos de dedos grossos do condutor por barbear.
Apanharei o eléctrico.
Ai de mim; apesar de tudo sempre apanhei o eléctrico –
Sempre, sempre, sempre...
Voltei sempre à cidade,

---

1 Variantes: sobreposta, «vesti»; subposta: «fizeram».
2 Variante subposta: «derreada».

Voltei sempre à cidade, depois de especulações e desvios,
Voltei sempre com vontade de jantar,
Mas nunca jantei o jantar que soa atrás de persianas
Das casas felizes dos arredores por onde se volta ao eléctrico,
Das casas conjugais da normalidade da vida!
Pago o bilhete através dos interstícios,
E o condutor passa por mim como se eu fosse a Crítica da Razão Pura...
Paguei o bilhete. Cumpri o dever. Sou vulgar.
E tudo isto são coisas que nem o suicídio cura.[1]

6/1/1930

---

[1] A EC desfigura o poema, iniciando-o com o sexto verso. P/C seguem, embora com ocasionais divergências, as minhas anteriores edições.

120

Hoje que tudo me falta, como se fosse o chão,
Que me conheço atrozmente, que toda a literatura
Que uso de mim para mim, para ter consciência de mim,
Caiu, como o papel que embrulhou um rebuçado mau –
Hoje tenho uma alma parecida com a morte dos nervos –[1]
Necrose da alma,
Apodrecimento dos sentidos.
Tudo quanto tenho feito, conheço-o claramente: é nada.
Tudo quanto sonhei,[2] podia tê-lo sonhado o moço de fretes,
Tudo quanto amei, se hoje me lembro que o amei, morreu há muito.
Ó Paraíso Perdido da minha infância burguesa,
Meu Éden agasalhando o chá nocturno,
Minha colcha *limpa*[3] de menino!
O Destino acabou-me como a um manuscrito interrompido.
Nem altos nem baixos – consciência de nem sequer a ter...
Papelotes da velha solteira – toda a minha vida.
Tenho uma náusea do estômago nos pulmões.
Custa-me a respirar para sustentar a alma.
Tenho uma quantidade de doenças tristes nas juntas da vontade.
Minha grinalda de poeta – eras de flores de papel,
A tua imortalidade presumida era o não teres vida.
Minha coroa de louros de poeta – sonhada petrarquicamente,
Sem capotinho mas com fama,
Sem dados mas com Deus –
Tabuleta [de][4] vinho falsificado na última taberna da esquina!

9/3/1930

---

1 Verso dubitado.
2 Mantive a vírgula, apesar de gramaticalmente não se justificar.
3 Variante sobreposta: «de *crochet*».
4 Acrescentado, por parecer omissão involuntária do autor.

121

Há tantos deuses!
São como os livros – não se pode ler tudo, nunca se sabe nada.
Feliz quem conhece só um deus, e o guarda em segredo.
Tenho todos os dias crenças diferentes –
Às vezes no mesmo dia tenho crenças diferentes –
E gostava de ser a criança que me atravessa agora
A visão da janela abaixo –
Comendo um bolo barato (ela é pobre) sem causa aparente nem final,
Animal inutilmente erguido acima dos outros vertebrados
E cantando, entre os dentes, uma cantiga obscena de revista...
Sim, há muitos deuses...
Mas dava eu tudo ao deus que me *levasse aquela criança de aqui p'ra fora*...[1]

9/3/1930

122

Cesário, que conseguiu
Ver claro, ver simples, ver puro,
Ver o mundo nas suas coisas,
Ser um olhar com uma alma por trás, e que vida tão breve!
Criança alfacinha do Universo,
Bendita sejas com tudo quanto está à vista!
Enfeito, no meu coração, a Praça da Figueira para ti
E não há recanto que não veja por ti, nos recantos de seus recantos.

6/4/1930

---

[1] Variante subposta: «matasse aquela criança».

123

Carry Nation

Não uma santa estética, como Santa Teresa,
Não uma santa dos dogmas,
Não uma santa,
Mas uma santa humana, maluca e divina,
Materna, agressivamente materna,
Odiosa, como todas as santas,
Persistente, com a loucura da santidade,
Odeio-a e estou de cabeça descoberta
E dou-lhe vivas sem saber porquê!
Estupor americano aureolado de estrelas!
Bruxa de boa intenção...
Não lhe desfolhem rosas na campa,
Mas louros, os louros da glória.
Façamos-lhe a glória e o insulto!
Bebamos à saúde da sua imortalidade
Esse vinho forte de bêbados.

Eu, que nunca fiz nada no mundo,
Eu, que nunca soube querer nem saber,
Eu, que fui sempre a ausência da minha vontade,
Eu te saúdo, mãezinha maluca, sistema sentimental!
Exemplar da aspiração humana!
Maravilha do bom gosto e duma grande vontade!

Minha Joana de Arc sem pátria!
Minha Santa Teresa humana!
Estúpida como todas as santas
E militante como a alma que quer vencer o mundo!
É no vinho que odiaste que deves ser saudada!
É com brindes gritados chorando que te canonizaremos!

Saudação de inimigo a inimigo!
Eu, tantas vezes caindo de bêbado só por não querer sentir,
Eu, embriagado tantas vezes, por não ter alma bastante,

Eu, o teu contrário.
Arranco a espada aos anjos, aos anjos que guardam o Éden,
E ergo-a em êxtase, e grito ao teu nome.[1]

8/4/1930

124

Chega através do dia de névoa alguma coisa do esquecimento.
Vem brandamente com a tarde a oportunidade da perda.
Adormeço sem dormir, ao relento da vida.

É inútil dizer-me que as acções têm consequências.
É inútil eu saber que as acções usam consequências.
É inútil tudo, é inútil tudo, é inútil tudo.

Através do dia de névoa não chega coisa nenhuma.

Tinha agora vontade
De ir esperar ao comboio da Europa o viajante anunciado,
De ir ao cais ver entrar o navio e ter pena de tudo.

Não vem com a tarde oportunidade nenhuma.

21/4/1930

---

[1] Integrei convictamente num só poema dois testemunhos com o mesmo título [71-13 a 15, seguido de 60A-9ʳ], por serem perfeitamente contíguos num mesmo brinde a essa «Santa Teresa humana», saudada em ambos. P/C consideraram-nos dois poemas independentes. A EC reuniu-os mas articulando-os, a meu ver, erradamente: inicia o poema com as três estrofes finais (correspondentes ao testemunho 60A-9ʳ) que não encontram nas seguintes continuidade gramatical e de sentido.

125

Paragem. Zona

Tragam-me esquecimento em travessas!
Quero comer o abandono da vida!
Quero perder o hábito de gritar para dentro.
Arre, já basta! Não sei o quê, mas já basta...
Então viver amanhã, hein?... E o que se faz de hoje?
Viver amanhã por ter adiado hoje?
Comprei *por acaso*[1] um bilhete para esse espectáculo?
Que gargalhadas daria quem pudesse rir!
E agora aparece o eléctrico – o de que eu estou à espera –
Antes fosse outro... Ter de subir já!
Ninguém me obriga, mas deixá-lo passar, porquê?
Só deixando passar todos, e a mim mesmo, e à vida...
Que náusea no estômago real que é a alma consciente!
Que sono bom o ser outra pessoa qualquer...
Já compreendo porque é que as crianças querem ser guarda-freios...
Não, não compreendo nada...
Tarde de azul e ouro, alegria das gentes, olhos claros da vida...

28/5/1930

---

[1] Variante sobreposta: «sem reparar».

126

Aniversário

No tempo em que festejavam o dia dos meus anos,
Eu era feliz e ninguém estava morto.
Na casa antiga, até eu fazer anos era uma tradição de há séculos,
E a alegria de todos, e a minha, estava certa com uma religião qualquer.

No tempo em que festejavam o dia dos meus anos,
Eu tinha a grande saúde de não perceber coisa nenhuma,
De ser inteligente para entre a família,
E de não ter as esperanças que os outros tinham por mim.
Quando vim a ter esperanças, já não sabia ter esperanças.
Quando vim a olhar para a vida, perdera o sentido da vida.

Sim, o que fui de suposto a mim-mesmo,
O que fui de coração e parentesco,
O que fui de serões de meia-província,
O que fui de amarem-me e eu ser menino,
O que fui – ai, meu Deus!, o que só hoje sei que fui...
A que distância!...
(Nem o eco...)[1]
O tempo em que festejavam o dia dos meus anos!

O que eu sou hoje é como a humidade no corredor do fim da casa,
Pondo grelado nas paredes...
O que eu sou hoje (e a casa dos que me amaram treme através das minhas lágrimas),
O que eu sou hoje é terem vendido a casa,
É terem morrido todos,
É estar eu sobrevivente a mim-mesmo como um fósforo frio...

No tempo em que festejavam o dia dos meus anos...
Que meu amor, como uma pessoa, esse tempo!
Desejo físico da alma de se encontrar ali outra vez,
Por uma viagem metafísica e carnal,
Com uma dualidade de eu para mim...
Comer o passado como pão de fome, sem tempo de manteiga nos dentes!

---

[1] Na *presença*, «(Nem o acho...), o que parece ser gralha.

Vejo tudo outra vez com uma nitidez que me cega para o que há aqui...
A mesa posta com mais lugares, com melhores desenhos na louça, com mais copos,
O aparador com muitas coisas – doces, frutas, o resto na sombra debaixo do alçado
As tias velhas, os primos diferentes, e tudo era por minha causa,
No tempo em que festejavam o dia dos meus anos...

Pára, meu coração!
Não penses! Deixa o pensar na cabeça!
Ó meu Deus, meu Deus, meu Deus!
Hoje já não faço anos.
Duro.
Somam-se-me dias.
Serei velho quando o for.
Mais nada.
Raiva de não ter trazido o passado roubado na algibeira!...
O tempo em que festejavam o dia dos meus anos!...

15 de Outubro de 1929
[13/6/1930]

127

Estou cansado da inteligência.
Pensar faz mal às emoções.
Uma grande reacção aparece.
Chora-se de repente, e todas as tias mortas fazem chá de novo
Na casa antiga da quinta velha.
Pára, meu coração!
Sossega, minha esperança factícia!
Quem me dera nunca ter sido senão o menino que fui...
Meu sono bom porque tinha simplesmente sono e não ideias que esquecer!
Meu horizonte de quintal e praia!
Meu fim antes do princípio!

Estou cansado da inteligência.
Se ao menos com ela se percebesse qualquer coisa!
Mas só percebo um cansaço no fundo, como *baixam*[1] na taça
Aquelas coisas que o vinho tem e amodorram o vinho.

18/6/1930

---

[1] Variante sobreposta: «pairam».

128

Diagnóstico[1]

Pouca verdade! Pouca verdade!
Tenho razão enquanto não penso.
Pouca verdade...
Devagar...
Pode alguém chegar à vidraça...
Nada de emoções!...
Cautela!
Sim, se *mo*[2] dessem aceitaria...
Não precisas insistir, aceitaria...
Para quê?
Que pergunta! Aceitaria...

18/6/1930.

---
1 Título dubitado.
2 O pronome «-o» está dubitado, a admitir provavelmente a variante «me».

129

Bicarbonato de soda

Súbita, uma angústia...
Ah, que angústia, que náusea do estômago à alma!
Que amigos que tenho tido!
Que vazias de tudo as cidades que tenho percorrido!
Que esterco metafísico os meus propósitos todos!

Uma angústia,
Uma desconsolação da epiderme da alma,
Um deixar cair os braços ao sol-pôr do esforço...
Renego.
Renego tudo.
Renego mais do que tudo.
Renego a gládio e fim todos os Deuses e a negação deles.

Mas o que é que me falta, que o sinto faltar-me no estômago e na circulação do sangue?
Que atordoamento vazio me esfalfa no cérebro?

Devo tomar qualquer coisa ou suicidar-me?
Não: vou existir. Arre! Vou existir.
E-xis-tir...
E – xis – tir...

Meu Deus! Que budismo me esfria no sangue!
Renunciar de portas todas abertas,
Perante a paisagem todas as paisagens,
Sem esperança, em liberdade,
Sem nexo,
Acidente da inconsequência da superfície das coisas,
Monótono mas dorminhoco,
E que brisas quando as portas e as janelas estão todas abertas!
Que verão agradável dos outros!

Deem-me de beber, que não tenho sede!

20/6/1930

130

A rapariga inglesa, tão loura, tão jovem, tão boa
Que queria casar comigo...
Que pena eu não ter casado com ela...
Teria sido feliz
Mas como é que eu sei se teria sido feliz?
Como é que eu sei qualquer coisa a respeito do que teria sido,
Do que teria sido, que é o que nunca foi?

Hoje arrependo-me de não ter casado com ela,
Mas antes que até a hipótese de me poder arrepender de ter casado com ela.

E assim é tudo arrependimento,
E o arrependimento é pura abstracção.
Dá um certo desconforto
Mas também dá um certo sonho...

Sim, aquela rapariga foi uma oportunidade da minha alma.
Hoje o arrependimento é que é afastado da minha alma.
Santo Deus! que complicação por não ter casado com uma inglesa que já me deve
ter esquecido!...
Mas se não me esqueceu?
Se (porque há disso) me lembra ainda e é constante
(Escuso de me achar feio, porque os feios também são amados
E às vezes por mulheres!)
Se não me esqueceu, ainda me lembra.
Isto, realmente, é já outra espécie de arrependimento.
E fazer sofrer alguém não tem esquecimento.

Mas, afinal, isto são conjecturas da vaidade.
Bem se há-de ela lembrar de mim, com o quarto filho nos braços,
Debruçada sobre o *Daily Mirror* a ver a «Pussy Maria».[1]

Pelo menos é melhor pensar que é assim.
É um quadro de casa suburbana inglesa,
É uma boa paisagem íntima de cabelos louros,
E os remorsos são sombras...
Em todo o caso, se assim é, fica um bocado de ciúme,
O quarto filho do outro, o *Daily Mirror* na *outra casa*.[2]
O que podia ter sido...

---

1 Aspas por mim acrescentadas.
2 Variante sobreposta: «casa deles».

Sim, sempre o abstracto, o impossível, o irreal mas perverso –
O que podia ter sido.
Comem *marmelade* ao pequeno-almoço em Inglaterra...
Vingo-me em toda a burguesia inglesa de ser um parvo português.

Ah, mas ainda vejo
O teu olhar realmente tão sincero como azul
A olhar como uma outra criança para mim...
E não é com piadas de sal do verso que te apago da imagem
Que tens no meu coração;
Não te disfarço, meu único amor, e não quero nada da vida.

29/6/1930

131

Cul de lampe

Pouco a pouco,
Sem que qualquer coisa me falte,
Sem que qualquer coisa me sobre,
Sem que qualquer coisa esteja exactamente *na mesma*[1] posição,
Vou andando parado,
Vou vivendo morrendo,
Vou sendo eu através de uma quantidade de gente sem ser.
Vou sendo tudo menos eu.
Acabei.

Pouco a pouco,
Sem que ninguém me falasse
(Que importa tudo quanto me tem sido dito na vida?),
Sem que ninguém me escutasse
(Que importa quanto disse e me ouviram dizer?)
Sem que ninguém me quisesse
(Que importa o que disse quem me disse que queria?),
Muito bem...
Pouco a pouco,
Sem nada disso,
Sem nada que não seja isso,
Vou parando,
Vou parar,
Acabei.

Qual acabei!
Estou farto de sentir e de fingir em pensar,
E não acabei ainda.
Ainda estou a escrever versos.
Ainda estou a escrever.
Ainda estou.

(Não, não vou acabar
Ainda...[2]

---
1 Variante sobreposta: «em qualquer».
2 A palavra foi acrescentada posteriormente e traz a indicação «num verso isolado».

Não vou acabar.
Acabei.)

....

Subitamente, na rua transversal, uma janela no alto e que vulto nela?
E o horror de ter perdido a infância em que ali não estive
E o caminho vagabundo da minha consciência inexequível.

Que mais querem? Acabei.
Nem falta o canário da vizinha, ó manhã de outro tempo,
Nem o som (cheio de cesto) do padeiro na escada
Nem os pregões que não sei já onde estão –
Nem o enterro (ouço vozes) na rua,
Nem o trovão súbito da madeira das tabuinhas de defronte[1] no ar de verão,
Nem... quanta coisa, quanta alma, quanto irreparável!
Afinal, agora, tudo cocaína...
Meu amor infância!
Meu passado bibe!
Meu repouso pão com manteiga boa à janela!
Basta, que já estou cego para o que vejo!
Arre, acabei!
Basta!

2/7/1930

---

[1] Este verso e o anterior foram assim lidos pela EC: «Nem o enterro (ouço vejo) na rua, / Nem o trovão súbito da madeira das tabuinhas do defunto no ar de verão,».

132

Sim, é claro,
O Universo é negro, sobretudo de noite.
Mas eu sou como toda a gente,
Não tenha eu dores de dentes nem calos e as outras dores passam.
Com as outras dores fazem-se versos.
Com as que doem, *grita-se*,[1]

A constituição íntima da poesia
Ajuda muito...
(Como analgésico serve para as dores da alma, que são fracas...)
Deixem-me dormir.

3/7/1930

---

[1] Variante sobreposta: «irrita-se».

133

Contudo, contudo,
Também houve gládios e flâmulas de cores
Na primavera do que sonhei de mim.
Também a esperança
Orvalhou os campos da minha visão involuntária,
Também tive quem também me sorrisse.

Hoje estou como se esse tivesse sido outro.
Quem fui não me lembra senão como uma história apensa.
Quem serei não me interessa, como o futuro do mundo.

Caí pela escada abaixo subitamente,
E até o som de cair era a gargalhada da queda.
Cada degrau era a testemunha importuna e dura
Do ridículo que fiz de mim.

Pobre do que perdeu o lugar oferecido por não ter casaco limpo com que aparecesse,
Mas pobre também do que, sendo rico e nobre,
Perdeu o lugar do amor por não ter casaco bom dentro *do desejo*.[1]
Sou imparcial como a neve.
Nunca preferi o pobre ao rico,
Como, em mim, nunca preferi nada a nada.

Vi sempre o mundo independentemente de mim.
Por trás disso estavam as minhas sensações vivíssimas,
Mas isso era outro mundo.
Contudo a minha mágoa nunca me fez ver negro[2] o que era cor de laranja.
Acima de tudo o mundo externo!
Eu que me aguente comigo e com os comigos de mim.

---

1 Variante entre parênteses: «das simpatias».
2 No original, «ver o negro».

134

Gostava de gostar de gostar.
Um momento... Dá-me de ali um cigarro,
Do maço em cima da mesa de cabeceira.
Continua... Dizias
Que no desenvolvimento da metafísica
De Kant a Hegel
Alguma coisa se perdeu.
Concordo em absoluto.
Estive realmente a ouvir.
Nondum amabam et amare amabam (Santo Agostinho).
Que coisa curiosa estas associações de ideias!
Estou fatigado de estar pensando em sentir outra coisa.
Obrigado. Deixa-me acender. Continua. Hegel...

135

Meu pobre amigo, não tenho compaixão que te dar.
A compaixão custa, sobretudo sincera, e em dias de chuva.
Quero dizer: custa sentir em dias de chuva.
Sintamos a chuva e deixemos a psicologia para outra espécie de céu.

Com que então problema sexual?
Mas isso depois dos quinze anos é uma indecência.
Preocupação com o sexo oposto (suponhamos) e a sua psicologia –
Mas isso é estúpido, filho.
O sexo oposto existe para ser procurado e não para ser *compreendido*.[1]
O problema existe para estar resolvido e não para preocupar.
Compreender[2] é ser impotente.
E você devia revelar-se menos.
«La Colère de Samson», conhece?
«*La femme, enfant malade et douze fois impure*».
Mas não é nada disso.
Não me mace, nem me obrigue a ter pena!
Olhe: tudo é literatura.
Vem-nos tudo de fora, como a chuva.
A maneira? Se nós somos páginas aplicadas de romances?
Traduções, meu filho.
Você sabe porque está tão triste? É por causa de Platão,
Que você nunca leu.
E um soneto de Petrarca, que você desconhece, sobrou-lhe errado,
E assim é a vida.
Arregace as mangas da camisa civilizada
E cave terras exactas!
Mais vale isso que ter a alma dos outros.
Não somos senão fantasmas de fantasmas,
E a paisagem hoje ajuda muito pouco.
Tudo é geograficamente exterior.
A chuva cai por uma lei natural
E a humanidade ama porque ama falar no amor.

9/7/1930

---

1   Variante ao lado, entre parênteses: «discutido».
2   Variantes sobrepostas: «Discutir» e «Preocupar-se». Acrescentado ao lado, «Querer», dubitado, que poderá antepor--se a estas variantes.

136

A vida é para os inconscientes (ó Lydia, Celimène, Daisy)
E o consciente é para os outros – o consciente sem a Vida...
Fumo o cigarro que cheira bem à mágoa dos outros,
E sou ridículo para eles porque os observo e me observam.
Mas não me importo.
Desdobro-me em Caeiro e em técnico,
– Técnico de máquinas, técnico de gente, técnico da moda –
E do que descubro em meu torno não sou responsável nem em verso.
O estandarte roto, cosido a seda, dos impérios de Maple –
Metam-no na gaveta das coisas póstumas e basta...

137

Vendi-me de graça aos casuais do encontro.
Amei onde achei, um pouco por esquecimento.
Fui saltando de intervalo em intervalo
E assim cheguei aonde cheguei na vida.

Hoje, recordando o passado
Não encontro nele senão quem não fui...
A criança inconsciente na casa que cessaria,
A criança maior errante na casa das tias já mortas,
O adolescente inconsciente ao cuidado do primo padre tratado por tio,
O adolescente maior enviado para o estrangeiro (mania do tutor novo),
O jovem inconsciente estudando na Escócia, estudando na Escócia...
O jovem inconsciente já homem cansado de estudar na Escócia,
O homem inconsciente, tão diverso e tão estúpido de depois –
Não tendo nada de comum com o que foi,
Não tendo nada de igual com o que penso,[1]
Não tendo nada de comum com o que poderia ter sido.
Eu...
Vendi-me de graça e deram-me feijões por troco –
Os feijões dos jogos de mesa da minha infância varrida...

19/7/1930

---

1   No texto, «que o penso», em vez de «o que penso», por lapso, parece-me.

Fac-símile do poema «Não! só quero a liberdade!», lado recto da folha

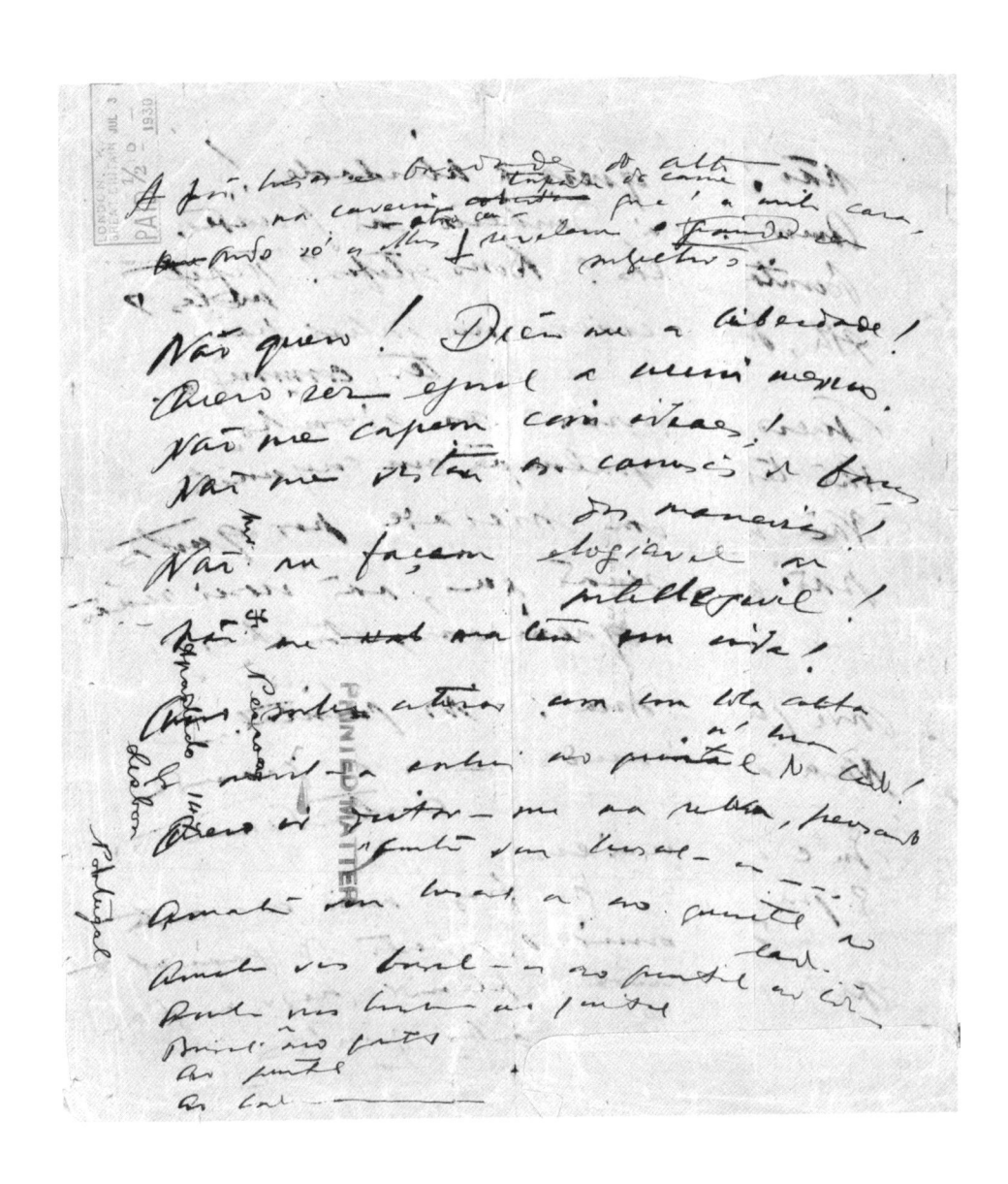

Como indicado na nota 2, seria possível considerar um segundo poema a partir da segunda estrofe

138

Não! Só quero a liberdade!
Amor, glória, dinheiro são prisões.
Bonitas salas? Bons estofos? Tapetes moles?
Ah, mas deixem-me sair para ir ter comigo.
Quero respirar o ar sozinho,
Não tenho pulsações em conjunto,
Não sinto em sociedade por quotas,
Não sou senão eu, não nasci senão quem sou, estou cheio de mim.
Onde quero dormir? No quintal...
Nada de paredes – só o grande entendimento –
Eu e o universo,
E que sossego, que paz não ver antes de dormir o espectro do guarda-fato
Mas o grande esplendor, negro e fresco de todos os astros juntos,
O grande abismo infinito para cima
A pôr brisas e bondades do alto na caveira tapada de carne que é a minha cara,
Onde só os olhos – outro céu – revelam o grande[1] céu subjetivo.

Não quero! Deem-me a liberdade![2]
Quero ser igual a mim mesmo.
Não me capem com ideais!
Não me vistam as camisas de forças das maneiras!
Nao me façam elogiável ou intelegível!
Não me matem em vida!
Quero saber atirar com essa bola alta à lua
E ouvi-la cair no quintal do lado!
Quero ir deitar-me na relva, pensando «amanhã vou buscá-la»...[3]
Amanhã vou buscá-la ao quintal ao lado...
Amanhã vou buscá-la ao quintal ao lado...
Amanhã vou buscá-la ao quintal
Buscá-la ao quintal
Ao quintal
Ao lado...

11/8/1930

---

[1] Em torno de «grande» sinal de redacção provisória.
[2] É admissível considerar que este verso poderia ser o início de um poema independente, atendendo à descontinuidade, até de grafia, que nitidamente ocorre. Mas talvez nem o autor tivesse disso a certeza... Note-se que, seis dias depois, escreverá, no mesmo comprimento de onda, o poema seguinte, nitidamente outro.
[3] O autor não fechou as aspas.

139

A liberdade, sim, a liberdade!
A verdadeira liberdade!
Pensar sem desejos nem convicções,
Ser dono de si mesmo sem influência de romances!
Existir sem Freud nem aeroplanos,
Sem *cabarets*, nem na alma, sem velocidades, nem no cansaço!
A liberdade do vagar, do pensamento são, do amor às coisas naturais,
A liberdade de amar a moral que é preciso dar à vida!
Como o luar quando as nuvens abrem
A grande liberdade cristã da minha infância que rezava
Estende de repente sobre a terra inteira o seu manto de prata para mim...
A liberdade, a lucidez, o raciocínio coerente,
A noção jurídica da alma dos outros como humana,
A alegria de ter estas coisas, e poder outra vez
Gozar os campos sem referência a coisa nenhuma
E beber água como se fosse todos os vinhos do mundo!

Passos todos passinhos de criança...
Sorriso da velha bondosa...
Apertar da mão do amigo sério...
Que vida que tem sido a minha!
Quanto tempo de espera no apeadeiro!
Quanto viver pintado em impresso da vida!

Ah, tenho uma sede sã. Deem-me a liberdade,
Deem-ma no púcaro velho de ao pé do pote
Da casa do campo da minha velha infância...
Eu bebia e ele chiava,
Eu era fresco e ele era fresco,
E como eu não tinha nada que me ralasse, era livre.
Que é do púcaro e da inocência?
Que é de quem eu deveria ter sido?
E salvo este desejo de liberdade e de bem e de ar, que é de mim?

17/8/1930

140

Grandes são os desertos, e tudo é deserto.
Não são algumas toneladas de pedras ou tijolos ao alto
Que disfarçam o solo, o tal solo que é tudo.
Grandes são os desertos e as almas desertas e grandes –
Desertas porque não passa por elas senão elas mesmas,
Grandes porque de ali se vê tudo, e tudo morreu.

Grandes são os desertos, minha alma!
Grandes são os desertos.

Não tirei bilhete para a vida,
Errei a porta do sentimento,
Não houve vontade ou ocasião que eu não perdesse.
Hoje não me resta, em vésperas de viagem,
Com a mala aberta esperando a arrumação adiada,
Sentado na cadeira em companhia com as camisas que não cabem,
Hoje não me resta (à parte o incómodo de estar assim sentado)
Senão saber isto:
Grandes são os desertos, e tudo é deserto.
Grande é a vida, e não vale a pena haver vida.

Arrumo melhor a mala com os olhos de pensar em arrumar
Que com arrumação das mãos factícias (e creio que digo bem).
Acendo um cigarro para adiar a viagem,
Para adiar todas as viagens,
Para adiar o universo inteiro.

Volta amanhã, realidade!
Basta por hoje, gentes!
Adia-te presente absoluto!
Mais vale não ser[1] que ser assim.

Comprem chocolates à criança a quem sucedi por erro,
E tirem a tabuleta porque amanhã é infinito.

Mas tenho que arrumar a mala,
Tenho por força que arrumar a mala,
A mala.
Não posso levar as camisas na hipótese e a mala na razão.

---

1 O autor dactilografou um t sobre o s de «ser», apesar de nos parecer mais óbvio o verso «Mais vale não ser que ser assim», que mantenho, como a Ática.

Sim, toda a vida tenho tido que arrumar a mala.
Mas também, toda a vida, tenho ficado sentado sobre o canto das camisas
                                                                      empilhadas,
A ruminar, como um boi que não chegou a Ápis, destino.

Tenho que arrumar a mala de ser.
Tenho que existir a arrumar malas.
A cinza do cigarro cai sobre a camisa de cima do monte.
Olho para o lado, verifico que estou a dormir.
Sei só que tenho que arrumar a mala,
E que os desertos são grandes e tudo é deserto,
E qualquer parábola a respeito disto, mas dessa é que já me esqueci.

Ergo-me de repente todos os Césares.
Vou definitivamente arrumar a mala.
Arre, hei-de arrumá-la e fechá-la;
Hei-de vê-la levar de aqui,
Hei-de existir independentemente dela.

Grandes são os desertos e tudo é deserto,
Salvo erro, naturalmente.

Pobre da alma humana com oásis só no deserto ao lado!

Mais vale arrumar a mala.
Fim.

                                                                      4/9/1930

141

O mesmo Teucro *duce et auspice* Teucro
É sempre *cras*[1]– amanhã – que nos faremos ao mar.

Sossega, coração inútil, sossega!
Sossega, porque nada há que esperar,
E por isso nada que desesperar também...
Sossega... Por cima do muro da quinta
Sobe longínquo o olival alheio.
Assim na infância vi outro que não era este:
Não sei se foram os mesmos olhos da mesma alma que o viram.
Adiamos tudo, até que a morte chegue.
Adiamos tudo e o entendimento de tudo,
Com um cansaço antecipado de tudo,
Com uma saudade prognóstica e vazia.

---

1 Na Ática, «eras». *Cras*, em latim, significa amanhã.

142

Trapo[1]

O dia deu em chuvoso.
A manhã, contudo, estava bastante azul.
O dia deu em chuvoso.
Desde manhã eu estava um pouco triste.
Antecipação? tristeza? coisa nenhuma?
Não sei: já ao acordar estava triste.
O dia deu em chuvoso.

Bem sei: a penumbra da chuva é elegante.
Bem sei: o sol oprime, por ser tão ordinário, um elegante.
Bem sei: ser suscetível às mudanças de luz não é elegante.
Mas quem disse ao sol ou aos outros que eu quero ser elegante?
Deem-me o céu azul e o sol visível.
Névoa, chuvas, escuros – isso tenho eu em mim.
Hoje quero só sossego.
Até amaria o lar, desde que o não tivesse.
Chego a ter sono de vontade de ter sossego.
Não exageremos!
Tenho efectivamente sono, sem explicação.
O dia deu em chuvoso.

Carinhos? afetos? são memórias...
É preciso ser-se criança para os ter...
Minha madrugada perdida, meu céu azul verdadeiro!
O dia deu em chuvoso.

Boca bonita da filha do caseiro,
Polpa de fruta de um coração por comer...
Quando foi isso? não sei...
No azul da manhã...

O dia deu em chuvoso.

[10/9/1930]

---

[1] No testemunho manuscrito 70-53 o título apresenta a variante «Farrapo».

143

Começo a conhecer-me. Não existo.
Sou o intervalo entre o que desejo ser e os outros me fizeram,
Ou metade desse intervalo, porque também há vida...
Sou isso, enfim...
Apague a luz, feche a porta e deixe de ter barulhos de chinelos no corredor.
Fique eu no quarto só com o grande sossego de mim mesmo.
É um universo barato.

144

Tenho escrito mais versos que verdade.
Tenho escrito principalmente
Porque outros têm escrito.
Se nunca tivesse havido poetas no mundo,
Seria eu capaz de ser o primeiro?
Nunca!
Seria um individuo perfeitamente consentível,
Teria casa própria e moral.
Senhora Gertrudes!
Limpou mal este quarto:
Tire-me essas ideias de aqui!

[15/10/1930]

145

No fim de tudo dormir.
No fim de quê?
No fim do que tudo parece ser...,
Este pequeno universo provinciano entre os astros,
Esta aldeola do espaço,
E não só do espaço visível, mas até do espaço total.

[1930 ou posterior]

146

A plácida face anónima de um morto.

Assim os antigos marinheiros portugueses,
Que temeram, seguindo contudo, o mar grande do Fim,
Viram, afinal, não monstros nem grandes abismos,
Mas praias maravilhosas e estrelas *por*[1] ver ainda.

O que é que os taipais do mundo *escondem*[2] nas montras de Deus?

---

1 Variante subposta: «a».
2 Variante subposta: «ocultam».

LIVRO III
O engenheiro aposentado (1931-1935)

147

Tenho uma grande constipação,
E toda a gente sabe como as grandes constipações
Alteram todo o sistema do universo,
Zangam-nos contra a vida,
E fazem espirrar até à metafísica.
Tenho o dia perdido cheio de me assoar.
Dói-me a cabeça indistintamente.
Triste condição para um poeta menor!
Hoje sou verdadeiramente um poeta menor.
O que fui outrora foi um desejo; partiu-se.

Adeus para sempre, rainha das fadas!
As tuas asas eram de sol, e eu cá vou andando.
Não estarei bem se não me deitar na cama.
Nunca estive bem senão deitando-me no universo.[1]
Excusez un peu...[2] Que grande constipação física!
Preciso de verdade e de[3] aspirina.

14/3/1931

---

1 Na Ática, espaço interestrófico antes do verso seguinte, aparentemente desnecessário.
2 No testemunho 69-17, «*Excusez du peu*». Optei pela forma correcta, «*un peu*» na edição Ática (poderá ter sido usado um outro testemunho com esta correcção de Pessoa).
3 Em 69-17, Pessoa escreveu «de» por cima da forma primitiva «da».

148

Oxfordshire

Quero o bem, e quero o mal, e afinal não quero nada.
Estou mal deitado sobre a direita, e mal deitado sobre a esquerda
E mal deitado sobre a consciência de existir.
Estou universalmente mal, metafisicamente mal,
Mas o pior é que me dói a cabeça.
Isso é mais grave que a significação do universo.

Uma vez, ao pé de Oxford, num passeio campestre,[1]
Vi erguer-se, de uma curva da estrada, na distância próxima,
A torre-velha de uma igreja acima de casas da aldeia ou vila.
Ficou-me fotográfico esse incidente nulo
Como uma dobra transversal escangalhando o vinco das calças.
Agora vem a propósito...
Da estrada eu previa espiritualidade a essa torre de igreja
Que era a fé de todas as eras, e a eficaz caridade.[2]
Da vila, quando lá cheguei, a torre da igreja era a torre da igreja,
E, ainda por cima, estava ali.
É-se feliz na Austrália, desde que lá se não vá.

4/6/1931

---

[1] O autor tinha escrito «em Inglaterra», expressão que substituiu por «campestre», mas esqueceu-se, aparentemente, de riscar «em».
[2] Leitura duvidosa das duas palavras.

149

Sim, sou eu, eu mesmo, tal qual resultei de tudo,
Espécie de acessório ou sobresselente próprio,
Arredores irregulares da minha emoção sincera,
Sou eu aqui em mim, sou eu.

Quanto fui, quanto não fui, tudo isso sou.
Quanto quis, quanto não quis, tudo isso me forma.
Quanto amei ou deixei de amar é a mesma saudade em mim.

E, ao mesmo tempo, a impressão, um pouco inconsequente,
Como de um sonho formado sobre realidades mistas,
De me ter deixado, a mim, num banco de carro eléctrico,
Para ser encontrado pelo acaso de quem se lhe ia sentar em cima.

E, ao mesmo tempo, a impressão, um pouco longínqua,
Como de um sonho que se quer lembrar na penumbra a que se acorda,
De haver melhor em mim do que eu.

Sim, ao mesmo tempo, a impressão, um pouco dolorosa,
Como de um acordar sem sonhos para um dia de muitos credores,
De haver falhado tudo como tropeçar no capacho,
De haver embrulhado tudo como a mala sem as escovas,
De haver substituído[1] qualquer coisa a mim algures na vida.

Baste! É a impressão um tanto[2] ou quanto metafísica,
Como o sol pela última vez sobre a janela da casa a abandonar,
De que mais vale ser criança que querer compreender o mundo –
A impressão de pão com manteiga e brinquedos
De um grande sossego sem Jardins de Proserpina,
De uma boa vontade para com a vida encostada de testa à janela,
Num ver chover com som lá fora
E não as lágrimas *mortas*[3] de custar a engolir.

Baste, sim baste! Sou eu mesmo, o trocado,
O emissário sem carta nem credenciais,
O palhaço sem riso, o bobo com o grande fato de outro,
A quem tinem as campainhas da cabeça
Como chocalhos pequenos de uma servidão em cima.

---

1   Retirei a vírgula a seguir a «substituído», aparente lapso de dactilografia.
2   Vírgula omitida a seguir a «tanto» pela razão enunciada na nota anterior.
3   Sobre o -s de «mortas», o autor escreveu um traço vertical, a lápis, que remete para a palavra «adultas» à margem, também a lápis, que, por isso, consideramos variante.

Sou eu mesmo, a charada sincopada
Que ninguém da roda decifra nos serões de província.

Sou eu mesmo, que remédio!...

6/8/1931

150

Ah, um soneto...[1]

Meu coração é um almirante louco
Que abandonou a profissão do mar
E que a vai relembrando pouco a pouco
Em casa a passear, a passear...

No movimento (eu mesmo me desloco
Nesta cadeira, só de o imaginar)
O mar abandonado fica em foco
Nos músculos cansados de parar.

Há saudades nas pernas e nos braços,
Há saudades no cérebro por fora.
Há grandes raivas feitas de cansaços.

Mas – esta é boa! – era do coração
Que eu falava... e onde diabo estou eu agora
Com almirante em vez de sensação?...

[12/10/1931]

---

1   No testemunho 70-54, o título «Soneto para parecer normal».

Como indicado na nota 1, o poema inicia-se com «Não fales alto», não, como fez a EC, com «Bamboleamos, moscas...»

151

Meu coração, o almirante errado
Que comandou a armada por haver
Tentou caminho onde o negou o Fado,
Quis ser feliz quando o não pôde ser.

E assim, fechado, absurdo, postergado,
Dado ao que nos resulta de se abster,
Não foi dado, não foi dado, não foi dado
E o verso errado deixa-o entender.

Mas há compensações absolutórias
Na sombra – no silêncio da derrota
Que tem mais rosas de alma que as vitórias.

E assim surgiu, imperial, a frota
Carregada de anseios e de glórias
Com que o almirante prosseguiu na rota.

152

Não fales alto, que isto aqui é vida –
Vida e consciência dela,
Porque a noite avança, estou cansado, não durmo,
E, se chego à janela,
Vejo, de sob as pálpebras da besta, os muitos lugares das estrelas...
Cansei o dia com esperanças de dormir de noite.
É noite quase outro dia. Tenho sono. Não durmo.
Sinto-me toda a humanidade através do cansaço –
Um cansaço que quase me faz carne os ossos...
Somos todos aquilo...
Bamboleamos, moscas, com asas presas,
No mundo, teia de aranha sobre o abismo.[1]

21/10/1931

---

[1] Os dois últimos versos encontram-se no alto da página, separados por um traço no início do texto, mas são, de facto, seu remate. A EC, na sua «Série Maior», inutilizou o poema, iniciando-o com o penúltimo verso, «Bamboleamos, moscas, com asas presas,» (não «asas e presas», acessórios de que as moscas portuguesas não dispõem, como leram tanto ela como P/C). Veja-se o fac-símile: a ilusória copulativa «e», entre «asas» e «presas», é apenas a haste sobrante da palavra riscada por baixo.

153

Sim, não tenho razão...
Deixa-me distrair-me do argumento mental,
Não tenho razão, está bem, é uma razão como outra qualquer...

Se nem creio? Não sei.
Creio que sim. Mas repito.
O amor deve ser constante?
Sim, deve ser constante,
Só no amor, é claro.
Digo ainda outra vez...

Que embrulhada a gente arranja na vida!
Sim, está bem, amanhã trago o dinheiro.

Ó grande sol, tu não sabes nada disto,
Alegria que se não pode fitar no azul sereno inatingível.[1]

31/10/1931

---

[1] A EC não integra este poema em nenhuma das séries – maior ou menor. Ivo Castro integrou-o nos poemas ortónimos (1931-1933), onde não pode ter lugar. P/C enganam(-se) com a falsa afirmação, em nota final, de que publiquei os versos como ortónimos.

154

É inútil prolongar a conversa de todo este silêncio.
Jazes sentado, fumando, no canto do sofá grande –
Jazo sentado, fumando, no sofá de cadeira funda,
Entre nós não houve, vai para uma hora,
Senão os olhares de uma só vontade de dizer.
Renovávamos, apenas, os cigarros – o novo no *aceso*[1] do velho
E continuávamos a conversa silenciosa,
Interrompida apenas pelo desejo olhado de falar...

Sim, é inútil,
Mas tudo, até a vida *dos campos*,[2] é igualmente inútil.
Há coisas que são difíceis de dizer...
Este problema, por exemplo.
De qual de nós é que ela gosta? Como é que podemos chegar a discutir isso?
Nem falar nela, não é verdade?
E sobretudo não ser o primeiro a pensar em falar nela!
A falar nela ao impassível outro e amigo...
Caiu a cinza do teu cigarro no teu casaco preto –
Ia advertir-te, mas para isso era preciso falar...

Entreolhámo-nos de novo, como transeuntes cruzados,
E o pecado mútuo que não cometemos
Assomou ao mesmo tempo ao fundo dos dois olhares.
De repente espreguiças-te, semiergues-te. Escusas de falar...
«Vou-me deitar!» *dizes*,[3] só porque o vais dizer.
E tudo isto, tão psicológico, tão involuntário,
Por causa de uma empregada de escritório agradável e solene.
Ah, vamo-nos deitar!
Se fizer versos a respeito disto, já sabes, é desprezo!

22/11/1931

---

1 Variante sobreposta: «ocaso».
2 Variante sobreposta: «ao ar livre».
3 Variante sobreposta: «disseste».

155

Acordo de noite, muito de noite, no silêncio todo.
São – tictac visível – quatro horas de tardar o dia.
Abro a janela diretamente, no desespero da insónia.
E, de repente, humano,
O quadrado com cruz de uma janela iluminada!
Fraternidade na noite!

Fraternidade involuntária, incógnita, na noite!
Estamos ambos dispertos e a humanidade é alheia.
Dorme. Nós temos luz.

Quem serás? Doente, moedeiro falso, insone simples como eu?
Não importa. A noite eterna, informe, infinita,
Só tem, neste lugar, a humanidade das nossas duas janelas,
O coração latente das nossas duas luzes,
Neste momento e lugar, ignorando-nos, somos toda a vida.

Sobre o parapeito da janela da traseira da casa,
Sentindo húmida da noite a madeira onde agarro,
Debruço-me para o infinito e, um pouco, para mim.

Nem galos gritando[1] ainda no silêncio definitivo!
Que fazes, camarada, *da*[2] janela com luz?
Sonho, falta de sono, vida?
Tom amarelo cheio da tua janela incógnita...
Tem graça: não tens luz eléctrica.
Ó candeeiros de petróleo da minha infância perdida!

25/11/1931

---

1 Palavra dubitada.
2 Variante sobreposta: «na».

156

Notas *sobre*[1] Tavira

Cheguei finalmente à vila da minha infância.
Desci do comboio, recordei-me, olhei, vi, comparei.
(Tudo isto levou o espaço de tempo de um olhar cansado.)
Tudo é velho onde fui novo.
Desde já – outras lojas, e outras frontarias de pinturas nos mesmos prédios –
Um automóvel que nunca vi (não os havia antes)
Estagna amarelo escuro ante uma porta entreaberta.
Tudo é velho onde fui novo.
Sim, porque até o mais novo que eu é ser velho o resto.
A casa que pintaram de novo é mais velha porque a pintaram de novo.
Paro diante da paisagem, e o que vejo sou eu.
Outrora aqui antevi-me esplendoroso aos 40 anos –
Senhor do mundo –
É aos 41 que desembarco do comboio [.].
O que conquistei? Nada.
Nada, aliás, tenho a valer conquistado.
Trago o meu tédio e a minha falência fisicamente no pesar-me mais a mala...
De repente avanço seguro, resolutamente.
Passou toda a minha hesitação,
Esta vila da minha infância é afinal uma cidade estrangeira.
(Estou à vontade, como sempre, perante o estranho, o que me não é nada.)
Sou forasteiro, *tourist*, transeunte.
É claro: é isso que sou.
Até em mim, meu Deus, até em mim.

8/12/1931

---

1 Variante sobreposta: «em».

157

Quero acabar entre rosas, porque as amei na infância.
Os crisântemos de depois, desfolhei-os a frio.
Falem pouco, devagar.
Que eu não oiça, sobretudo com o pensamento.
O que quis? Tenho as mãos vazias,
Crispadas flebilmente sobre a colcha longínqua.
O que pensei? Tenho a boca seca, abstrata.
O que vivi? Era tão bom dormir!

[8/12/1931]

158

Não, não é cansaço...
É uma quantidade de desilusão
Que se me entranha na espécie de pensar,
É um domingo às avessas
Do sentimento,
Um feriado passado no abismo...

Não, cansaço não é...
É eu estar existindo
E também o mundo,
Com tudo aquilo que contém,
Com tudo aquilo que nele se desdobra
E afinal é a mesma coisa variada em cópias iguais.

Não. Cansaço porquê?
É uma sensação abstrata
Da vida concreta –
Qualquer coisa como um grito
Por dar,
Qualquer coisa como uma angústia
Por sofrer,
Ou por sofrer completamente,
Ou por sofrer como...
Sim, ou por sofrer como...
Isso mesmo, como...
Como quê?...
Se soubesse, não haveria em mim este falso cansaço.

(Ai, cegos que cantam na rua,
Que formidável realejo
Que é a guitarra de um, e a viola do outro, e a voz dela!)[1]

Porque oiço, vejo.
Confesso: é cansaço!...

---

[1] No manuscrito, «dela» pode ser gralha – «deles», os cegos. Não corrijo por admitir que entre os cegos haja uma mulher.

159

Sucata de alma vendida pelo peso do corpo,
Se algum guindaste te eleva é para te despejar...
Nenhum guindaste te eleva senão para te baixar.

Olho analiticamente, sem querer, o que romantizo sem querer...

[posterior a 1/2/1932]

Este poema, objecto de saborosas controvérsias (ver nota 2) foi dividido em dois pela EC e por P/C

Verso da folha, com a continuação do poema, e recorte da página seguinte, com a sua conclusão

160

A alma humana é porca como um *ânus*[1]
E a Vantagem dos caralhos[2] pesa em muitas imaginações.

Meu coração desgosta-se de tudo com uma náusea do estômago.
A Távola Redonda foi vendida a peso,
E a biografia do Rei Artur, um jornalista escreveu-a.
Mas a sucata da cavalaria ainda reina nessas almas, como um perfil distinto.

Está frio.
Ponho sobre os ombros o capote que me lembra um xale –
O xale que minha tia me punha aos ombros na infância.
Mas os ombros da minha infância sumiram-se muito para dentro dos meus ombros,
E o meu coração da infância sumiu-se muito para dentro do meu coração.

Sim, está frio...
Está frio em tudo que sou, está frio...
Minhas próprias ideias têm frio, como gente velha...
E o frio que eu tenho das minhas ideias terem frio é mais frio do que elas.

Engelho o capote à minha volta...
O Universo da gente... a gente... as pessoas todas!...
A multiplicidade da humanidade misturada,
Sim, aquilo a que chamam a vida, como se não houvesse outras e estrelas...

Sim, a vida...
Meus ombros descaem tanto que o capote resvala...
Querem comentário melhor? Puxo-me para cima o capote.

Ah, parte a cara à vida!
Liberta-te com estrondo no sossego de ti!

---

1 Variante sobreposta: «olho do cu».
2 Na EC (séries Maior e Menor), o eufemismo «canalhas», embora não tenha sido escamoteado «cu» no verso anterior, do mesmo campo semântico. Estas diferentes leituras, a da EC, de 1990 (Série Maior), e a minha, na mesma data, em *Vida e Obras do Engenheiro* e *Pessoa Por Conhecer* (ambas pela Ed. Estampa) provocaram saboroso burburinho, até na imprensa. Cleonice Berardinelli manteve, contudo, a sua pudica leitura na Série Menor (1992). A desfiguração deste texto continua (na edição da Nova Fronteira, 1999), tendo Berardinelli constituído um poema independente a partir de «Está frio.» (3ª estrofe).

161

São poucos os momentos de prazer na vida...
É gozá-la... Sim, já o ouvi dizer muitas vezes;
Eu mesmo já o disse. (Repetir é viver.)
É gozá-la, não é verdade?[1]

Gozemo-la, loura falsa, gozemo-la, casuais e incógnitos,
Tu, com teus gestos de distinção cinematográfica,
Com teus olhares para o lado a nada,
Cumprindo a tua função de animal emaranhado;
Eu no plano inclinado da consciência para a indiferença,
Amemo-nos aqui. Tempo é só um dia.
Tenhamos o romantismo dele!
Por trás de mim vigio, involuntariamente.
Sou qualquer nas palavras que te digo, e são suaves – e as que esperas.
Do lado de cá dos meus Alpes, e que Alpes! somos do corpo.
Nada quebra a passagem prometida de uma ligação futura,
E vai tudo elegantemente, como em Paris, Londres, Berlim.
«Percebe-se», dizes, «que o senhor viveu muito no estrangeiro.»
E eu que sinto vaidade em ouvi-lo!
Só tenho medo que me vás falar da tua vida...
Cabaret de Lisboa? Visto que o é, seja.
Lembro-me subitamente, visualmente, do anúncio no jornal
«*Rendez-vous* da sociedade elegante»,
Isto.
Mas nada destas reflexões temerárias e futuras
Interrompe aquela conversa involuntária em que te sou qualquer.
Falo médias e imitações
E cada vez, vejo e sinto, gostas mais de mim a valer por hoje.
É nesta altura que, debruçando-me de repente sobre a mesa,
Te segredo em segredo o que exactamente convinha.
Ris, toda olhar e em parte boca, efusiva e próxima,
E eu gosto verdadeiramente de ti.
Soa em nós o gesto sexual de nos irmos embora.
Rodo a cabeça para o pagamento...
Alegre, álacre, sentindo-te, falas...
Sorrio.
Por trás do sorriso, não sou eu.[2]

5/2/1932

---

[1] Estes quatro versos estão dubitados.
[2] EC não considerou este importante poema do último Campos. P/C consideram-no incompleto, interpretando mal o arabesco que prolonga a última palavra («eu»), com que Pessoa, às vezes, termina os poemas.

162

Ah, que extraordinário,
Nos grandes momentos do sossego da tristeza,
Como quando alguém morre, e estamos em casa dele e todos estão quietos,
O rodar de um carro na rua, ou o canto de um galo nos quintais.
Que longe da vida!
É outro mundo.
Viramo-nos para a janela, e o sol brilha lá fora –
Vasto sossego plácido da natureza sem interrupções![1]

[28/3/1932]

---

[1] P/C fazem a inaceitável afirmação de que estes versos, cuja «atribuição a A. de C. não é pacífica», «quase parecem (mas não são prosa) um trecho do *Livro do Desassossego*.»

163

Costa do Sol

I

Todas as coisas são impressionantes.
Enquanto houver no mundo sangue e rosas
Há-de haver sempre certos bons instantes
Em que se passam cousas sem ser cousas.[1]

Meu coração, um solavanco, ou antes
Um intervalo consciente. Lousas
Cobrem os que como eu tinham rompantes
Em que iam à conquista das teimosas.

Mas o foguete é um símbolo que sobe
Para cair, depois de ruídos no alto,
Mera cana caduca, e até sobre

Quem o deitou... E o que um garoto leva
Da rua – a cana ardida – é quanto falto...
Que absurdo pirotécnico me eleva?

II

Deixo, deuses, atrás a dama antiga
(Com uma letra diferente fixo
O absurdo, e rio, porque sofro). Digo:
Deixo atrás quem amei, como um prefixo...

Outrora eu, que era anónimo e prolixo
(Dois adjetivos que de há muito sigo)
Amei por ter um coração amigo.
Amo hoje o que amo só porque o persigo.

Deem-me vinho que um Horácio cante!
Quero esquecer o que de meu é meu.

---

[1] Pessoa usou «coisas» no primeiro verso e «cousas» no quarto, aparentemente por uma questão de rima.

Quero, sem que me mexa, ir indo adiante.

Estou no Estoril e olho para o céu...
Ah que ainda é certo aquele azul ovante
Que esplendeu astros sobre o mar Egeu.

III

Somos meninos de uma primavera
De que alguém fez tijolos. Quando cismo
Tiro da cigarreira um misticismo
Que acendo e fumo como se o esquecera.

No teu ar de dormir nessa cadeira,
(Reparo agora, feito o exorcismo,
Que o terceiro soneto ergue do abismo)
És sempre a mesma, anónima – terceira...

Ó grande mar Atlântico, desculpa!
Cuspi à tua beira três sonetos.
Sim, mas cuspi-os sobre a minha culpa.

Mulher, amor, alcova – sois tercetos![1]
Só vós ó mar e céu nos libertais,
Que qualquer trapo incógnito franjais[2]
....
Sossego? Outrora? Ora adeus! Foi feita
No cárcere a Marília de Dirceu.
De realmente meu só tenho eu.

Pudesse eu pôr um dique ao que em mim espreita,
(No seu perfil de pálida imperfeita,
Recorte morto contra um vivo céu,[3]

9/9/1932

---

[1] P/C lêem, pouco convincentemente, não respeitando sequer o ritmo nem a rima, «mulher, amor, ocasião – sois tectos».
[2] É possível que a última letra inclua um ponto final, como faz tantas vezes. Segue-se um traço horizontal a separar estes versos dos que se seguem. A ausência de pontuação pode também significar que o poema está incompleto ou que o poeta encara substituir os dois últimos tercetos.
[3] Os seis últimos versos, sem espaço interestrófico, podem ser alternativa aos dois últimos tercetos.

164

Ah, como outrora era outra a que eu não tinha!
Como amei quando amei! Ah, como eu ria.
Como com olhos de quem nunca via
Tinha o trono onde ter uma rainha.

Sob os pés seus a vida me espezinha.
Reclinas-te tão bem! A tarde esfria...
Ó mar sem cais nem lodo ou maresia,
Que tens comigo, cuja alma é a minha?

Sob uma umbrela de chá em baixo estamos.
E é subita a lembrança opositória
Da velha quinta e do espalmar dos ramos

Sob os quais a merenda... Oh amor, oh glória!
Fechem-me os olhos para toda a história!
Como sapos saltamos e erramos...[1]

---

[1] Da mesma natureza e, provavelmente, contemporâneo dos sonetos anteriores, apesar da ausência de atribuição e de data, este soneto encaixa-se perfeitamente no romance-drama de Álvaro de Campos, na sua fase final de «engenheiro aposentado», partilhando com uma companheira o seu quotidiano na Costa do Sol. A evocação da «velha quinta» é também significativa. Ausente de EC e de P/C.

165

Realidade

Sim, passava aqui frequentemente há vinte anos...
Nada está mudado – ou, pelo menos, não dou por isso –
Nesta localidade da cidade...

Há vinte anos!...
O que eu era então! Ora, era outro...
Há vinte anos, e as casas não sabem de nada...

Vinte anos inúteis (e sei lá se o foram!
Sei eu o que é útil ou inútil?)...
Vinte anos perdidos (mas o que seria ganhá-los?)

Tento reconstruir na minha imaginação
Quem eu era e como era quando por aqui passava
Há vinte anos...
Não me lembro, não me posso lembrar.
O outro que aqui passava então,
Se existisse hoje, talvez se lembrasse...
Há tanta personagem de romance que conheço melhor por dentro
Do[1] que esse eu-mesmo que há vinte anos passava aqui!

Sim, o mistério do tempo.
Sim, o não se saber nada,
Sim, o termos todos nascido a bordo.
Sim, sim, tudo isso, ou outra forma de o dizer...

Daquela janela do segundo andar, ainda idêntica a si mesma,
Debruçava-se então uma rapariga mais velha que eu, mais lembradamente de azul.
Hoje, se calhar, está o quê?
Podemos imaginar tudo do que nada sabemos.
Estou parado física e moralmente: não quero imaginar nada...

Houve um dia em que subi esta rua pensando alegremente no futuro,
Pois Deus dá licença que o que não existe seja fortemente iluminado.
Hoje, descendo esta rua nem no passado penso alegremente.
Quando muito, nem penso...

---

[1] «De», por lapso, no original.

Tenho a impressão que as duas figuras se cruzaram na rua, nem então nem agora,
Mas aqui mesmo, sem tempo a perturbar o cruzamento.
Olhámos indiferentemente um para o outro.
E eu o antigo lá subi a rua imaginando um futuro girassol.
E eu o moderno lá desci a rua não imaginando nada.

Talvez isto realmente se desse...
Verdadeiramente se desse...
Sim, carnalmente se desse...

Sim, talvez...

15/12/1932

166

Que somos nós? Navios que passam um pelo outro na noite,
Cada um a vida das linhas das vigias iluminadas
E cada um sabendo do outro só que há vida lá dentro e mais nada.[1]
Navios que se afastam ponteados de luz na treva,
Cada um indeciso diminuindo para cada lado do negro[2]
Tudo mais é a noite calada e o frio que sobe *do mar*.[3]

167

E o esplendor dos mapas, caminho abstracto para a imaginação concreta,
Letras e riscos irregulares abrindo para a maravilha.

O que de sonho jaz nas encadernações vetustas,
Nas assinaturas complicadas (ou tão simples e esguias) dos velhos livros.
(Tinta remota e desbotada aqui presente para além da morte,
Ó enigma visível do tempo, o nada vivo em que estamos!)[4]
O que de negado à nossa vida quotidiana vem nas ilustrações,
O que certas gravuras de anúncios sem querer anunciam.

Tudo quanto sugere, ou exprime o que não exprime,
Tudo o que diz o que não diz,
E a alma sonha, diferente e distraída.

14/1/1933

---

1 Depois deste verso, o autor riscou o seguinte mas não a respectiva variante que, contudo, não aproveitou.
2 O autor escreveu primitivamente «da sombra», corrigindo para «do negro», mas, aparentemente, esqueceu-se de riscar «da».
3 Variante subposta: «das águas». Este verso está dubitado. Poema ausente da EC.
4 No testemunho fornecido à Ática (o que segui), o sexto verso aparece destacado no final, com a indicação para ser inserido depois de «além da morte», não entendida pelos tipógrafos, que o mantiveram em último lugar.

168

Na ampla sala de jantar das tias velhas
O relógio tictaqueava o tempo mais devagar.
Ah o horror da felicidade que se não conheceu
Por se ter conhecido sem se conhecer,
O horror do que foi porque o que está está aqui.
Chá com torradas na província de outrora
Em quantas cidades me tens sido memória e choro!
Eternamente criança,
Eternamente abandonado,
Desde que o chá e as torradas me faltaram no coração.

Aquece, meu coração!
Aquece ao passado,
Que o presente é só uma rua onde passa quem me esqueceu...

[29/1/1933]

169

A clareza falsa, rígida, não-lar dos hospitais
A alegria humana, vivaz, sobre o caso da vizinha
Da mãe inconsolável a que o filho morreu há um ano[1]

Trapos somos, trapos amamos, trapos agimos –
Que trapo tudo que é este mundo!

[29/1/1933]

---

1 Entre esta estrofe e a seguinte, um traço de separação que pode significar que o poeta encara intercalar outros versos ou que se trata de dois poemas.

170

Ah o som de abanar o ferro da engomadeira
À janela ao lado da minha infância debruçada!
O som de estarem lavando a roupa no tanque!
Todas estas coisas são, de qualquer modo,
Parte do que sou.
(Ó ama morta, que é do teu carinho grisalho?)
Minha infância da altura da cara pouco acima da mesa...[1]
Minha mão gordinha pousada na borda da toalha que se enrodilhava.
E eu olhava por cima do prato, nas pontas dos pés.
(Hoje se me puser nas pontas dos pés, é só intelectualmente.
E a mesa que tenho não tem toalha, nem quem lhe ponha toalha...)[2]
Estudei o fermento da falência
Na demonologia da imaginação...

171

E o som só dentro do relógio acentuado
No serão sem ninguém das casas de jantar da província
Põe-me o tempo inteiro em cima da alma,
E enquanto não chega a hora do chá das tias velhas,
O meu coração ouve o tempo passar e sofre comigo.

Tic-tac mais sonolento que o dos outros relógios –
Na parede, de madeira, este tem pêndulo e oscila.
O meu coração tem saudades não sabe de quê.
Tenho que morrer...
Tic-tac mecânico e certo – serão sereno mecânico na província...

---

1 Eliminei, no final do verso, um parênteses, aparente repetição, por lapso, do parênteses do verso anterior.
2 Parênteses final por mim acrescentado.

172

Névoas de todas as recordações juntas
(A *institutrice* loura dos jardins pacatos)
Recordo tudo a ouro do sol e papel de seda...
E o arco da criança passa veloz por quase rente a mim...

173

Que noite serena!
Que lindo luar!
Que linda barquinha
Bailando no mar!

Suave, todo o passado – o que foi aqui de Lisboa – me surge...
O terceiro andar das tias, o sossego de outrora,
Sossego de várias espécies,
A infância sem futuro pensado,
O ruído aparentemente contínuo da máquina de costura delas,
E tudo bom e a horas,
De um bem e de um a-horas próprio, hoje morto.

Meu Deus, que fiz eu da vida?

Que noite serena!
Que lindo luar!
Que linda barquinha
Bailando no mar!

Quem é que cantava isso?
Isso estava lá.
Lembro-me mas esqueço.
E dói, dói, dói...

Por amor de Deus, parem com isso dentro da minha cabeça![1]

---

1 Na Ática, ponto final, por aparente lapso.

Poema manuscrito a lápis num envelope enviado pelo Institut Français

174

Penso em ti no silêncio da noite, quando tudo é nada,
E os ruídos que há no silêncio *são*[1] o próprio silêncio,
Então, sozinho de mim, passageiro parado
De uma viagem em Deus, inutilmente penso em ti.
Todo o passado, em que foste um momento eterno,
É como este silêncio de tudo.
Todo o perdido, em que foste o que mais perdi,
É como estes ruídos,
Todo o inútil, em que foste o que não houvera de ser
É como o nada por ser neste silêncio nocturno.

Tenho visto morrer, ou ouvido que morrem,
Quantos amei ou conheci,
Tenho visto não saber mais nada deles de tantos que foram
Comigo, e pouco importa se foi um homem ou uma conversa,
Ou um povo omitido do mundo,
E o mundo hoje para mim é um cemitério de noite
Branco e negro de campas e árvores e de luar alheio
E é neste sossego absurdo de mim e de tudo que penso em ti.

[Posterior a 15/3/1933]

---

1 Variante sobreposta: «fazem».

175

Faze as malas para Parte Nenhuma!
Embarca para a universalidade negativa de tudo
Com um grande embandeiramento de navios fingidos –
Dos navios pequenos, multicolores, da infância!
Faze as malas para o Grande Abandono!
E não esqueças, entre as escovas e a tesoura,
A distância policroma do que se não pode obter.
Faze as malas definitivamente!
Que és tu aqui, onde existes gregário e inútil –
E quanto mais útil mais inútil –
E quanto mais verdadeiro mais falso...
Que és tu aqui? que és tu aqui? que és tu aqui?
Embarca, sem malas mesmo, para ti mesmo diverso!
Que te é a terra habitada senão o que não é contigo?

2/5/1933

176

Psiquetipia[1]

Símbolos. Tudo símbolos...
Se calhar, tudo é símbolos...
Serás tu um símbolo também?

Olho, desterrado de ti, as tuas mãos brancas
Postas, com boas maneiras inglesas, sobre a toalha da mesa,
Pessoas independentes de ti...
Olho-as: também serão símbolos?
Então todo o mundo é símbolo e magia?
Se calhar é...
E porque não há-de ser?

Símbolos...
Estou cansado de pensar...
Ergo finalmente os olhos para os teus olhos que me olham.
Sorris, sabendo bem em que eu estava pensando...
Meu Deus! e não sabes...
Eu pensava nos símbolos...
Respondo fielmente à tua conversa por cima da mesa...
«It was very strange, wasn't it?»
«Awfully strange. And how did it end?»
«Well, it didn't end. It never does, you know.»
Sim, you know... Eu sei...
Sim, eu sei...
É o mal dos símbolos, you know.
Yes, I know.
Conversa perfeitamente natural... Mas os símbolos?
Não tiro os olhos de tuas mãos... Quem são elas?
Meu Deus! Os símbolos... Os símbolos...

7/11/1933

---

1 O autor acrescentou entre parênteses «ou Psicotipia», variante para o título.

177

Magnificat

Quando é que passará esta noite interna, o universo,
E eu, a minha alma, terei o meu dia?
Quando é que despertarei de estar acordado?
Não sei. O sol brilha alto,
Impossível de fitar.
As estrelas pestanejam frio,
Impossíveis de contar.
O coração pulsa alheio,
Impossível de escutar.
Quando é que passará este drama sem teatro,
Ou este teatro sem drama,
E recolherei a casa?
Onde? Como? Quando?
Gato que me fitas com olhos de vida,
Quem tens lá no fundo?[1]
É Esse! É esse!
Esse mandará como Jesué[2] parar o sol e eu acordarei;
E então será dia.
Sorri, dormindo, minha alma!
Sorri, minha alma: será dia!

7/11/1933

---

1   O autor manteve no verso anterior «Quem tens lá no fundo?», aparentemente por lapso, porque escreveu «Quem» com maiúscula, para mudar de linha, como o ritmo pede.
2   Jesué, no original. Na Ática, Josué.

178

Pecado original

Ah, quem escreverá a história do que poderia ter sido?
Será essa, se alguém a escrever,
A verdadeira história da humanidade.

O que há é só o mundo verdadeiro, não é nós, só o mundo;
O que não há somos nós, e a verdade está aí.

Sou quem falhei ser.
Somos todos quem nos supusemos.
A nossa realidade é o que não conseguimos nunca.

Que é daquela nossa verdade – o sonho à janela da infância?
Que é daquela nossa certeza – o propósito à mesa de depois?

Medito, a cabeça curvada contra as mãos sobrepostas
Sobre o parapeito alto da janela de sacada,
Sentado de lado numa cadeira, depois de jantar.

Que é da minha realidade, que só tenho a vida?
Que é de mim, que sou só quem existo?

Quantos Césares fui!

Na alma, e com alguma verdade;
Na imaginação, e com alguma justiça;
Na inteligência, e com alguma razão –
Meu Deus! meu Deus! meu Deus! –
Quantos Césares fui!
Quantos Césares fui!
Quantos Césares fui!

Mundo, 7 de Dezembro de 1933

179

Dactilografia

Traço, sozinho, no meu cubículo de engenheiro, o plano,
Formo[1] o projecto, aqui isolado,
Remoto até de quem eu sou.

Ao lado, acompanhamento banalmente sinistro,
O tic-tac estalado das máquinas de escrever.

Que náusea da vida!
Que abjeção esta regularidade!
Que sono este ser assim!

Outrora, quando fui outro, eram castelos e cavalerias[2]
(Ilustrações, talvez, de qualquer livro de infância),
Outrora, quando fui verdadeiro ao meu sonho,
Eram grandes paisagens do Norte, explícitas de neve,
Eram grandes palmares do Sul, opulentos de verdes.

Outrora...

Ao lado, acompanhamento banalmente sinistro,
O tic-tac estalado das máquinas de escrever.

Temos todos duas vidas:
A verdadeira, que é a que sonhámos na infância,
E que continuamos sonhando, adultos, num substrato de névoa;
A falsa, que é a que vivemos em convivência com outros,
Que é a prática, a útil,
Aquela em que acabam por nos meter num caixão.

Na outra não há caixões, nem mortes.
Há só ilustrações de infância:
Grandes livros coloridos, para ver mas não ler;
Grandes páginas de cores para recordar mais tarde.
Na outra somos nós,
Na outra vivemos;
Nesta morremos, que é o que viver quer dizer.

---

1   Na Ática, «Firmo», consoante *presença*.
2   Na Ática e na *presença*, «cavaleiros».

Neste momento, pela náusea, vivo só na outra...

Mas, ao lado, acompanhamento banalmente sinistro,
Se, desmeditando, *escuto*,[1]
Ergue a voz o tic-tac estalado das máquinas de escrever.

19/12/1933

180

Não ter emoções, não ter desejos, não ter vontades,[2]
Mas ser apenas, no ar *sensível*[3] das coisas,
Uma *consciência*[4] abstracta com asas de pensamento,
☐

Não ser desonesto nem não desonesto, separado ou junto,
Nem igual a outros, nem diferente dos outros,
Vivê-los em outrem, separar-se deles
Como quem, distraído, se esquece de si...

---

1 Variante subposta: «acordo». Verso ausente na *presença* e na Ática.
2 Os dois últimos «não ter» são opcionais, escritos entre parênteses.
3 Variante sobreposta: «sentido».
4 Variante sobreposta: «emoção».

181

Não será melhor
Não fazer nada?
Deixar tudo ir de escantilhão pela vida abaixo
Para um naufrágio sem água?

Não será melhor
Colher coisa nenhuma
Nas roseiras sonhadas,
E jazer quieto, a pensar no exílio dos outros,
Nas primaveras por haver?

Não será melhor
Renunciar, como um rebentar de bexigas populares
Na atmosfera das feiras,
A tudo,
Sim, a tudo,
Absolutamente a tudo?

12/4/1934

182

Puseram-me uma tampa –
Todo o céu.
Puseram-me uma tampa.

Que grandes aspirações!
Que magnas plenitudes!
E algumas verdadeiras...
Mas sobre todas elas
Puseram-me uma tampa.
Como a um daqueles penicos antigos –
Lá nos longes tradicionais da província –
Uma tampa.

12/4/1934

183

Lisboa com suas casas
De várias cores,
Lisboa com suas casas
De várias cores,
Lisboa com suas casas
De várias cores...
À força de diferente, isto é monótono,
Como à força de sentir, fico só a pensar.

Se, de noite, deitado mas desperto
Na lucidez inútil de não poder dormir,
Quero imaginar qualquer coisa
E surge sempre outra (porque há sono,
E, porque há sono, um bocado de sonho),
Quero alongar a vista com que imagino
Por grandes palmares fantásticos,
Mas não vejo mais,
Contra uma espécie de lado de dentro de pálpebras,
Que Lisboa com suas casas
De várias cores.

Sorrio, porque, aqui, deitado, é outra coisa.
À força de monótono, é diferente.
E, à força de ser eu, durmo e esqueço que existo.

Fica só, sem mim, que esqueci porque durmo,
Lisboa com suas casas
De várias cores.

11/5/1934

184

Esta velha angústia,
Esta angústia que trago há séculos em mim,
Transbordou da vasilha,
Em lágrimas, em grandes imaginações,
Em sonhos em estilo de pesadelo sem terror,
Em grandes emoções súbitas sem sentido nenhum.

Transbordou.
Mal sei como conduzir-me na vida
Com este mal-estar a fazer-me pregas na alma!
Se ao menos endoidecesse deveras!
Mas não: é este estar-entre,[1]
Este quase,
Este poder ser que...,
Isto.

Um internado num manicómio é, ao menos, alguém.
Eu sou um internado num manicómio sem manicómio.
Estou doido a frio,
Estou lúcido e louco,
Estou alheio a tudo e igual a todos:
Estou dormindo desperto com sonhos que são loucura
Porque não são sonhos.
Estou assim...

Pobre velha casa da minha infância perdida!
Quem te diria que eu me desacolhesse tanto!
Que é do teu menino? Está maluco.
Que é de quem dormia sossegado sob o teu tecto provinciano?
Está maluco.
Quem de quem fui? Está maluco. Hoje é quem eu sou.

Se ao menos eu tivesse uma religião qualquer!
Por exemplo, a por aquele manipanso
Que havia em casa, lá nessa, trazido de África.
Era feiíssimo, era grotesco,
Mas havia nele a divindade de tudo em que se crê.
Se eu pudesse crer num manipanso qualquer –
Júpiter, Jeová, a Humanidade –

---
1   Na Ática, «estar entre», sem hífen.

Qualquer serviria,
Pois o que é tudo senão o que pensamos de tudo?

Estala, coração de vidro pintado!

16/6/1934

185

Na casa defronte de mim e dos meus sonhos,
Que felicidade há sempre!

Moram ali pessoas que desconheço, que já vi mas não vi.
São felizes, porque não são eu.

As crianças, que brincam às sacadas altas,
Vivem entre vasos de flores,
Sem dúvida, eternamente.

As vozes, que sobem do interior do doméstico,
Cantam sempre, sem dúvida.
Sim, devem cantar.

Quando há festa cá fora, há festa lá dentro.
Assim tem que ser onde tudo se ajusta –
O homem à Natureza, porque a cidade é Natureza.

Que grande felicidade não ser eu!

Mas os outros não sentirão assim também?
Quais outros? Não há outros.
O que os outros sentem é uma casa com a janela fechada,
Ou, quando se abre,
É para as crianças brincarem na varanda de grades,
Entre os vasos de flores que nunca vi quais eram.

Os outros nunca sentem.
Quem sente somos nós,
Sim, todos nós,
Até eu, que neste momento já não estou sentindo nada.
Nada? Não sei...
Um nada que dói...

16/6/1934

186

Saí do comboio,
Disse adeus ao companheiro de viagem,
Tínhamos estado dezoito horas juntos.
A conversa agradável,
A fraternidade da viagem,
Tive pena de sair do comboio, de o deixar.
Amigo casual cujo nome nunca soube.
Meus olhos, senti-os, marejaram-se de lágrimas...
Toda despedida é uma morte...
Sim, toda despedida é uma morte.
Nós, no comboio a que chamamos a vida
Somos todos casuais uns para os outros,
E temos todos pena quando por fim desembarcamos.

Tudo que é humano me comove, porque sou homem.
Tudo me comove, porque tenho,
Não uma semelhança com ideias ou doutrinas,
Mas a vasta fraternidade com a humanidade verdadeira.

A criada que saiu com pena
A chorar de saudade
Da casa onde a não tratavam muito bem...

Tudo isso é no meu coração a morte e a tristeza do mundo.
Tudo isso vive, porque morre, dentro do meu coração.

E o meu coração é um pouco maior que o universo inteiro.

4/7/1934

187

Mas eu não tenho problemas; tenho só mistérios.
Todos choram as minhas lágrimas, porque as minhas lágrimas são todos.
Todos sofrem no meu coração, porque o meu coração é tudo.

188

A música, sim, a música...
Piano banal do outro andar...
A música em todo o caso, a música...
Aquilo que vem buscar o choro imanente
De toda criatura humana,
Aquilo que vem torturar a calma
Com o desejo duma calma melhor...
A música... Um piano lá em cima
Com alguém que o toca mal...
Mas é música...

Ah, quantas infâncias tive!
Quantas boas mágoas!
A música...
Quantas mais boas mágoas!
Sempre a música...
O pobre piano tocado por quem não sabe tocar.
Mas apesar de tudo é música.

Ah, lá conseguiu uma música seguida –
Uma melodia racional –
Racional, meu Deus!
Como se alguma coisa fosse racional!
Que novas paisagens de um piano mal tocado?
A música!... A música...!

19/7/1934

189

Começa a haver meia-noite, e a haver sossego,
Por toda a parte das casas sobrepostas,
Os andares vários da acumulação da vida...

Calaram o piano no terceiro andar...
Não oiço já passos no segundo andar...
No rés-do-chão o rádio está em silêncio...

Vai tudo dormir...

Fico sozinho com o universo inteiro.
Nem quero ir à janela:
Se eu olhar, que de estrelas!
Que grandes silêncios maiores há no alto!
Que céu anticitadino!...

Antes, recluso
Num desejo de não ser recluso,
Escuto ansiosamente os ruídos da rua...
Um automóvel – demasiado rápido! –
Os duplos passos em conversa *falam-me*...[1]
O som de um portão que se fecha brusco dói-me...

Vai tudo dormir...

Só eu velo, sonolentamente escutando,
Esperando
Qualquer coisa antes que durma...
Qualquer coisa...

9/8/1934

---

[1] Variante sobreposta: «animam-me».

190

Domingo irei para as hortas na pessoa dos outros,
Contente da minha anonimidade.
Domingo serei feliz – eles, eles...
Domingo...
Hoje é a quinta-feira da semana que não tem domingo...
Nenhum domingo...
Nunca domingo...
Mas sempre haverá alguém nas hortas no domingo que vem.
Assim passa a vida,
Sobretudo para quem sente,
Mais ou menos para quem pensa:
Haverá sempre alguém nas hortas ao domingo...
Não no nosso domingo,
Não no meu domingo,
Não no domingo...
Mas sempre haverá outrem nas hortas e ao domingo...

9/8/1934

191

Há tanto tempo que não sou capaz
De escrever um poema extenso!...
Há anos...
Perdi a virtude do desenvolvimento rítmico
Em que a ideia e a forma,
Numa unidade de corpo com alma,
Unanimemente se moviam...
Perdi tudo que me fazia consciente
De uma certeza qualquer no meu ser...
Hoje o que me resta?
O sol que está sem que eu o chamasse...
O dia que me não custou esforço...
Uma brisa, com a festa de uma brisa,
Que me dão uma consciência do ar...
E o egoísmo doméstico de não querer mais nada.

Mas, ah!, minha *Ode Triunfal*,
O teu movimento rectilíneo!
Ah, minha *Ode Marítima*,
A tua estrutura geral em estrofe, antístrofe e épodo!
E os meus planos, então, os meus planos –
Esses é que eram as grandes odes!
E aquela, a última, a suprema, a impossível!

9/8/1934

192

Sem impaciência,
Sem curiosidade,
Sem atenção,
Vejo o *crochet* que com ambas as mãos combinadas
Fazes.
Vejo-o do alto de um monte inexistente,
Malha após malha formando pano...

Qual é a razão que te dá entretenimento
Às mãos e à alma essa coisa rala
Por onde se pode meter um fósforo apagado?
Mas também
Qual é a razão que assiste a eu te criticar?
Nenhuma.
Eu também tenho um *crochet*.
Data de desde quando comecei a pensar...
Malhas sobre malhas formando um todo sem todo...
Um pano que não sei se é para um vestido ou p'ra nada –
Uma alma que não sei se é p'ra sentir ou viver...
Olho-te com tanta atenção
Que já nem dou por ti...

Crochet, almas, filosofias...
Todas as religiões do mundo...
Tudo quanto nos entretém ao serão de sermos...
Dois marfins, uma volta, o silêncio...

9/8/1934

193

– O senhor engenheiro não conhece aquela cantiga?
– Qual cantiga, mulher?...
– Aquela muito antiga. Então não conhece?
Aquela que é assim –
      Toda esta noite choveu
        Nas gargulinhas da praça...
– Sim, lembro-me, vai-te embora!
Sim, lembro-me.
Sei lá se me lembro.
Sei que me lembro agora.
Sei que me lembro agora de toda a vida possível,
A verdadeira, a essencial...
Aquela em que
      Toda esta noite choveu
        Nas gargulinhas da praça...
Sei lá (ó meu coração) o que são gargulinhas da praça!
Mas que *musique de fond* de todos os seres
Me foi esta cantiga?
Com que então
      Toda a noite choveu
        Nas gargulinhas da praça...
E eu aqui, eu aqui, eu aqui,
Tão definitivamente aqui!
Tão irremediavelmente aqui!
Onde é que está essa praça?
Onde é que está essa noite?
Onde é que está essa chuva?
E tu, Senhora D. Maria,
E tu, e tu, boquinha de cravo roxo?

Tenho passado por muitos cansaços
Cheios de vagas esperanças de um futuro qualquer.
Tenho dormido muitas vezes
Ao relento de todos os sonhos...
Tenho sido inútil, fruste, incongruente –
Como isso que está aí fora e é a vida.
Tenho sido estes nadas fúteis.

Senhora D. Maria,
Quando eu um dia te encontrasse

Ah, quanto te amaria!
E com quanto amor de todos os que amaram sem futuro!
Mas quando é que chove toda a noite
Nas gargulinhas da praça?
Quando? onde? onde?
Boquinha de cravo roxo?

Eras tu, eras tu, aquela que sempre amei!
Mas não sabia o teu nome – sei-o agora.
Não sabia como eras – sei-o agora...
Senhora D. Maria
Boquinha de cravo roxo
Já te conheço melhor, mas não estou mais perto de ti.
Perco-te mais porque te conheci.[1]

---

[1] Ausente de EC.

194

Dobrada à moda do Porto

Um dia, num restaurante, fora do espaço e do tempo,
Serviram-me o amor como dobrada fria.
Disse delicadamente ao missionário da cozinha
Que a preferia quente,
Que a dobrada (e era à moda do Porto) nunca se come fria.

Impacientaram-se comigo.
Nunca se pode ter razão, nem num restaurante.
Não comi, não pedi outra coisa, paguei a conta,
E vim passear para toda a rua.

Quem sabe o que isto quer dizer?
Eu não sei, e foi comigo...

(Sei muito bem que na infância de toda a gente houve um jardim,
Particular ou público, ou do vizinho.
Sei muito bem que brincarmos era o dono dele.
E que a tristeza é de hoje.)

Sei isso muitas vezes.
Mas, se eu pedi amor, porque é que me trouxeram
Dobrada à moda do Porto fria?
Não é prato que se possa comer frio,
Mas trouxeram-mo frio.
Não me queixei, mas estava frio,
Nunca se pode comer frio, mas veio frio.

195

Vilegiatura

O sossego da noite, na vilegiatura no alto;
O sossego, que mais aprofunda
O ladrar esparso dos cães de guarda na noite;
O silêncio, que mais se acentua,
Porque zumbe ou murmura uma coisa nenhuma no escuro...
Ah, a opressão de tudo isto!
Oprime como ser feliz!
Que vida idílica, se fosse outra pessoa que a tivesse
Com o zumbido ou murmúrio monótono de nada
Sob o céu sardento de estrelas,
Com o ladrar dos cães polvilhando o sossego de tudo!

Vim para aqui repousar,
Mas esqueci-me de me deixar lá em casa.
Trouxe comigo o espinho essencial de ser consciente,
A vaga náusea, a doença incerta, de me sentir.
Sempre esta inquietação mordida aos bocados
Como pão ralo escuro, que se esfarela caindo.
Sempre este mal-estar tomado aos maus haustos
Como um vinho de bêbado quando nem a náusea obsta.
Sempre, sempre, sempre
Este defeito da circulação na própria alma,
Esta lipotímia das sensações,
Isto...

(Tuas mãos esguias, um pouco pálidas, um pouco minhas,
Estavam naquele dia quietas pelo teu regaço de sentada,
Como e onde a tesoira e o dedal de uma outra.
Cismavas, olhando-me, como se eu fosse o espaço.
Recordo para ter em que pensar, sem pensar.
De repente, num meio suspiro, interrompeste o que estavas sendo.
Olhaste conscientemente para mim, e disseste:
«Tenho pena que todos os dias não sejam assim» –
Assim, como aquele dia que não fora nada...)[1]

---

[1] O autor não fechou o parênteses que abriu no início da estrofe.

Ah, não sabias,
Felizmente não sabias,
Que a pena é todos os dias serem assim, assim;
Que o mal é que, feliz ou infeliz,
A alma goza ou sofre o íntimo tédio de tudo,
Consciente ou inconscientemente,
Pensando ou por pensar –
Que a pena é essa...
Lembro fotograficamente as tuas mãos paradas,
Molemente estendidas.
Lembro-me, neste momento, mais delas do que de ti.
Que será feito de ti?
Sei que, no formidável algures da vida,
Casaste. Creio que és mãe. Deves ser feliz.
Porque o não haverias de ser?

Só por maldade...
Sim, seria injusto...
Injusto?

(Era um dia de sol pelos campos e eu dormitava, sorrindo.)
....
A vida...
Branco ou tinto, é o mesmo: é para vomitar.

196

Depus a máscara e vi-me ao espelho...
Era a criança de há quantos anos...
Não tinha mudado nada...

É essa a vantagem de saber tirar a máscara.
É-se sempre a criança,
O passado que fica,
A criança.

Depus a máscara, e tornei a pô-la.
Assim é melhor.
Assim sou[1] a máscara.
E volto à normalidade[2] como a um terminus de linha.

11/8/1934

---

1   Na Ática e suas derivadas, «sem», o que faz o verso dizer o contrário.
2   Na Ática e suas derivadas, «personalidade».

197

Como, nos dias de grandes acontecimentos no centro da cidade,[1]
Nos bairros quase excêntricos as conversas em silêncio às portas –
A expectativa em grupos...
Ninguém sabe nada.
Leve rastro de brisa...
Coisa nenhuma que é real
E que, com um afago ou um sopro,
Toca o que há até que seja...
Magnificência da naturalidade...
Coração...
Que Áfricas inéditas em cada desejo!
Que melhores coisas que tudo lá longe!

Meu cotovelo toca no da vizinha do eléctrico
Com uma involuntariedade fruste,
Curto-circuito da proximidade...
Ideias ao acaso
Como um balde que se entornou...

Fito-o: é um balde entornado...

Jaz: jazo...

16/8/1934

---

[1] No início do verso, o autor apôs o que parece reticências, talvez a remeter para o outro termo, ausente, contudo, da comparação expressa.

198

Depois de não ter dormido,
Depois de já não ter sono,
Interminável madrugada em que se pensa sempre sem se pensar,
Vi o dia vir
Como a pior das maldições –
A condenação ao mesmo.

Contudo, que riqueza de azul verde e amarelo dourado de vermelho
No céu eternamente longínquo –
Nesse Oriente que estragaram
Dizendo que vêm de lá as civilizações;
Nesse Oriente que nos roubaram
Com o Conto do Vigário dos mitos solares,
Maravilhoso oriente sem civilizações nem mitos,
Simplesmente céu e luz,
Material sem materialidade...
Todo luz, mesmo assim
A sombra, que é a luz da noite dada ao dia,
Enche por vezes, irresistivelmente natural,
O grande silêncio do trigo sem vento,
O verdor esbatido dos campos afastados,
A vida e o sentimento da vida.
A manhã inunda toda a cidade.
Meus olhos pesados do sono que não tivestes,
Que amanhã inundará o que está por trás de vós,
Que é vós,
Que sou eu?

5/9/1934

199

E deito um cigarro meio fumado fora
Para irremediavelmente acender um novo cigarro,
Impaciente até à angústia,
Como quem espera numa estação dos arredores
O comboio que há-de trazer, ah tão talvez, quem talvez venha.[1]

---

[1] Ausente de EC e de P/C, apesar de nitidamente atribuível a Campos.

200

Là-bas, je ne sais où...

Véspera de viagem, campainha...
Não me sobreavisem estridentemente!

Quero gozar o repouso da gare da alma que tenho
Antes de ver avançar para mim a chegada de ferro
Do comboio definitivo,
Antes de sentir a partida verdadeira nas goelas do estômago,
Antes de pôr no estribo um pé
Que nunca aprendeu a não ter emoção sempre que teve que partir.

Quero, neste momento, fumando no apeadeiro de hoje,
Estar ainda um bocado agarrado à velha vida.
Vida inútil, que era melhor deixar, que é uma cela?
Que importa? Todo o universo é uma cela, e o estar preso não tem que ver com o tamanho da cela.
Sabe-me a náusea próxima o cigarro. O comboio já partiu da outra estação...
Adeus, adeus, adeus, toda a gente que não veio despedir-se de mim,
Minha família abstracta e impossível...
Adeus dia de hoje, adeus apeadeiro de hoje, adeus vida, adeus vida!
Ficar como um volume rotulado esquecido,
Ao canto do resguardo de passageiros do outro lado da linha.
Ser encontrado pelo guarda casual depois da partida –
«E esta? Então não houve um tipo que deixou isto aqui?»[1]

Ficar só a pensar em partir,
Ficar e ter razão,
Ficar e morrer menos...

Vou para o futuro como para um exame difícil.
Se o comboio nunca chegasse e Deus tivesse pena de mim?

Já me vejo na estação até aqui simples metáfora.
Sou uma pessoa perfeitamente apresentável.
Vê-se – dizem – que tenho vivido no estrangeiro.
Os meus modos são de homem educado, evidentemente.
Pego na mala, rejeitando o moço, como a um vício vil.

---

1 Eliminei um travessão, introduzido por evidente lapso.

E a mão com que pego na mala treme-me e a ela.

Partir!
Nunca voltarei,
Nunca voltarei porque nunca se volta.
O lugar a que se volta é sempre outro,
A gare a que se volta é outra.
Já não está a mesma gente, nem a mesma luz, nem a mesma filosofia.

Partir! Meu Deus, partir! Tenho medo de partir!...

201

Na véspera de não partir nunca
Ao menos não há que arrumar malas
Nem que fazer planos em papel,
Com acompanhamento involuntário de esquecimentos,
Para a parte ainda livre do dia seguinte.

Não há que fazer nada
Na véspera de não partir nunca.

Grande sossego de já não haver sequer
De que ter sossego!
Grande tranquilidade a que nem sabe encolher ombros.
Por isto tudo, ter pensado o tudo
É o ter chegado deliberadamente a nada.[1]
Grande alegria de não ter precisão de ser alegre,
Como uma oportunidade virada do avesso.

Ah quantas vezes vivo[2]
A vida vegetativa do pensamento!
Todos os dias *sine linea*...

Sossego, sim, sossego...
Grande tranquilidade...
Que repouso, depois de tantas viagens, físicas e psíquicas!
Que prazer[3] olhar para as malas fechadas como para nada!
Dormita, alma, dormita!
Aproveita, dormita!
Dormita!

É pouco o tempo que tens! Dormita!
É a véspera de não partir nunca!

27/9/1934

---

1   Atendendo à versão da Ática, que seguiu nitidamente um testemunho emendado (desaparecido), omito um verso e início do seguinte «Por, pobre tédio, ter passado o tédio / E», substituindo o início deste décimo primeiro verso, «E ter», por «É o ter».
2   Corrigi «Há quantos meses» para «Ah quantas vezes», de acordo com a Ática (em que a exclamação «Ah» aparece, por lapso, como «Há»).
3   Assim na Ática, que substituí a «poder» no testemunho 69-26r e 27r.

202

O que há em mim é sobretudo cansaço –
Não disto nem daquilo,
Nem sequer de tudo ou de nada:
Cansaço assim mesmo, ele mesmo,
Cansaço.

A subtileza das sensações inúteis,
As paixões violentas por coisa nenhuma,
Os amores intensos por o suposto em alguém,
Essas coisas todas –
Essas e o que falta nelas eternamente –;
Tudo isso faz um cansaço,
Este cansaço,
Cansaço.

Há sem dúvida quem ame o infinito,
Há sem dúvida quem deseje o impossível,
Há sem dúvida quem não queira nada –
Três tipos de idealistas, e eu nenhum deles:
Porque eu amo infinitamente o finito,
Porque eu desejo impossivelmente o possível,
Porque quero tudo, ou um pouco mais, se puder ser,
Ou até se não puder ser...

E o resultado?
Para eles a vida vivida ou sonhada,
Para eles o sonho sonhado ou vivido,
Para eles a média entre tudo e nada, isto é, *isto*...[1]
Para mim só um grande, um profundo,
E, ah com que felicidade infecundo, cansaço,
Um supremíssimo cansaço,
Íssimo, íssimo, íssimo,
Cansaço...

9/10/1934

---

1 Variante sobreposta: «a vida».

203

Tantos poemas contemporâneos!
Tantos poetas absolutamente de hoje –
Interessante tudo, interessantes todos...
Ah, mas é tudo quasi...
É tudo vestíbulo
É tudo só para escrever...
Nem arte,
Nem ciência,
Nem verdadeira nostalgia...
Este olhou bem o relevo desse cipreste...
Esse viu bem o poente por trás do cipreste...
Este reparou bem na emoção que tudo isso daria...
Mas depois?...
Ah, meus poetas, meus poemas – e depois?
O pior é sempre o depois...
É que para dizer é preciso pensar –
Pensar com o segundo pensamento –
E vocês, meus velhos, poetas e poemas,
Pensam só com a rapidez primária da asneira – é □ e dos poemas...

Mais vale o clássico seguro,
Mais vale o romântico cantante,
Mais vale qualquer coisa, ainda que má,
Que os arredores inconstruídos duma qualquer coisa boa...
«Tenho a minha alma!»
Não, não tens: tens a sensação dela.
Cuidado com a sensação!
Muitas vezes é dos outros,
E muitas vezes é nossa
Só pelo acidente estonteado de a sentirmos...[1]

1/11/1934

---

1 A EC ignorou a última estrofe do poema.

204

Subiste à glória pela escada abaixo.
Paradoxo? Não: a realidade.
O paradoxo é o que é palavras;
A realidade é o que és.
Subiste porque desceste.
Está bem.
Amanhã talvez eu faça a mesma coisa.
Por ora, se calhar, invejo-te,
Não sei se te invejo a vitória,
Não sei se te invejo o consegui-la,
Mas realmente creio que te a invejo...
Sempre é vitória...
Façam um embrulho de mim
E depois deitem-me ao rio.
E não esqueçam o «se calhar» quando lá me deitarem.
Isso é importante.
Não esqueçam o «se calhar».
Isso é que é importante.
Porque tudo é se calhar...

30-11-1934

205

Símbolos? Estou farto de símbolos...
Uns dizem-me que tudo é símbolo.
Todos me dizem nada.

Quais símbolos? Sonhos...
Que o sol seja um símbolo, está bem...
Que a lua seja um símbolo, está bem...
Que a terra seja um símbolo, está bem...
Mas quem repara no sol senão quando a chuva cessa
E ele rompe das nuvens e aponta para trás das costas
Para o azul do céu?
Mas quem repara na lua senão para achar
Bela a luz que ela espalha, e não bem ela?
Mas quem repara na terra, que é o que pisa?
Chama terra aos campos, às árvores, aos montes
Por uma diminuição instintiva,
Porque o mar também é terra...

Bem, vá, que tudo isso seja símbolos...
Mas que símbolo é, não o sol, não a lua, não a terra,
Mas neste poente precoce e azulando-se menos,
O sol entre farrapos findos de nuvens;
Enquanto a lua é já vista, mística, no outro lado,
E o que fica da luz do dia
Doira a cabeça da costureira que pára vagamente à esquina
Onde se demorava outrora (mora perto) com o namorado que a deixou?

Símbolos?... Não quero símbolos...
Queria só – pobre figura de magreza e desamparo! –
Que o namorado voltasse para a costureira.

18/12/1934

206

(À memória de Soame Jenyns,
lembrado depois de o poema escrito)

Às vezes tenho ideias felizes,
Ideias subitamente felizes, em ideias
E nas palavras em que naturalmente se despejam...

Depois de escrever, leio.
Porque escrevi isto?
Onde fui buscar isto?
De onde me veio isto? Isto é melhor do que eu...

Seremos nós neste mundo apenas canetas com tinta
Com que alguém escreve a valer o que nós aqui traçamos?

18/12/1934

207

Ali não havia electricidade.
Por isso foi à luz de uma vela mortiça
Que li, inserto na cama,
O que estava à mão para ler –
A Bíblia, em português, porque (coisa curiosa!) eram protestantes.
E reli a Primeira Epístola aos Coríntios.
Em torno de mim o sossego excessivo das noites de província
Fazia um grande barulho ao contrário,
Dava-me uma tendência do choro para a desolação.
A Primeira Epístola aos Coríntios...
Reli-a à luz de uma vela subitamente antiquíssima,
E um grande mar de emoção *ouviu-se*[1] dentro de mim...

Sou nada...
Sou uma ficção...
Que ando eu a querer de mim ou de tudo neste mundo?
«Se eu não tivesse a caridade»...
E a soberana voz manda, do alto dos séculos,
A grande mensagem *em*[2] que a alma *é*[3] livre...
«Se eu não tivesse a caridade»...
Meu Deus, e eu que não tenho a caridade!...

20/12/1934

---

1 Variantes: sobreposta, «murmurava»; subposta, «chorava».
2 Variante sobreposta: «com».
3 Variante sobreposta: «fica».

208

Não: devagar.
Devagar, porque não sei
Onde quero ir.
Há entre mim e os meus passos
Uma divergência instintiva.
Há entre quem sou e estou
Uma diferença de verbo
Que corresponde à realidade.

Devagar...
Sim, devagar...
Quero pensar no que quer dizer
Este devagar...

Talvez o mundo exterior tenha pressa demais.
Talvez a alma vulgar queira chegar mais cedo.
Talvez a impressão dos momentos seja muito próxima...
Talvez isso tudo...
Mas o que me preocupa é esta palavra: devagar...
O que é que tem que ser devagar?
Se calhar é o universo...
A verdade manda Deus que se diga.
Mas ouviu alguém isso a Deus?

30/12/1934

209

Os antigos invocavam as Musas.
Nós invocamo-nos a nós mesmos.
Não sei se as Musas apareciam –
Seria sem dúvida conforme o invocado e a invocação –
Mas sei que nós não aparecemos.

Quantas vezes me tenho debruçado
Sobre o poço que me suponho
E balido «Uh!» p'ra ouvir um eco,
E não tenho ouvido mais que o visto –
O vago alvor escuro com que a água resplandece
Lá na inutilidade do fundo.
Nenhum eco para mim...
Só vagamente uma cara, que deve ser a minha porque não pode ser de outro,
É uma coisa quase invisível,
Excepto como luminosamente a vejo
Lá no fundo...
No silêncio e na luz falsa do fundo...

Que Musa!...

3/1/1935

210

Há mais de meia hora
Que estou sentado à secretária
Com o único intuito
De olhar para ela.

(Estes versos estão fora do meu ritmo.
Eu também estou fora do meu ritmo.)

Tinteiro (grande) à frente.
Canetas com aparos menos à frente.
Mais para cá papel muito limpo.
Ao lado esquerdo um volume da Enciclopédia Britânica,
Ao lado direito –
Ah, ao lado direito! –
A faca de papel com que ontem
Não tive paciência para abrir completamente
O livro que me interessa e não lerei.

Quem pudesse hipnotizar tudo isto!

3/1/1935

211

Depois de quando deixei de pensar em depois
Minha vida tornou-se mais calma –
Isto é, menos vida.
Passei a ser o meu acompanhamento em surdina.

Olho, do alto da janela baixa,
As garotas que dançam a brincar na rua.
O seu destino inevitável
Dói-me.
Vejo-lho no vestido entreaberto nas costas, e dói-me.

Grande cilindro, quem te manda cilindrar esta estrada
Que está calçada de almas?

(Mas a tua voz interrompe-me
– Voz alta, lá de fora, do jardim, rapariga –
E é como se eu deixasse
Cair irresolutamente um livro no chão.)

Não teremos, meu amor, nesta dança da vida,
Que fazemos por brincadeira natural,
As mesmas costas desabotoadas
E o mesmo decote a mostrar-nos a pele por cima da camisa suja?

3/1/1935

212

Eu, eu mesmo...
Eu, cheio de todos os cansaços
Quantos o mundo pode dar...
Eu...
Afinal tudo, porque tudo é eu,
E até as estrelas, ao que parece,
Me saíram da algibeira para deslumbrar crianças...
Que crianças não sei...
Eu...
Imperfeito? Incógnito? Divino?
Não sei.
Eu...
Tive um passado? Sem dúvida...
Tenho um presente? Sem dúvida...
Terei um futuro? Sem dúvida,
Ainda que pare de aqui a pouco...
Mas eu, eu...
Eu sou eu,
Eu fico eu,
Eu...

4/1/1935

213

Não sei se os astros mandam neste mundo,
Nem se as cartas –
As de jogar ou as do Tarot –
Podem revelar qualquer coisa.

Não sei se deitando dados
Se chega a qualquer conclusão,
Mas também não sei
Se vivendo como o comum dos homens
Se atinge qualquer coisa.

Sim, não sei
Se hei-de acreditar neste sol de todos os dias,
Cuja autenticidade ninguém me garante,
Ou se não será melhor, por melhor ou por mais cómodo,
Acreditar em qualquer outro sol –
Outro que ilumine até de noite –
Qualquer profundidade luminosa das coisas
De que não percebo nada...

Por enquanto...
(Vamos devagar)
Por enquanto
Tenho o corrimão da escada absolutamente seguro,
Seguro com a mão –
O corrimão que me não pertence
E apoiado ao qual ascendo –
Sim... Ascendo...
Ascendo até isto:
Não sei se os astros mandam neste mundo...

5/1/1935

214

Ah! Ser indiferente!
É do alto do poder da sua indiferença
Que os chefes dos chefes dominam o mundo.

Ser alheio até a si mesmo!
É do alto do sentir desse alheamento
Que os mestres dos santos dominam o mundo.

Ser esquecido de que se existe!
É do alto do pensar desse esquecer
Que os deuses dos deuses dominam o mundo.

(Não ouvi o que dizias...
Ouvi só a música, e nem a essa ouvi...
Tocavas e falavas ao mesmo tempo?
Sim, creio que tocavas e falavas ao mesmo tempo...
Com quem?
Com alguém em quem tudo acabava no dormir do mundo...)

12/1/1935

215

Regresso ao lar[1]

Há quanto tempo não escrevo um soneto
Mas não importa: escrevo este agora.
Sonetos são infância, e, nesta hora,
A minha infância é só um ponto preto,

Que num imóbil e fútil trajecto
Do comboio que sou me deita fora.
E o soneto é como alguém, que mora
Há dois dias em tudo que projecto.

Graças a Deus, ainda sei que há
Catorze linhas a cumprir iguais
Para a gente saber onde é que está...

Mas onde a gente está, ou eu, não sei...
Não quero saber mais de nada mais
E berdamerda para o que saberei.

3/2/1935

---
[1] O autor acrescentou, entre parênteses, «end of the book» (fim do livro).

216

Sim, está tudo certo.
Está tudo perfeitamente certo.
O pior é que está tudo errado.
Bem sei que esta casa é pintada de cinzento,
Bem sei qual é o número desta casa –
Não sei, mas poderei saber, como está avaliada
Nessas oficinas de impostos que existem para isto –
Bem sei, bem sei...
Mas o pior é que há almas lá dentro
E a Tesouraria de Finanças não conseguiu livrar
A vizinha do lado de lhe morrer o filho.
A Repartição de não sei quê não pôde evitar
Que o marido da vizinha do andar mais acima lhe fugisse com a cunhada...
Mas, está claro, está tudo certo...
E, excepto estar errado, é assim mesmo: está certo...

5/3/1935

217

Estou cansado, é claro,
Porque, a certa altura, a gente tem que estar cansado.
De que estou cansado não sei.
De nada me serviria sabê-lo
Pois o cansaço ficaria na mesma,
A ferida dói como dói
E não em função da causa que a produziu.
Sim, estou cansado,
E um pouco sorridente
De o cansaço ser só isto –
Uma vontade de sono no corpo,
Um desejo de não pensar na alma,
E por cima de tudo uma tranquilidade lúcida
Do entendimento retrospectivo...

E a luxúria muda de não ter já esperanças?

Sou inteligente: eis tudo.

Tenho visto muito e entendido muito o que tenho visto,
E há um certo prazer até no cansaço que isto me dá,
Que afinal a cabeça sempre serve para qualquer coisa.

24/6/1935

218

Não estou pensando em nada
E essa coisa central, que é coisa nenhuma,
É-me agradável como o ar da noite,
Fresco em contraste com o verão quente do dia.

Não estou pensando em nada, e que bom!

Pensar em nada
É ter a alma própria e inteira.
Pensar em nada
É viver intimamente
O fluxo e refluxo da vida...

Não estou pensando em nada.
Só, como se me tivesse encostado mal,
Uma dor nas costas, ou num lado das costas,
Há um amargo de boca na minha alma:
É que, no fim de contas,
Não estou pensando em nada,
Mas realmente em nada,
Em nada...

6/7/1935

219

O sono que desce sobre mim,
O sono mental que desce fisicamente sobre mim,
O sono universal que desce individualmente sobre mim –
Esse sono
Parecerá aos outros o sono de dormir,
O sono da vontade de dormir,
O sono de ser sono.

Mas é mais, mais de dentro, mais de cima:
É o sono da soma de todas as desilusões,
É o sono da síntese de todas as desesperanças,
É o sono de haver mundo comigo lá dentro
Sem que eu houvesse contribuído em nada para isso.

O sono que desce sobre mim
É contudo como todos os sonos.
O cansaço tem ao menos brandura,
O abatimento tem ao menos sossego,
A rendição é ao menos o fim do esforço.
O fim é ao menos o já não haver que esperar.

Há um som de abrir uma janela,
Viro indiferente a cabeça para a esquerda
Por sobre o ombro que a sente,
Olho pela janela entreaberta:
A rapariga do segundo andar de defronte
Debruça-se com os olhos azuis à procura de alguém.
De quem?,
Pergunta a minha indiferença.
E tudo isso é sono.

Meu Deus, tanto sono!...

28/8/1935

220

Estou tonto,
Tonto de tanto dormir ou de tanto pensar,
Ou de ambas as coisas.
O que sei é que estou tonto
E não sei bem se me devo levantar da cadeira
Ou como me levantaria dela.
Fiquemos nisto: estou tonto.

Afinal
Que vida fiz eu da vida?
Nada.
Tudo interstícios,
Tudo aproximações,
Tudo função do irregular e do absurdo,
Tudo nada...
É por isso que estou tonto...

Agora
Todas as manhãs me levanto
Tonto...
Sim, verdadeiramente tonto...
Sem saber em mim o meu nome,
Sem saber onde estou,
Sem saber o que fui,
Sem saber nada.

Mas se isto é assim é assim.
Deixo-me estar na cadeira.
Estou tonto.
Bem, estou tonto.
Fico sentado
E tonto,
Sim, tonto,
Tonto...
Tonto...

12/9/1935

221

Todas as cartas de amor são
Ridículas.
Não seriam cartas de amor se não fossem
Ridículas.

Também escrevi em meu tempo cartas de amor,
Como as outras,
Ridículas.

As cartas de amor, se há amor,
Têm de ser
Ridículas.

Mas, afinal,
Só as criaturas que nunca escreveram
Cartas de amor
É que são
Ridículas.

Quem me dera no tempo em que escrevia
Sem dar por isso
Cartas de amor
Ridículas.

A verdade é que hoje
As minhas memórias
Dessas cartas de amor
É que são
Ridículas.

(Todas as palavras esdrúxulas,
Como os sentimentos esdrúxulos,
São naturalmente
Ridículas.)

21/10/1935

APÊNDICE

Fragmentos das "grandes odes"

222

Ó noite, vem...[1]
Tudo súbito cessa de doer demasiadamente,
E sentir começa a custar, ó minha alma, um pouco...
☐[2]

O aqueduto ao fundo, o [..], a neblina na serra,
A água que mãos de criança erguem a lábios em febre,
A paz da irmã pequenina que entra no quarto do *enfermo*,[3]
A hora do chá provinciano servido no meio da sala,
A madeixa entrevista, a prece,
A Mãe...
Vem, ó Noite completa, tu a Senhora do Exílio,
Tu, a dos lábios pálidos dos grandes impossíveis, Soror Esperança,
Tu, a das mãos abertas das grandes ☐[4]

---

1 Inédito.
2 Segue-se um longo espaço e a indicação, dentro de um círculo, de uma expressão «A noite» ou «A morte». No cimo da página, encontra-se também uma anotação de impossível leitura.
3 Variante subposta: «doente».
4 Verso dubitado.

223

Ode marcial

a

Ave guerra, som da luz e do fogo,
Ave, ave, ave pelos teus arsenais e pelas tuas esquadras,
Ave, ave, ave, pelos teus barcos[1] e pelas tuas fábricas,
Ave por toda a tua civilização de metal em obra,
Ave por todo o teu aço!
Ave por todo o teu alumínio!
Ave por todas as tuas máquinas, ave!
Ave, ave, ave, por toda a força motriz[2] que tu és!

Farol do Aplicado!
Eclusa □
Grande ponte perfeitamente construída sobre □

b

O que quer que seja que cria e mantém este mundo,
Se é gente, que sinta como gente, tenha piedade da gente!
E se não é nada, que o acaso, guiado ou vivo antes,
O esboroe na terra e acabe com esta dolorosa função.
A pensar em tudo, eu quero que tudo, □

Penso em tudo isto e dói-me a alma angustiadamente
E o ver isso é vermos melhor o que fazer ou poder.

c

(Campina e trigo, campina,
Campina e trigo.)

---

1   Palavra dubitada.
2   A expressão «força motriz» está dubitada.

Como ao som de uma marcha ao mesmo tempo marcial e fúnebre,
Rufos e alegria e temor
Rompem...
A vida é antagonismo, [.......]?

Queda de impérios, tudo a fugir... sangue, ruídos... tumultos
Amontoamentos de coisas pilhadas num saque,
Despensas junto das cidades, entre casas caídas,
Choros, raivas, inferno de som,
A vida e a sua tragédia toda vivida num dia, numa hora...
Todo o mistério e horror de nos acontecerem coisas
Todo o horror de quem vive sossegado e de repente vê a morte
Vê o inferno, [......]
(Pobre de [.......]!)
Tudo quebrado, tudo ferido, tudo diverso de quando era normal a vida...

(Ditosos os que morrem logo depois de nascer
E para quem a luz da vida não é mais do que um relâmpago no horizonte!)
(Poder pensar claro neste assunto!
Poder ver bem e sem sofrer ser outro o que é isto!
Ah quem me dera ter o coração ampliado e asseado
Como um interior de casa de família de gente que tem com que viver!)
E o ruído dos saques, o fragor das batalhas, os choros, as mágoas, os □
Os choques dos homens
São um mar de confusão onde a nossa lucidez se afunda.
Perco-me de compreender...
Apanho-me nessa tragédia de pasmo humanitário.[1]

d

Chove fogo – ouro de barulho estruge...
«Hela-hohô-ô (ô)... »

Z – zz Sher Rr to go. Shabababulá...

[....]

Tudo se apaga como uma grande lâmpada eléctrica que se funde...[2]

Vem do fundo do mundo

---

1 Ausente de EC e P/C.
2 Entre este verso e o que se segue, há uma indicação do autor em inglês e entre parênteses: «a large space».

Vem do horizonte mudo, confuso do mundo,
Sussurro surdo, escuro, murmúrio
De uma cavalgada que dura, que dura furiosa no ouvido,
Inúmera cavalgada vem...[1]

Vêm do fundo do mundo confuso
Vêm do abismo do espaço nocturno...
À pressa, negros, rápidos, de repente surdem...
Súbito outra vez tremem...
Oscilam no ruído que tem rasto no escuro...
Inúmera cavalgada... Quem?

Vem apertada nos passos confusos
Vem apertada nos ruídos dispersos,
Vem aclamada nos ruídos mudos
Vem apertada nos ruídos confusos,
Vem apertada, vem apertada, vem apertada

Todo o horizonte está cheio por dentro[2] de um grito absurdo
Helahôhô...
Helahôhô...

---

[1] A palavra «vem» está entre parênteses rectos, indicativos da possibilidade da sua supressão.
[2] A expressão «por dentro» está dubitada.

224

Saudação a Walt Whitman

a

Portugal – Infinito, onze de Junho de 1915
Hé lá, á – á – á – á!

De aqui, de Portugal, de onde a Europa olha a América,
De onde tu teres existido é um efeito complexo,
Consciente de estar à vista, no palco para a plateia que é no auge,
Saúdo-te deliberadamente, saúdo-te
Desde o princípio de te saudar, como é próprio de ti.

Hé-lá Walt, *old boy*, meu velho arado das almas,
Hé-lá meu *condottiere* da sensualidade autêntica
Pirata do teu próprio génio,
Filho pródigo da tua inspiração!

Ó sempre moderno e eterno, cantor dos concretos absolutos,
Concubina fogosamente por baixo do universo disperso,
Grande pederasta roçando-te *pela*[1] diversidade das coisas,
Sexualidade...[2]

Tu, o homem-mulher-criança-natureza-máquinas!
Tu, o pra-dentro, tu o pra-fora, tu o ao-lado de tudo!
Fulcro-sensualidade ao serviço do Infinito, escada
Até não haver fim a subir, – e subir!

Saúdo-te e chamo
A tomar parte em mim na saudação que te faço
Tudo quanto cantaste ou desejaste cantar.
Ervas, árvores, flores, a natureza dos campos...
Homens, lutas, tratados – a natureza das almas...
Os artifícios, que dão sabor ao que não é artifício,
As coisas naturais que valem sem valor dado,
As profissões com que o homem se interessa por ter vontade,
As grandes ambições, as grandes raivas, as pálpebras

---

1 Variante sobreposta: «contra».
2 O autor escreveu «etc.» referindo-se a um texto anterior de que este, aparentemente, é uma nova versão. Sendo este, por sua vez, um versão anterior à do texto publicado pela Ática.

Descidas sobre a inutilidade metafísica de viver...
Chamo a mim, para os levar até ti,
Como a mãe chama a criança para a sentir ser[1]
A totalidade dispersa do que interessa ao mundo
Ah, que nada me fique de fora das algibeiras
Quando vou procurar-te.
Que nada me esqueça, se te saúdo, que nada
Falte, nem o faltar esqueça,[2]
Porque faltar é uma coisa – faltar.

Vá! Vá! Tudo! O natural e o humano!
Vá, o que parte! vá, o que fica! vá o que lembra e o que esquece!
Tu tens direito a ser saudado por tudo
E eu, porque o vejo,
Tenho o direito a encanar a voz em tudo saudar-te[3]

b

O pó que fica das velocidades que já se não vêem!
O cio metálico dos êmbolos,
O furor uterino das válvulas lá por dentro –
O sangue dando em baque ao ataque dos excêntricos.

Minhas sensações
Protoplasma da humanidade matemática do futuro!

Eia-la-ho! Hó-oo-o!

Oh lá, saltos e pulos com o meu pensamento todo
Pula bola de mim – a máquina biológica que eu sou!
O cérebro servo de leis, os nervos movidos por normas
Por normas compostas em tratados de psiquiatras
☐

---
1 Verso dubitado.
2 Verso dubitado.
3 O «-te» está dentro de um círculo, sinal de que é opcional.

c

A minha universalite –
A ânsia vaga, a alegria absurda, a dor indecifrável
Síndroma da doença[1] da Incongruência Final.

Curso do êmbolo do dinamismo[2] abstracto
Do vácuo dinâmico do mundo!

A minha aspiração consubstanciada com fórmulas
Matemática de mim falido

d

Com bandas militares à frente, compostas de volantes e hélices,
Com uma vanguarda sonora de sereia de automóvel e de barco
Com um estardalhaço longínquo, com saltos e alardes
De bombos e pratos, com ☐
Desencadeio-me a saudar-te. Pum!
Pum, pum, pum...
Pu-u-u-u-u-m![3]

e

Cá estamos no píncaro – nós dois.
Nós dois e Homero? Não sabemos. Esse está mais abaixo.
Estendemos a mão e cada qual ainda que cego chega a Deus (*ele*[4] não)
O quê – você não chega? Então você desaparecerá? – ou não chegou.

Sou míope e português.
Se houver troca de louros
☐

P'ra Apolo falta-me a beleza
Mas também falta só isso.
[...]
[..]

---

1 A expressão «da doença» está dubitada.
2 Palavra dubitada.
3 O autor escreveu: «final» e «over».
4 Variante sobreposta: «Homero».

Camarada Will, qualquer de nós
Vale o resto, excepto o outro

Ave, poema mudo de verso (poema diverso)
Verso mudo de frases
Mesmo (ó diabo!) mudo de mim
Não importa. Feliz encontro.

f

Para cantar-te,
Para cantar-te como tu quererias que te cantassem,
Melhor é cantar a terra, o mar, as cidades e os campos –
Os homens, as mulheres, as crianças,
As profissões, [..], as □
Todas as coisas que, juntas, formam a síntese-Universo,
Todas as coisas que, separadas, valem a síntese-Universo,
Todas as coisas que universais formam a síntese Deus.

Ah, o poema que te cantasse bem,
Seria o poema que todo cantasse tudo,
O poema em que estivessem todas vestes e todas as sedas –
Todos os perfumes e todos os sabores
E o contacto em todos os sentidos do tacto de todas as coisas tangíveis.

Poema que dispensasse a música, música com vida,
Poema que transcendesse a pintura, pintura com alma,
□

g

Ah, de que serve
A arte que quer ser vida, sem a vida que quer ser?
De que serve a arte se não é a arte que queremos?
De que nos serve a vida se a queremos e não a buscamos,
Se nunca é para nós a vida?

Ah, pra saudar-te
Era preciso o coração

Da terra toda...
O corpo-espírito das coisas,

[anterior a 5/5/1918]

h

Choro como a criança a quem falta a lua perto,
Como o amante abandonado pela que não tem ainda,
Com o livro inexplícito do seu Reino por vir,
O que se julga em vão Motor,
Eixo do movimento dos espíritos,
Fulcro das ambições sombrias,
Auge dinâmico das tropas da ascensão,
Ou, mais claro e mais rápido,
Protoplasma do mundo matemático do futuro!

Quem sou eu, afinal, por que te saúdo?
Quem com nome e língua e sem voz?

A labuta prostituta do caldeamento de □
Nos altos fornos de mim!

i

A expressão, aborto abandonado
Em qualquer vão-de-escada da realidade.

O que é a necessidade de escrever versos senão a vergonha de chorar?...
O que é o desejo de fazer arte senão o *adultismo*[1] pra brinquedos?
(Quando é que parte o último comboio, Walt,
Quando é que parte o último comboio?)

Bonecos da minha infância com quem eu imaginava melhor que hoje[2]
□

A química por baixo do *Aqui jaz*...

---
1 Variante subposta: «ser adulto».
2 Verso dubitado.

A dor, febre que hoje é *química só*,[1] lá longe na cavada encosta
À hora em que era costume ele vir para casa

E o mesmo candeeiro hoje iluminado [.]
E apenas o silêncio já sem nos dizer que o *fazem*[2] por se terem calado.

j

Eu, o ritmista febril
Para quem o parágrafo de versos é uma pessoa inteira,
Para quem, por baixo da metáfora aparente,
Corre em estrofe, antístrofe, épodo o poema que escrevo,
Que por detrás do delírio construo
Que por detrás de sentir penso
Que amo, expludo, rujo, com ordem e oculta medida,
Eu ante ti quereria ter menos de engenheiro na alma,
Menos de grego das máquinas, de Bacante de Apolo
Nos meus momentos de alma multiplicados em verso.

Mas o ar do mar alto
Chega, por um influxo de dentro do meu sangue
Ao meu cérebro desterrado em terra,
E a fúria com que medito, a raiva com que me domino
Abre-se como uma vela, tomada de vento, aos ares,
Ampla servidão ao rasgo de assombro dos ☐

---

1   Variante sobreposta: «só um desfazerem-se».
2   Variante sobreposta: «fizessem».

225

A passagem das horas

– PARTE II –

Grandes estandartes de fumo das chaminés das fábricas
Sobre os telhados ☐
Ó poderosamente gritos de combate!
Vago rumor silencioso e comercial das ruas...
E a ordem inconsciente dos que vão e vêm
Pelas fitas dos passeios...
À hora de sol em que as lojas *descem os toldos*[1]
☐

226

Mas mesmo assim, de repente, mas devagar, devagar,
Atravessando todas estas coisas modernas e presentes,
Vindo naturalmente através de todas estas coisas e estes ruídos,
Como se tudo isto fosse um vidro fosco transparente a essa luz,
Através do ruído dos guindastes, pelos interstícios do marulhar dos barcos,
Coando pelas frinchas dos assobios dos comboios,
Misteriosamente repassando, ensopando a faina das gentes,
Torna, através do moderno e do actual, a *eterna*[2] voz marítima,
A eterna voz representativa das grandes coisas oceânicas,[3]
☐

---

1   Variante subposta: «baixam as pálpebras».
2   Variante sobreposta: «velha».
3   Folha solta não assinada com a indicação «fim» – aparentemente de uma ode dos primeiros tempos. Ausente em P/C.

Esboços, rascunhos, fragmentos

Anotações várias na mesma página, inclusive referência a um artigo «no Século de 25-7-1913»,
um texto do «Livro do Desassossego» – «A coroada de rosas» –, esboço de um poema e o
poema aqui transcrito, inédito, iniciado no alto da página, interrompido e
completado no final da página e no verso da folha

227

Um tédio todo aos solavancos,[1]
□
Dia de verão absoluto sobre os telhados da cidade,
O céu é mais azul por as nuvens serem *tão*[2] brancas.[3]

O céu azul, o céu azul, as nuvens brancas,
Ah a fúria do prazer de ser homem.
Revoluções, revoluções,
Políticas, sociedades, guerras,
Cuidados pela pátria como por uma Mãe maior
Anseios pela Europa como por uma pátria
Tenho tudo isso e só me fica
Só – só – em toda a consciência – em toda –
O azul do céu, e a brancura das nuvens, e o frescor do ar.

25/7/1913

228

Manifesto de Álvaro de Campos

Ora porra!
Nem o rei chegou, nem o Afonso Costa morreu quando caiu do carro abaixo!
E ficou tudo na mesma, tendo a mais só os alemães a menos...
E para isto se fundou Portugal!

[27/6/1916]

---

1 Inédito.
2 Variante subposta: «muito».
3 Como se vê pelo fac-símile, o poema ficou interrompido por anotações várias: esboço de poema ortónimo, projecto de um panfleto e de um artigo para o jornal *O Século*, ideia para o Livro do Desassossego sobre «o sexo sujo», «como as estátuas sem fissura de sexo» e, finalmente, o que parece ser a continuação do poema em questão.

229

Arre, que tanto é muito pouco!
Arre, que tanta besta é muito pouca gente!
Arre, que o Portugal que se vê é só isto!
Deixem ver o Portugal que não deixam ver!
Deixem que se veja, que esse é que é Portugal!
Ponto.

Agora começa o Manifesto:
Arre!
Arre!
Oiçam bem:
ARRRRRE!

230

Ora porra!
Então a imprensa portuguesa é que é a imprensa portuguesa?
Então é esta merda que temos que beber com os olhos?
Filhos da puta! Não, que nem há puta que os parisse.[1]

231

Se o meu coração é aberto a todas as sensações[2]
Então, porra! Por todas deve entender-se todas.

[3/9/1931]

---
1 Aparentemente, trecho do mencionado «Manifesto» no penúltimo poema.
2 Inédito.

232

Todas as horas faço *gaffes* de civilidade e etiqueta,
(A vida social é complexa para a minha fraqueza de nervos)
Mas nunca existiu quem só tivesse vivido em alma
Numa eterna luta de Janus.

Arre, a humanidade é uma coisa muito complexa...
Tenho-a observado com os olhos e os nervos, e ainda não percebi.
(Compreender é um navio ao longe)[1]

Toda a gente que tenho conhecido
☐

Estou farto de semi-deuses!
Onde é que há gente no mundo?

Não tenho um amigo, um conhecido, em quem batessem
Ninguém que eu conheça perdeu o amor de uma mulher.
Tenho feito muitas coisas más, muitas coisas reles, muitas coisas infames.
Tenho sido cobarde, revoltante, sujo.
Não encontro ninguém assim.
Todos têm sido príncipes, os que têm andado comigo.[2]

233

Este meu incidente[3]
que sou eu

[Posterior a 1920]

---

1 Estes três versos aparecem separadamente num testemunho vizinho 71-45aᵛ.
2 É um prenúncio de «Poema em linha recta» mas muito mais que um rascunho, com versos ausentes desse poema.
3 Inédito.

234

Estou vazio como um poço seco.
Não tenho verdadeiramente realidade nenhuma.
Tampa no esforço imaginativo!

[Posterior a 1923]

235

Ah, quem me dera ser desempregado!
Não ter que fazer a valer, mas de dentro!
Ter □

28/2/1931

236

A incrível distância a que está cada alma de *nós*,[1]
O abismo sem fundo entre todo o um e todo o outro.

Todos temos sido amados
Mas com que meia falsidade – inconsequentemente.

237

Onde é que os mortos dormem? Dorme alguém
Neste universo atomicamente puro?

---

1   Inédito.
    Variante subposta a «nós»: «outra».

238

Saudação a todos quantos querem ser felizes:
Saúde e estupidez!

Isto de ter nervos
Ou de ter inteligência
Ou até de julgar que se tem uma coisa ou outra
Há-de acabar um dia...
Há-de acabar com certeza
Se os governos autoritários continuarem.

[1935]

239

Nas minhas veias, por onde corre, numa lava de asco,
A fúria do horror *da*[1] vida![2]

---
1   Variante subposta: «à».
2   Ausente de EC e de P/C.

240

Estou escrevendo sonetos regulares
(Ou quase regulares) como um poeta...
Mas se eu dissesse a alguém a dor completa
Que me faz ter tais gestos e tais ares,

Ninguém acreditava. Ó grandes mares
Da emoção subindo em *névoa*[1] preta
Até a mágoa ser como a do asceta.
☐

Como um estalido de «mola de pressão»
Fecho a carteira dos apontamentos
Onde fixei a minha indecisão.

Não sou meu ser, nem sou meus pensamentos,
A minha vida é um príncipe ao balcão[2]
☐

241

O horror sórdido do que, a sós consigo,
Vergonhosa de si, no escuro, cada alma humana pensa.

---

1   Variante sobreposta: «noite».
2   Verso dubitado.

242

A água de aqui é boa, não é?
Se é! Quantos vinhos que julguei melhores bebi!
A água de aqui – a verdade!
A verdade não – a melhor aparência dela...

Quando, em grandes praças de eu distraído,
Apregoam em torno de mim os jornais todos e eu durmo.
☐

Na fronteira entre
duas autorias

243

Ah, os primeiros minutos nos cafés de novas cidades![1]
A chegada pela manhã a cais ou a gares
Cheios de um silêncio repousado e claro!
Os primeiros passantes nas ruas das cidades a que se chega...
E o som especial que o correr das horas tem nas viagens...

Os ómnibus ou os eléctricos ou os automóveis...
O novo aspecto das ruas de novas terras...
A paz que parecem ter para a nossa dor
O bulício alegre para a nossa tristeza
A falta de monotonia para o nosso coração cansado!...
As praças nitidamente quadradas e grandes,
As ruas com as casas que se aproximam ao fim,
As ruas transversais revelando súbitos interesses,
E através disto tudo, como uma coisa que inunda e nunca transborda,
O movimento, o movimento
Rápida coisa colorida e humana que passa e fica...

Os portos com navios parados,
Excessivamente navios parados,
Com barcos pequenos ao pé, esperando...

[Entre Março e Junho de 1914]

---

[1] Precedido pela indicação «A.C.- 5 Odes», que pertence à série anunciada «Cinco odes futuristas», primitivamente atribuídas a Caeiro.

244

Tramway

Aqui vou eu *num*[1] carro eléctrico, mais umas trinta ou quarenta pessoas,
Cheio (só) das minhas ideias imortais,
      (Creio que boas.)

Amanhã elas, postas em verso, serão
Por toda a Europa, por todo o mundo (quem sabe?!)
Triunfo, meta, início, clarão
      Que talvez não acabe.

E quem sobe? Que sente? O que vai a meu lado
Só sente em mim que sou o que, estrangeiro,
Tem o lugar da ponta, e do extremo, apanhado
      Por quem entra primeiro.

Que o que vale são as ideias que tenho, enfim,
O resto, o que aqui está sentado, sou eu,
Vestido, *visual*,[2] regular, sempre em mim,
      Sob o *azul*[3] do céu.

Ah, Destino ou deuses, dai-me ao menos o siso
Ao que em mim pensa a vida de ter um profundo
Senso essencial, mas certeiro e conciso[4]
      Da vida e do mundo!

Sei, sob o céu que é que toca as minhas ideias,
Sob o céu mais análogo ao que penso comigo
Que este carro[5] vai com os bancos cheios
      Para onde eu sigo.

E o ponto de absurdo de tudo isto qual é?
Onde é que está aqui o erro que sinto?
A minha razão enternecida aqui perde pé
      E pensando minto,

---

1   Variante sobreposta: «neste».
2   Variante sobreposta ilegível.
3   A palavra está dubitada, tendo «absurdo» como variante sobreposta.
4   Este verso e os dois anteriores estão dubitados.
5   No testemunho original, depois de «carro», um «que», aparente lapso de escrita.

Mas a que verdade minto, que ponte
Há entre o que é falso aqui e o que *é*[1] certo?
Se o que sinto e penso, não sei sequer como o conte,
      Se o que está a descoberto

Agora no meu meditar é uma treva e um abismo
Que hei-de fazer da minha consciência dividida?
Oh, carro absurdo e irreal, onde está quanto cismo?
De que lado *é que é*[2] a vida?

                                                                          8/10/19

245

O bêbado caía de bêbado
      E eu, que passava,
Não o ajudei, pois caía de bêbado,
      E eu só passava.
O bêbado caiu de bêbado
      No meio da rua.
E eu não me voltei, mas ouvi. Eu bêbado
      E a[3] sua queda na rua.
O bêbado caiu de bêbado
      Na rua da vida.
Meu Deus! Eu também caí de bêbado
      Deus ☐

---

1 Variante sobreposta: «há».
2 Variante subposta: «está».
3 Um círculo em torno de «E a», sinal de dubitação.

246

Os galos cantam e estou bebedíssimo.
Não fiz nada da vida senão tê-la.
Mal amei, bebi bem, sonhei muitíssimo.
Minha intenção não foi a minha estrela.

Os galos cantam e eu cada vez mais
Absorto no disperso que o álcool dá.
Curara-me talvez a vida, ou sais,
Ou poder crer, ou desejar o que há.

Cantam tantos tão galos que me irrita
Que a noite que ainda dura possa ser.
Mas virá o dia, e, ao fim da parte escrita,
A morte marra e eu deixo-me colher.

4/10/1931

247

Há cortejos, pompas, discursos,
Na inauguração quotidiana dos meus sentimentos inúteis...
São iluminadas à veneziana por luzes contentes
As minhas decepções, e os meus desesperos vão em carrossel
Por uma necessidade fatídica do Destino.

248

Durmo, remoto; sonho, diferente.
Meu coração, ansioso e pressuroso,
Foi entalado num comboio entre
Os dois vagons do meu destino ocioso.

249

O cão que veio do abismo
Roeu-me os ossos da alma,
E erguendo a perna – o que eu cismo –
Mijou no meu misticismo
Que me dava a minha calma.

O cão veio de onde dorme
Aquele anseio que tenho
Por qualquer coisa de enorme
Que indistintamente forme
A forma de quanto estranho.

E depois de isso completo
O cão que veio do abismo
Que estava inteiro e repleto
Fez sobre tudo o dejecto
Que é hoje o meu misticismo.

24/6/1934

250

Estou cheio de tédio, de nada. *Em cima da*[1] cama
Leio, com uma minuciosidade atómica,
Lentamente, com uma atenção sem chama,
A Nova Enciclopédia Maçónica.

Penso no que fui (não me escapam as entrelinhas),
E o que a minha alma quis e a minha vida fez.
Coube-me, como a uma senhora um carrinho de linhas,
No meio do Grau 32 do Rito Escocês.

O que quis do passado *por brisas se*[2] esfolha,
O que pude de oculto teve a tempo medo;
E olho a sorrir o título no alto da folha:
Sublime Príncipe do Rial Segredo...

8/8/1934

251

O[3] Chiado sabe-me a açorda.
Corro ao fluir do Tejo lá em baixo.
Mas nem ali há universo.
E o tédio persiste como uma mão regando no escuro.

---

1 Variante sobreposta: «Estendido na».
2 Variante sobreposta: «qualquer brisa o».
3 Variante, entre parênteses: «A ideia do».

POSFÁCIO

Sobrevoemos rapidamente a história das edições dos poemas de Campos. A 1ª edição, nas Edições Ática («Colecção "Poesia", fundada por Luiz de Montalvor»), foi feita com poemas que este e João Gaspar Simões retiraram da célebre arca, privilegiando os dactilografados, assim mesmo levados para a tipografia. Não tendo sido dezessete deles aí restituídos, os organizadores das posteriores edições têm tido que se contentar, quanto a esses poemas, com o testemunho da Ática.

Só em 1990, para comemorar o centenário do nascimento de Campos, a Edição Crítica da Imprensa Nacional, então constituída, deu à estampa uma nova edição a partir dos originais, a cargo de Cleonice Berardinelli (muitas outras reedições da versão da Ática foram até então publicadas). Fui posta pelo meu amigo e mestre David Mourão-Ferreira, director da *Colóquio*, perante o que chamou a minha obrigação cívica de fazer a crítica dessa edição para a sua revista. Levei um ano porque tive que consultar todos os originais, já então na Biblioteca Nacional. E fui obrigada a declarar que «estava imprópria para consumo»: erros numerosos e graves de leitura, identificação e articulação dos poemas, de que uma boa parte estava ausente. Ivo Castro, medievalista de formação, director dessa «Equipa Pessoa» que com Campos se estreou, publicou então um livro, *Editar Pessoa* («Estudos»), Lisboa, Imprensa Nacional-Casa da Moeda, 1990, pretendendo que, para rigorosa aplicação do método crítico-genético que seguia, o editor dos textos, para usar de total objectividade, não devia ser um pessoano: nunca sobre ele deveria ter escrito ou dado aulas. O preceito mais desfigurador do dito método levou a que, na vintena de volumes que a equipa publicou, alterassem metodicamente o texto: perante o hábito pessoano de escrever sobre, sob, ao lado, ente parênteses, da(s) palavra(s) escrita(s) uma ou várias alternativas, sem riscar a(s) da linha corrida, o metodólogo impôs que a(s) palavra(s) posta(s) em causa fosse(m) substituída(s) pela última variante. Longamente me insurgi contra esse método desfigurador, provando mesmo que Pessoa não se comportou como a EC quando publicou na revista *Athena* os poemas de que se conservam os manuscritos: raramente aproveitava a última variante, usando outra palavra ou mantendo a que estava na linha corrida.

Cleonice Berardinelli publicou, a partir da Crítica, edições aligeiradas de notas, primeiro, num volume da chamada «série menor», da Imprensa Nacional, em 1992, e, em 1999, na editora brasileira Nova Fronteira. A desfiguração é, aqui, ainda mais grave porque nem sequer em notas dá notícia da(s) palavra(s) omitida(s) nos novos versos que abusivamente cria com essa operação cirúrgica à Frankenstein.

Outras edições perpetuaram esses erros, inclusive as que Jerónimo Pizarro fez para a Equipa Pessoa, que integrou: actualmente tem estado a produzir outras edições noutras editoras, mas continuando a seguir o referido método. É dele a mais recente edição da obra de Campos, não só de verso como de prosa, com a agravante de desterrar para apêndices e anexos e notas – que ninguém tem paciência de ir ler

– não só a(s) palavra(s) que substituiu pelas variantes como até poemas inteiros, que considera marginais e, de facto, o não são.

Só mais umas breves considerações sobre os meus procedimentos neste livro.

Quanto às inovações, impõe-se precisar que retirei poemas do *corpus* conhecido de Campos e aí inseri outros que as edições anteriores não têm considerado – como assinalei em notas finais e de rodapé.

Excluí «Casa Branca Nau Preta» (que consta em Ática e EC-1999). Aliás, como já disse no prefácio, também Pessoa assim procedeu, assinando-o Fernando Pessoa, quando o publicou na revista algarvia *Heraldo*. Da mesma forma, restituí ao ortónimo outros da mesma altura (1915 e 1916), no mesmo estilo, que a EC atribuiu ao Engenheiro. É preciso não esquecer que o verso livre não é distintivo de Campos: Pessoa começou a usá-lo, em seu próprio nome, quando aderiu à modernidade, nomeadamente com «Chuva Oblíqua». O que é preciso reparar é que, neste poema e nos outros referidos que não atribuí a Campos, Pessoa não se manifesta como o personagem dramático que foi feito ser. «Casa Branca Nau Preta» é nítido exercício de estilo interseccionista, em que o Poeta se aplica a sobrepor duas paisagens, mais alegóricas que reais, à semelhança do que fez em «Chuva Oblíqua», nitidamente interessado em ilustrar a escola interseccionista que pretendia lançar com os camaradas de *Orpheu*. Campos é sempre um *eu* em situação dramática, em tensão, quanto mais não seja consigo próprio, instalado num aqui e num agora, embora de tempo algum e de nenhum sítio.

Mantive aqui no activo de Campos, que estabeleci nas minhas edições anteriores, dois poemas de 1919, «O conto antigo da Gata Borralheira» e «Duas horas e meia da madrugada», que a EC e P/C dele excluíram, atribuindo-os a Caeiro, por figurarem numa lista de poemas seus escritos nesse «interregno» em que Campos mergulhara no seu sono de Belo Adormecido a seguir à morte de Sá-Carneiro, de que só acordou, como poeta, em 1923. Pessoa deve ter encarado encarregar Caeiro da sua autoria, por serem tão diferentes dos de Campos sensacionista, mas não lha atribuiu no testemunho original do poema. Esses dois poemas afastam-se, de facto, do Campos das «grandes odes» mas integram-se perfeitamente no Campos metafísico que acordará desse sono. Não podem ser atribuíveis a Caeiro atitudes como a exaltação da irrealidade do «que nunca foi», do primeiro poema, e a alusão ao mundo como «uma grande noite», no segundo, expressas num frasear esfarrapado, propositadamente descontínuo, igualmente descabido em Caeiro mas habitual em Campos.

Tive, e continuo a ter, dificuldade em atribuir autoria a certos poemas, como aquele: «o cão que veio do abismo» «mijou no meu misticismo» – mijou e não só: «fez sobre tudo o dejecto / que é hoje o meu misticismo». Creio que Pessoa também a teve... Não os chegou a atribuir ao Engenheiro mas há neles um certo humor corrosivo que é próprio de Campos: o humor de Pessoa é o do Íbis, do Nininho, cândido embora travesso e arreliador...

Também na fronteira entre Campos e Pessoa me parecem estar poemas como «Canção à inglesa», escrita na mesma folha de «Canção abrupta».

É verdade que o próprio Pessoa hesitou em certas atribuições: o poema «Ai Margarida», dactilografado, sem autoria expressa num primeiro momento, foi, noutro testemunho, atribuído ao Engenheiro, em «estado de inconsciência alcoólica»...

Também a fronteira entre Fausto e Campos é, por vezes, ténue – como nos foi dado oportunamente apreciar.

O que prejudica de morte o entendimento e consequente fruição dos monólogos dramáticos de Campos é a apresentação que deles fez a EC e suas derivadas, como um simples repositório de poemas, arrumados por ter ou não ter isto ou aquilo, título, data ou atribuição, como já fizera a Ática, e não como obra autobiográfica, por Pessoa justamente intitulada «Vida e Obras de Álvaro de Campos».

O que esta minha edição pretende – aliás, como todas as outras que, nesta colecção, tenho empreendido – é repor simultaneamente a verdade e a ficção do texto pessoano que, como estou cansada de afirmar, continua a ser vítima de metódica destruição, não só ao nível das palavras mas também do corpo inteiro do LIVRO tal como Pessoa o concebeu e se foi organicamente desenvolvendo ao longo da obra-vida do seu autor.

A última referida edição de Campos, de poesia e de prosa, da responsabilidade de Jerónimo Pizarro e Antonio Cardiello, na peugada da Edição Crítica, desrespeita inteiramente o «aviso» que publicam no início do livro das prosas de A. de Campos: «Álvaro de Campos é o personagem de uma peça; o que falta é a peça». Ao manifestar-se como Campos, Pessoa tem em mente uma ficção, uma peça que ele não escreveu mas que preexiste a esses monólogos dramáticos que a exprimem, em prosa como em verso. Não esquecer que a peça por excelência de Shakespeare, *Hamlet*, serviu de modelo aos monólogos dos heterónimos: Pessoa define-os como «personagens declamando sozinhas numa peça sem enredo».

Impõe-se também atender, e Pessoa sublinhou-o, à «evolução do personagem», que afirmou ter «previsto» – isto é, ao desenvolvimento orgânico da obra que foi escrevendo ao longo da vida. Não esquecer que cada livro dos heterónimos é uma biografia composta com os poemas que o seu autor vai segregando de si, como páginas de um diário. Pessoa escreveu sobre a biografia de Caeiro: «o que disse foi o que viveu».

O título «Vida e obras de Alvaro de Campos», manuscrito por Pessoa e reproduzido no início deste livro (estranhamente nunca até hoje utilizado) é confessado projecto de Pessoa. Há que nunca perder de vista o corpo dessa ficção, com o desenvolvimento que foi tendo ao longo da obra-vida. Pessoa não o chegou a organizar peça por peça mas imaginou-o, e deixou elementos para que pudéssemos reconstituir a «evolução» da personagem: só atendendo a esse romance-drama, como me apraz chamar-lhe, cada livro terá a inteireza e o alcance que Pessoa lhe quis dar. As edições Crítica e dela derivadas separam os textos uns dos outros, arquivando-os em função das suas características exteriores, com ou sem isto ou aquilo.

Fiz o possível por respeitar o carácter ficcional das obras autobiográficas que querem ser os livros dos heterónimos: repartir os poemas por gavetas é como arrumar separadamente as diferentes partes do ser autopsiado e esquartejado... A metáfora é macabra mas penso que justa: a EC e suas congéneres é isso que fazem, dissecam e retalham a obra do poeta para poder arrumar essas peças avulsas nas pastas pré-fabricadas do seu método. Por mim quero-o bem vivo, mesmo que assim seja muito mais difícil – e é – analisá-lo e classificá-lo.

Teresa Rita Lopes

NOTAS E ÍNDICES

LIVRO I
O ENGENHEIRO SENSACIONISTA (1913-1922)

AUTOSCOPIA (Antes de Caeiro: 1913-1914)

1 *Tão pouco heráldica a vida!* 35
[71-26ʳ] Ms. O texto traz uma indicação prévia: «The beginning of Alvaro de Campos» (Começo de Álvaro de Campos).

2 VIAGEM
Sonhar um sonho é perder outro. Tristonho 36
[38-26] Ms. Sem atribuição. Ausente de EC e de P/C.

3 *Lentidão dos vapores pelo mar...* 37
[64-93 a 94ʳ] Ms. Sem atribuição. Ausente de EC e de P/C.

4 CARNAVAL
a *A vida é uma tremenda bebedeira.* 39
[64-73 a 74] Ms. Antes do título do poema, o título do livro *Autoscopia*, com a indicação II, atribuído noutro sítio a Álvaro de Campos.
b *É Carnaval, e estão as ruas cheias* 41
[66-21] Ms. Sem atribuição.
c *□ não tenho compartimentos estanques* 42
[64-75] Ms. Sem atribuição. Ausente da EC e de P/C.
d *Aquela falsa e triste semelhança* 44
[66-33] Dact. Sem atribuição. Ausente de EC.

5 OPIÁRIO
É antes do ópio que a minh'alma é doente. 45
Orpheu 1, Março, 1915. «1914, Março. No canal de Suez, a bordo».

6 TRÊS SONETOS
[57A-36ᵛeʳ] Dact. Título previsto por Pessoa em vários projectos [144Y-62ᵛ, 48C-26, 48-29ʳ]. No testemunho usado: «Sonetos de Álvaro de Campos».
I *Quando olho para mim não me percebo.* 50
Data fictícia: «Lisboa, (seis a sete meses antes do *Opiário*) Agosto 1913». A data presumível é 1915, dada a dois poemas, sem atribuição, escritos na mesma folha – «O Barco Abandonado» (12/12/1915) e «Brise Marine» (21/12/1915).
II *A Praça da Figueira de manhã,* 50
«Londres (uns cinco meses antes do *Opiário*) Outubro 1913».
III *Olha, Daisy, quando eu morrer tu hás-de* 51

Apesar deste 3º soneto ter sido publicado na *Contemporânea* de 6/12/1923, com o título «Soneto já antigo», utilizei o testemunho único indicado por se tratar de um tríptico e não fazer sentido alienar uma das peças. Aliás, as diferenças são pequenas. Data fictícia: «(A bordo do navio em que embarcou para o Oriente; uns quatro meses antes do Opiário, portanto) Dezembro 1913».

7 BARROW-ON-FURNESS

Publicado na Ática, o único testemunho de que dispomos. Numa lista de projectos [48-29], este poema vem associado a «Carnaval» e a «Três sonetos», pelo que, na ficção pessoana, pertence à primeira fase de Campos. Deve, contudo, ter sido composto depois de 1923, data de «Lisbon revisited» também incluído nessa lista.

    I *Sou vil, sou reles, como toda a gente,* 52
    II *Deuses, forças, almas de ciência ou fé,* 52
    III *Corre, raio de rio, e leva ao mar* 53
    IV *Conclusão a sucata!... Fiz o cálculo,* 53
    V *Há quanto tempo, Portugal, há quanto* 54

ARCO DO TRIUNFO (Depois de Caeiro: 1914-1922)

8 ODE TRIUNFAL
À dolorosa luz das grandes lâmpadas eléctricas da fábrica 57
Orpheu, 1, Março, 1915. «Londres, 1914-Junho. ALVARO DE CAMPOS. Dum livro chamado *Arco do Triunfo*, a publicar.»

9 DOIS EXCERTOS DE ODES (FINS DE DUAS ODES, NATURALMENTE)
Reproduzo o texto da Ática, que seguiu o original dactilografado por Pessoa, com posteriores correcções, testemunho que se extraviou. O texto fornecido à *Revista de Portugal* em 1938, três anos após a morte de Pessoa, deve ser a cópia tirada a químico do original [70-3 e 4], essse, posteriormente riscado e corrigido por Pessoa, usado pela Ática. De facto, do texto da Ática foram eliminados vários versos nitidamente redundantes que figuram no texto da *Revista de Portugal*, em EC e em P/C. Mudei o título de circunstância da revista, «Dois Poemas», para o que figura no testemunho 70-3 e 4, fazendo preceder o «Fim» da 2.ª Ode de II, em vez da data que aí se encontra, e acrescentando ainda I, no início. A data no testemunho 70-3 e 4 é 30/6/1914.

    [I] *Vem, Noite antiquíssima e idêntica,* 64
    [II] *Ah o crepúsculo, o cair da noite, o acender das luzes nas grandes cidades,* 67

10 *Tudo se funde no movimento* 69
[66-74] Ms. Sem atribuição. Ausente de EC e de P/C, embora seja perfeitamente atribuível a Campos esta exaltação do «movimento».

11 *Chove muito, chove excessivamente...* 69
[57A-74^r] Ms. Sem atribuição. 20/11/1914.

12 *O melodioso sistema do Universo,* 70
[71^1-5^v] Ms. 27/11/1914.

13 *Os mortos! Que prodigiosamente* 70
[57A-82a, 82ʳ e 82b] Ms. Sem atribuição. 13/12/1914.

14 *Através do ruído do café cheio de gente* 71
[42-19ʳ] Ms. Sem atribuição. 1/5/1915.

15 *O binómio de Newton é tão belo como a Vénus de Milo.* 71
[69-11ʳ] Dact. O verso 3 introduz a atribuição do poema.

16 ODE MARÍTIMA
Sozinho, no cais deserto, a esta manhã de Verão, ...72
Orpheu, II, Julho, 1915.

17 A FERNANDO PESSOA – DEPOIS DE LER O SEU DRAMA ESTÁTICO «O MARINHEIRO» EM «ORPHEU I»
Depois de doze minutos 96
Solução Editora, 4, Lisboa, 1929. A data de 1915, fictícia, encontra-se no testemunho dactilografado 70-12ʳ, reproduzido no texto impresso. É fictícia porque um rascunho desse poema se encontra na página onde dactilografou «Marinetti, Académico», datado de 7/4/1929.

18 ODE MARCIAL
I *Quem se mexe nas trevas*..97
[57-52a] Ms. Inédito.
II *A Guerra!* 97
[66B-28ʳ] Ms. Sem atribuição.
a *Clarins na noite,* 98
[71-1ʳ] Misto. Sem atribuição.
b ♂□♄
Ruído longínquo e próximo não sei porquê 99
[57A-45 e 45a; 64-76 e 76a] Ms. Sem atribuição.
c *Hela hoho, helahoho!* 101
[144X-75ᵛ] Ms.
d *Barcos pesados vindo para as melancólicas sombras* 102
[71-27ʳ] Misto. Ausente de P/C.
e *As mortes, o ruído, as violações, o sangue, o brilho das baionetas*..............................103
[66C-79ʳ] Ms. Sem atribuição.
f *Inúmero rio sem água – só gente e coisas,* 103
[70-62] Misto. Foi o original fornecido à Ática: tem um apontamento do tipógrafo.
g *Se eu tirar com uma pancada* 104
[64-26ᵛeʳ] Misto. Sem atribuição.
h *Por aqueles, minha mãe, que morreram, que caíram na batalha*................................105
[66B-24] Ms. Sem atribuição.
i *Ai de ti, ai de ti, ai de nós!* 106
[66C-37ʳ] Ms.

19 SAUDAÇÃO A WALT WHITMAN
a *Portugal-Infinito, onze de Junho de mil novecentos e quinze...* 107
[70-5 e 6] Misto. Sem atribuição. 11/6/1915 é a data anunciada no primeiro verso do poema mas que pode ser ficcional.
b *Porta pra tudo!* 111
[70-9ʳ] Misto. Sem atribuição.
c *Hé-lá que eu vou chamar* 112
[70-11ʳ] Misto. Sem atribuição.
d *Por isso é a ti que endereço* 113
[70-8] Misto. Sem atribuição.
e *Numa grande marche aux flambeaux-todas-as-cidades-da-Europa* 114
[70-7ʳ] Misto. Sem atribuição.
f *Onde não sou o primeiro, prefiro não ser nada, não estar lá,* 115
[71-12] Ms. Sem atribuição.
g *Um comboio de criança movido a corda, puxado a cordel* 117
[71-7ʳ] Ms. Sem atribuição.
h *Heia? Heia o quê e porquê?* 117
[71-9 e 10ʳ] Ms. Sem atribuição.
i *Heia o quê? Heia porquê? Heia pra onde?* 119
[65-66ʳ] Misto. Sem atribuição.
j *Para saudar-te* 120
[71-8ᵛ] Ms. Sem atribuição.
l *Abram falência à nossa vitalidade!* 120
[64-66ʳ] Ms. Sem atribuição.
m *Minha oração-cavalgada!* 121
[64-70] Ms. Sem atribuição.
n *Abram todas as portas!* 121
[64-67] Ms. Sem atribuição.
o *Para cantar-te,* 122
[71-5ʳ] Dact. Sem atribuição.
p *O verdadeiro poema moderno é a vida sem poemas,* 122
[64-54ʳ] Ms. Sem atribuição.
q *No meu verso canto comboios, canto automóveis, canto vapores,* 123
[64-69ᵛ e ʳ] Ms. Sem atribuição.
r *Futilidade, irrealidade, estética de toda a arte* 123
[66-39, 39a, 40a] Ms. Sem atribuição.
s *Paro, escuto, reconheço-me!* 125
[64-53ʳ] Ms. Sem atribuição.

20 *Dá-nos a Tua paz,* 126
[66A-76] Ms. Sem atribuição.

21 A PASSAGEM DAS HORAS

a *Sentir tudo de todas as maneiras,* 128
[70-17 e 16] Dact. O fragmento b, escrito no mesmo papel timbrado deste e aparentemente pela mesma altura, tem a data de 22/5/1916.

b *Sentir tudo de todas as maneiras,* 131
[70-15, 19^v e ^{r} e 21^r] Misto. Sem atribuição. 22/5/1916.

c *Trago dentro do meu coração,* 137
[70-13 e 14^r] Dact. Sem atribuição. 22/5/1916.

d *Viro todos os dias todas as esquinas de todas as ruas,* 140
[70-18^r] Dact. Sem atribuição.

e *Clarim claro da manhã ao fundo* 143
[70-20] Misto. Sem atribuição.

f *Estatelo-me ao comprido em toda a vida* 144
[66A-29] Ms. Sem atribuição.

g *Passo adiante, nada me toca; sou estrangeiro.* 145
[64-27] Ms. Sem atribuição. Em papel timbrado da firma F. Pessoa, fundada em 1917.

22 *Acordar da cidade de Lisboa, mais tarde do que as outras,* 146
[69-51^r, 52^r e 53^r] Dact. Sem atribuição. Datável de cerca de 1916, atendendo ao poema escrito no verso «Na febre da tarde e da noite» [69-53^v], que, pelo seu estilo, me parece pertencer a esse período. Têm sido as estrofes deste poema objecto de diferentes articulações, inclusive por mim própria, nas minhas anteriores edições de Campos. Optei, finalmente, pela que me parece correcta. P/C articulam-nas de outra forma e colocam esse belo poema em Anexos, onde não é seguramente o seu lugar. Também a EC o desfigura, aglutinando a uma primeira página um poema do ortónimo, com outro ritmo, tendo apenas em comum com esse início o reproduzir o que devia ser o refrão lembrado de uma canção da infância, «Dai-me rosas, rosas, / E lírios também...». A minha organização seguiu de perto o texto da Ática, que, como outros mencionados, supõe a existência de um testemunho dactilografado, desaparecido do Espólio, seguido pela Ática, cuja cópia (69-51^r, 52^r e 53^r) é a que seguiram a EC e P/C. Sigo o testemunho da Ática, expurgado por Pessoa de elementos supérfluos.

23 A PARTIDA

a *Agora que os dedos da Morte à roda da minha garganta* 149
[71-16] Ms. Este longo poema de que Pessoa nos deixou vários fragmentos, habitualmente de difícil leitura, não foi integrado na edição da Ática.

b *Ah, se afronto confiado a vida, a incerteza da sorte,* 152
[69-49^r] Dact. Nas minhas anteriores edições, juntei este texto a «*Ah, perante esta única realidade, que é o mistério,*» [69-48], no que fui seguida por EC e P/C. Um acrescento a lápis no verso da folha (aqui em rodapé), nunca antes considerado, leva-me a identificá-lo como fragmento de «A Partida».

c *E se todos ligam pouca importância à morte, nem conseguem* 152
[64-31] Ms. Sem atribuição. P/C consideraram este fragmento um poema à parte. A EC também o desliga de «A Partida», inserindo-o noutro conjunto, como costuma fazer, não respeitando a integralidade de cada fragmento.

d *Ave atque vale, ó assombroso universo!* 154
[71-29] Ms.

e *E eu o complexo, eu o numeroso,* 155
[71-31 e 32] Ms.

f *E quando o leito estiver quase ao pé do tecto* 156
[64-68ʳ] Ms. Sem atribuição.

g *A morte – esse pior que tem por força que acontecer;* 157
[64-45] Ms. Sem atribuição. A EC considera este fragmento um poema à parte.

h *Entremos na morte com alegria! Caramba* 158
[64-84 e 84a] Ms. Sem atribuição. A inclusão deste fragmento no conjunto «A Partida» não me parece oferecer dúvidas, atendendo ao assunto e ao estilo. Contudo, P/C consideram-no um poema à parte.

i *Todos julgamos que seremos vivos depois de mortos.* 159
[64-77ʳ] Ms. Sem atribuição. 192... é a data impressa na folha de telegrama não utilizada que serviu de suporte ao poema. Ausente do poema «A Partida» em EC e P/C.

j *Quando for a Grande Partida,* 159
[66B-60] Ms. Sem atribuição. A EC considera este fragmento um poema à parte.

l *Da casa do monte, símbolo eterno e perfeito,* 159
[64-33] Ms. Sem atribuição. Tanto a EC como P/C consideraram este fragmento um poema à parte.

m *Não há abismos!* 160
[64-32] Ms. Sem atribuição. P/C consideraram este fragmento um poema à parte. A EC também o desliga de «A Partida», inserindo-o noutro conjunto, como costuma fazer, não respeitando a integralidade de cada fragmento.

n I *Eu cantarei,* 162
 II *Perto da minha porta* 162
[66A-26ʳ e 26aʳ] Ms. Sem atribuição. A EC considera à parte estes dois fragmentos, inexistentes em P/C.

o *Meu amor perdido, não te choro mais, que eu não te perdi!* 162
[64-34] Ms. Sem atribuição. A EC e a de P/C consideram à parte este fragmento.

p *Grande Libertador,* 163
[64-44ʳ] Ms. Sem atribuição. EC integra este fragmento na «Saudação a Walt Whitman», considerando ser ele o «Grande Libertador» aqui evocado, que é, sem sombra de dúvida, Alberto Caeiro, como acontece noutros fragmentos desta série. P/C inserem este poema apenas em nota, duvidando da sua atribuição a Campos, que me parece indubitável.

q *Agora que estou quase na morte e vejo tudo já claro,* 164
[70-10ʳ] Dact. Sem atribuição.

r *Desfraldando ao conjunto fictício dos céus estrelados* 164
[69-13ʳ] Dact.

24 *Minha imaginação é um Arco de Triunfo.* 165
[71-4ʳ] Misto. Sem atribuição.

25   I *Com as malas feitas e tudo a bordo* 167

     IV *Profunda e religiosa solidão do indefinido Universo,* 169
[71-40 a 44ʳ] Ms.

26 *Meu cérebro fotográfico...* 173
[144C-18ᵛ e 19] Ms. Sem atribuição. No verso da folha, um poema com data 24/6/1916. Ausente de EC. P/C admitem que não seja atribuível a Campos, opinião que não partilho: nem Pessoa nem nenhum dos seus «outros» assinariam tal texto que, à maneira futurista, mistura vários idiomas.

27 *Foi numa das minhas viagens...* 174
[58-9ʳ e 9a] Ms. Sem atribuição.

28 *Ah, estranha vida a de bordo! Cada novo dia* 175
[65-24ʳ] Ms. Sem atribuição. Ausente de EC e de P/C, embora a atribuição a Campos seja indiscutível.

29 EPISÓDIOS
    ... O tédio dos radidiotas e dos aerochatos, ...176
[71-17 a 18] Ms.

30 *Afinal, a melhor maneira de viajar é sentir,* 178
[69-44 e 45] Misto. Sem atribuição. A 1ª página traz a indicação da letra C e as posteriores D, E, F, parecendo indicar a integração deste texto num outro mais amplo, que não foi, contudo, encontrado.

31 OS EMIGRADOS
    Sós nas grandes cidades desamigas, ...181
[71-45ʳ] Ms.

32 *Uma vontade física de comer o universo* 182
[71-25ʳ] Ms. Esta Ode e a seguinte receberam inicialmente a atribuição a «A. Caeiro», posteriormente riscada e substituída por «A. Campos». Ver minha edição *Vida e Obras de Alberto Caeiro*, Global, S. Paulo, 2017, pp. 192, 193 e 268. P/C relegaram, injustificadamente, este poema para Anexo.

33 *E eu era parte de toda a gente que partia,* 183
[71-23ʳ] Ms. Sobre a atribuição ver nota antrerior. Ver minha edição citada pp. 194, 195 e 268. P/C colocam também em Anexo este poema atribuído a Campos. O poema é precedido pela indicação «2ª Ode».

34 *Ah, as horas indecisas em que a minha vida parece de um outro...* 183
[71-23ʳ] Ms. P/C consideram este poema continuação do anterior, o que se me afigura totalmente improvável, dada a descontinuidade de sentido e de situação.

35 *Toda a gente é interessante se a gente souber ver toda a gente.* 184
[71-38ʳ] Ms. Apesar de atribuído, P/C consideram-no anexo.

36 *O ter deveres, que prolixa coisa!* 184
Ática, testemunho único. Sem atribuição.

37 POEMA EM LINHA RECTA
Nunca conheci quem tivesse levado porrada. 185
Ática, testemunho único. Sem atribuição.

38 *Vou atirar uma bomba ao destino.* 186
[71A-7ʳ] Ms. Ausente de EC, este poema, de um único verso, assinado, deve figurar no activo de Campos. P/C consideraram-no prosa.

39 *Duas horas e meia da madrugada. Acordo e adormeço.* 186
[65-55ᵛ] Ms. Quanto à atribuição, ver Prefácio e Posfácio. Ausente de EC e P/C, provavelmente por levarem a sério a atribuição a Alberto Caeiro, por Pessoa, numa lista, deste poema e do seguinte, num período em que Campos se tinha retirado como poeta.

40 *O conto antigo da Gata Borralheira,* 187
[65-55ʳ] Ms. Sem atribuição. Quanto à atribuição, ver Prefácio e Posfácio.

41 *Ah, sempre me contentou que a plebe se divertisse.* 187
[64-21] Ms. Sem atribuição. Escrito num cartão de convite para um baile de Carnaval de 1921 da Associação Académica da Faculdade de Direito de Lisboa. Ausente de EC e de P/C, apesar de o poema não poder ser atribuível senão a Campos.

42 *Ah quem tivesse a força para desertar deveras!* 187
[71A-13ʳ] Dact. Ausente de P/C, apesar de Campos ter praticado várias vezes poemas com um só verso.

LIVRO II
O ENGENHEIRO METAFÍSICO (1923-1930)

43 LISBON REVISITED (1923)
Não: não quero nada. 191
Contemporânea, 8, fevereiro, 1923.

44 PASSAGEM DAS HORAS
Nada me prende, a nada me ligo, a nada pertenço. 193
[71¹-6] Ms. 10/4/1923.

45 *Encostei-me para trás na cadeira de convés e fechei os olhos,* 194
[69-46ʳ] Dact. Sem atribuição.

46 *Vai pelo cais fora um bulício de chegada próxima,* 195
Ática, testemunho único.

47 *Mas eu, em cuja alma se reflectem* 195
Ática, testemunho único.

48 *Ah, onde estou ou onde passo, ou onde não estou nem passo,* 196
Ática, testemunho único.

49 *O tumulto concentrado da minha imaginação intelectual...* 197
[69-47ʳ] Dact.

50 *Cristãos, pagãos, maometanos,* 198
[64-25] Ms. Sem atribuição.

51 *O descalabro a ócio e estrelas...* 199
Ática, testemunho único.

52 *Mas não é só o cadáver* 200
[71-37] Ms.

53 *O dia está a intentar raiar. As estrelas cosmopolitas* 201
[66C-17ʳ] Ms. Sem atribuição. Ausente de EC e de P/C, embora seja nitidamente de Campos.

54 *Quando nos iremos, ah quando iremos de aqui?* 202
[71¹-7] Ms. 28/10/1924.

55 *Ver as coisas até ao fundo...* 204
[66-27ʳ] Ms. Sem atribuição. Posterior a 1923 – no verso de «Aviso por causa da Moral».

56 *Que lindos olhos de azul inocente os do pequenito do agiota!* 204
Ática, testemunho único.

57 *Cruzou por mim, veio ter comigo, numa rua da Baixa* 205
Ática, testemunho único.

58 LISBON REVISITED (1926)
Nada me prende a nada. 207
[70-25ʳ e 26ʳ] Dact. 26/4/1926. Não segui o texto publicado na *Contemporânea*, em Junho de 1926, por excessivamente defeituoso, mas o testemunho dactilografado que parece ter-lhe servido de base, com as intervenções que assinalei em nota de rodapé.

59 *A coisa estranha e muda em todo o corpo,* 209
[70-24ᵛ] Ms. Sem atribuição. Posterior a 26/4/1926 – data na mesma página, no final do rascunho de «Lisbon Revisited» (1926).

60 *Se te queres matar, porque não te queres matar?* 210
[69-2] Misto. 26/4/1926. Usei paralelamente o testemunho indicado e a edição da Ática.

61 *Faróis distantes,* 213
[69-3] Dact. Sem atribuição. 30/4/1926.

62 *O florir do encontro casual* 214
[69-3] Dact. Sem atribuição. 30/4/1926.

63 *Meu coração, bandeira içada* 214
[60-2ᵛ] Ms. Sem atribuição. Ausente de EC. Um poema, no outro lado da folha, tem a data de 26/8/1926.

64 ODE MORTAL
Tu, Caeiro, meu mestre, qualquer que seja o corpo 215
[60-4b, 4a, 4 e 4c] Ms. Sem atribuição. 12/1/1927.

65 *Nas praças vindouras – talvez as mesmas que as nossas –* 218
[69-4] Dact. Sem atribuição. 3/2/1927.

66 *Ai, Margarida,* 219
[71-21ʳ] Dact. 1/10/1927 – Data de outro testemunho (60-8) com pequenas variantes mas sem atribuição a Campos.

67 *O frio especial das manhãs de viagem,* 220
[69-42ʳ] Ms. Data de um poema de R. Reis no verso de um rascunho [52-19ᵛ] deste poema: 9-10-1927.

68 *Perdi a esperança como uma carteira vazia...* 220
[71¹-8ʳ] Ms. 17/12/1927.

69 TABACARIA
Não sou nada. 221
presença, 39, Coimbra, Julho, 1933. Em *presença*, o local e a data – Lisboa, 15 de Janeiro de 1928 – antecedendo o nome do autor.

70 *Quase sem querer (se o soubéssemos!) os grandes homens* 226
[64-46ʳ] Ms. Sem atribuição.

71 GAZETILHA
Dos Lloyd Georges da Babilónia 227
Antes de *presença* (n.º 18, Coimbra, Janeiro, 1929), foi publicado no diário *Sol* (Lisboa, 10/11/1926).

72 *No conflito escuro e besta* 228
[71-22ʳ] Dact.

73 ESCRITO NUM LIVRO ABANDONADO EM VIAGEM
Venho dos lados de Beja. 228
presença, 10, Coimbra, Março, 1928. Data no testemunho manuscrito 70-34^v: 25/1/1928.

74 APOSTILA
Aproveitar o tempo! 229
O Notícias Ilustrado, Lisboa, 27/5/28. Data do testemunho dactilografado 70-35 e 36: 11/4/1928. O testemunho citado não foi o seguido nas publicações ulteriores (também *presença*, em Novembro de 1939), como o indicam algumas divergências.

75 DEMOGORGON
Na rua cheia de sol vago há casas paradas e gente que anda. 231
[70-37^r] Dact. 12/4/1928.

76 ADIAMENTO
Depois de amanhã, sim, só depois de amanhã... 232
Solução Editora, l, Lisboa, 1929. Data no testemunho dactilografado 70-39: 14/4/1928.

77 *Mestre, meu mestre querido!* 234
[69-5^r e 6^r] Misto. Sem atribuição. 15/4/1928.

78 *Às vezes medito,* 236
[60-25] Ms. Sem atribuição. 29/4/1928. A EC não inseriu o lado verso da folha, isto é, os quatro últimos versos.

79 *O que é haver ser, o que é haver seres, o que é haver coisas,* 237
[71-19^r] Ms. Sem atribuição. Poderia também ser uma fala de «Fausto» – talvez nem Pessoa tivesse decidido a atribuição definitiva.

80 *O horror e o mistério de haver ser,* 238
[64-17^r] Ms. Mesma observação que para o texto anterior. Ausente de EC e de P/C.

81 *Ah, perante esta única realidade, que é o mistério,* 239
[69-48^r e 49^r] Dact. Mesma observação que para os textos precedentes.

82 *Se nada houvesse para além da morte,* 240
[66A-14 e15] Ms. Sem atribuição.

83 NA ÚLTIMA PÁGINA DE UMA ANTOLOGIA NOVA
Tantos bons poetas! 241
[60-26] Ms. Sem atribuição. 1/5/1928.

84 *No ocaso, sobre Lisboa, no tédio dos dias que passam,* 242
[60-26^v] Ms. Sem atribuição. Apesar de ser nitidamente de Campos, não figura na EC nem em P/C. Data no verso do poema anterior, escrito no mesmo dia: 1/5/1928.

85 *Na noite terrível, substância natural de todas as noites,* 243
[69-7] Misto. Sem atribuição. 11/5/1928.

86 NUVENS
No dia triste o meu coração mais triste que o dia... 245
[70-40] Misto. 13/5/1928.

87 *Ao volante do Chevrolet pela estrada de Sintra,* 246
[69-8] Misto. 11/5/1928.

88 NOCTURNO DE DIA
... Não: o que tenho é sono. 247
[60-28r] Ms. Sem atribuição. 16/6/1928.

89 «THE TIMES»
Sentou-se bêbado à mesa e escreveu um fundo 248
[70-41r] Dact. Atribuição interrogada. 16/8/1928.

90 CANÇÃO À INGLESA
Cortei relações com o sol e as estrelas, pus ponto no mundo. 248
[60-29v e 30r] Ms. 1/12/1928 – data no poema «Canção abrupta», no outro lado da folha.

91 CANÇÃO ABRUPTA
O céu de todos os invernos 249
[60-29r e 30v] Ms. 1/12/1928. Sem atribuição na página. Aposta, contudo, no poema «Canção à inglesa», no outro lado da folha, no mesmo momento de escrita. Ausente da EC.

92 O FUTURO
Sei que me espera qualquer coisa 250
[66-29r e 28r] Ms. Sem atribuição. Ausente da EC e de P/C. 1/12/1928 – Data de «Canção Abrupta», numa página do mesmo bloco, excepcionalmente usado.

93 *Não tenho sinceridade nenhuma que te dar.* 250
[71¹-1v] Ms. Data aposta a outro poema no rosto da folha: 22/1/1929.

94 *Ora até que enfim..., perfeitamente...* 251
Ática, testemunho único.

95 *O soslaio do operário estúpido para o engenheiro doido –* 252
[71¹-9r] Ms. 22/1/1929.

96 APONTAMENTO
A minha alma partiu-se como um vaso vazio. 253
presença, 20, Coimbra, Abril-Maio, 1929.

97 *Talvez não seja mais do que o meu sonho...* 255
[60-31] Ms. Sem atribuição. 25/1/1929.

98 INSÓNIA
Não durmo, nem espero dormir. 256
[70-43] Misto. 27/3/29.

99 *O sorriso triste do ante-dia que começou* 258
[71-30r] Ms.

100 ACASO
No acaso da rua o acaso da rapariga loura. 259
[70-44r] Misto. Sem atribuição. 27/3/29.

101 *Ah, abram-me outra realidade!* 260
[60-37] Ms. Sem atribuição. 4/4/1929.

102 MARINETTI, ACADÉMICO
Lá chegam todos, lá chegam todos... 262
[70-61r] Dact. Existe um testemunho anterior (71¹-10r), que este passou a limpo, com data de 7/4/1929.

103 *A luz cruel do estio prematuro* 262
[71¹-10v] Ms. Sem atribuição. 10/4/1929.

104 *Meu coração, mistério batido pelas lonas dos ventos...* 263
[71¹-11] Ms. 10/5/1929.

105 QUASI
Arrumar a vida, pôr prateleiras na vontade e na acção. 264
[70-46r] Dact. 15/5/1929 – Data do testemunho misto 70-45 (seguido pela Ática, com o título «Reticências») anterior a este, que incorpora a emenda aí feita: «Coitadinhos» (Deuses) em vez de «Santos».

106 *Não ter deveres, nem horas certas, nem realidades...* 265
[64-22r] Ms. Sem atribuição. Ausente da EC.

107 *Ah a frescura na face de não cumprir um dever!* 265
[69-9r] Dact. Sem atribuição. 17/6/1929.

108 POEMA DE CANÇÃO SOBRE A ESPERANÇA
[60-43] Dact. Sem atribuição. 17/6/1929.
I *Dá-me lírios, lírios,* 266
II *Usas um vestido* 266

109 *Já sei: alguém disse a verdade...* 268
[66D-13ʳ] Ms. Sem atribuição.

110 *Não se preocupem comigo: também tenho a verdade.* 268
[60-44ʳ] Ms. Sem atribuição. 18/6/1929.

111 *Ah, no terrível silêncio do quarto* 268
[60-47ʳ] Ms. Sem atribuição. 16/8/1929.

112 *E eu que estou bêbado de toda a injustiça do mundo –* 269
[71-49] Ms.

113 DILUENTE
A vizinha do número catorze ria hoje da porta 270
[60-49ʳ e 49a] Ms. Sem atribuição. 29/8/1929.

114 *Bem sei que tudo é natural* 271
[71-39 e 39a] Ms.

115 DE LA MUSIQUE...
Ah, pouco a pouco, entre as árvores antigas, ...273
[70-48ʳ] Dact. Existe um testemunho misto anterior, 70-47, com acrescento de título e pontuação manuscritos, incluídos em 70-48ʳ. Data no testemunho 70-47: 17/9/1929.

116 P-HÁ
Hoje, que sinto nada a vontade, e não sei que dizer, ...274
[71¹-12ʳ] Ms. 2/12/1929.

117 *Esse é um génio, é o que é novo é* □ 274
[60-32] Ms. Sem atribuição. Data na folha de um pequeno bloco onde foram escritos outros poemas do mesmo ano: 1929.

118 *Nunca, por mais que viaje, por mais que conheça* 275
[69-10ʳ] Dact. 31/12/1929 (Évora).

119 *Passo, na noite da rua suburbana,* 276
[71¹-13 a 15ʳ] Ms. 6/1/1930.

120 *Hoje que tudo me falta, como se fosse o chão,* 278
[60A-5] Ms. Sem atribuição. 9/3/1930.

121 *Há tantos deuses!* 279
[60A-6] Ms. Sem atribuição. 9/3/1930.

122 *Cesário, que conseguiu* 279
[60A-8] Ms. Sem atribuição. 6/4/1930.

123 CARRY NATION
Não uma santa estética, como Santa Teresa, ...280
[71-13 a 15 e 60A-9ʳ] Ms. 8/4/1930 – Data no fragmento 60A-9ʳ.

124 *Chega através do dia de névoa alguma coisa do esquecimento.* 281
[69-14ʳ] Dact. 21/4/1930.

125 PARAGEM. ZONA
Tragam-me esquecimento em travessas! 282
[60A-11] Ms. Sem atribuição. 28/5/1930.

126 ANIVERSÁRIO
No tempo em que festejavam o dia dos meus anos, ...283
presença, 27, Lisboa, Junho-Julho, 1930. Na *presença*, a data fictícia de 15/10/1929, correspondente ao aniversário de Campos. A data real do poema, 13/6/1930, do aniversário de Pessoa, figura no testemunho manuscrito 70-49 a 51.

127 *Estou cansado da inteligência.* 285
[71¹-16ʳ] Ms. 18/6/1930.

128 DIAGNÓSTICO
Pouca verdade! pouca verdade! 286
[60A-12] Ms. Sem atribuição. 18/6/1930.

129 BICARBONATO DE SODA
Súbita, uma angústia... 287
[70-52ʳ] Misto. Sem atribuição. 20/6/1930.

130 *A rapariga inglesa, tão loura, tão jovem, tão boa* 288
[60A-14 a 16] Ms. Sem atribuição. 29/6/1930.

131 CUL DE LAMPE
Pouco a pouco, ...290
[71¹-17] Misto. 2/7/1930.

132 *Sim, é claro,* 292
[60A-17] Ms. Sem atribuição. 3/7/1930.

133 *Contudo, contudo,* 293
[69-50ʳ] Dact. Sem atribuição.

134 *Gostava de gostar de gostar.* 294
[69-54ʳ] Dact.

135 *Meu pobre amigo, não tenho compaixão que te dar.* 295
[71¹-18] Ms. 9/7/1930.

136 *A vida é para os inconscientes (ó Lydia, Celimène, Daisy)* 296
[71-20ʳ] Ms.

137 *Vendi-me de graça aos casuais do encontro.* 297
[71¹-2ʳ] Ms. 19/7/1930.

138 *Não! Só quero a liberdade!* 300
[71¹-19] Ms. 11/8/1930.

139 *A liberdade, sim, a liberdade!* 301
[60A-25] Ms. Sem atribuição. 17/8/1930.

140 *Grandes são os desertos, e tudo é deserto.* 302
[69-15] Dact. 4/9/1930.

141 *O mesmo Teucro duce et auspice Teucro* 304
Ática, testemunho único.

142 TRAPO
O dia deu em chuvoso. 305
presença, 31-32, Março-Junho, 1931. No testemunho manuscrito 70-53 a data é 10/9/1930.

143 *Começo a conhecer-me. Não existo.* 306
Ática, único testemunho (Teucro *duce et auspice* Teucro). Sem atribuição.

144 *Tenho escrito mais versos que verdade.* 306
[71¹-20ʳ] Ms. Data aposta, no verso da folha, a um outro fragmento de poema ortónimo: 15/10/1930.

145 *No fim de tudo dormir.* 306
[69-43ʳ] Dactilografado no verso de um formulário para telegrama, com a indicação de 193...

146 *A plácida face anónima de um morto.* 307
[69-12ʳ] Dact. Alguém riscou a atribuição a A. de Campos e escreveu em seu lugar Fernando Pessoa, modernizando a ortografia, aparentemente para publicação do texto.

LIVRO III
O ENGENHEIRO APOSENTADO (1931-1935)

147 *Tenho uma grande constipação,* 311
[69-17ʳ] Dact. Sem atribuição. 14/3/1931.

148 OXFORDSHIRE
Quero o bem, e quero o mal, e afinal não quero nada. 312
[61-37] Ms. Sem atribuição. 4/6/1931.

149 *Sim, sou eu, eu mesmo, tal qual resultei de tudo,* 313
[69-18ʳ] Misto. 6/8/1931.

150 AH, UM SONETO...
Meu coração é um almirante louco 314
Presença, 34, Coimbra, Novembro 1931-Fevereiro 1932. No testemunho manuscrito 70-54 figura a data de 12/10/1931.

151 *Meu coração, o almirante errado* 316
[64-35ʳ e 36ʳ] Ms. Sem atribuição.

152 *Não fales alto, que isto aqui é vida –* 316
[71¹-22ʳ] Ms. 21/10/1931.

153 *Sim, não tenho razão...* 317
[9-7ᵛ] Ms. A atribuição a A. de C. impõe-se: não por figurar no verso de afirmações em prosa atribuídas a Campos mas por se inserir numa série de, por assim dizer, monodiálogos, como o poema que se segue, em que as intervenções do *tu* se adivinham nas do *eu*. A EC não integra este poema em nenhuma das séries – maior ou menor. Ivo Castro integrou-o nos poemas ortónimos (1931-1933), onde não pode ter lugar. P/C enganam(-se) com a falsa afirmação, em nota final, de que publiquei os versos como ortónimos. 31/10/1931.

154 *É inútil prolongar a conversa de todo este silêncio.* 318
[61-48ᵛ e ʳ] Ms. Sem atribuição. A referência na nota anterior aos «monodiálogos» de Campos aplica-se também a este poema. 22/11/1931.

155 *Acordo de noite, muito de noite, no silêncio todo.* 319
[61-49ʳ] Ms. Sem atribuição. 25/11/1931 – Depois da data, «a.m.».

156 NOTAS SOBRE TAVIRA
Cheguei finalmente à vila da minha infância. 320
[61-50] Ms. Sem atribuição. 8/12/1931.

157 *Quero acabar entre rosas, porque as amei na infância.* 321
Descobrimento, Lisboa, Inverno, 1931-1932. A data aposta ao texto manuscrito 69-41ʳ é 8/12/1931.

158 *Não, não é cansaço...* 322
Ática, testemunho único.

159 *Sucata de alma vendida pelo peso do corpo,* 323
[64-79ʳ] Ms. Sem atribuição. Posterior a 1/2/1932, data do carimbo de correio de propaganda de literatura policial britânica, suporte do poema.

160 *A alma humana é porca como um ânus* 326
[71-34 e 35ʳ] Ms.

161 *São poucos os momentos de prazer na vida...* 327
[61A-1 e 1a] Ms. Sem atribuição. Ausente de EC. 5/2/1932.

162 *Ah, que extraordinário,* 328
[64-5r] Ms. Sem atribuição. Data de outro texto, um apontamento à margem: 28/3/1932.

163 COSTA DO SOL
[71¹-23r a 24v] Ms. 9/9/1932.
I *Todas as coisas são impressionantes.* 329
II *Deixo, deuses, atrás a dama antiga* 329
III *Somos meninos de uma primavera* 330

164 *Ah, como outrora era outra a que eu não tinha!* 331
[46-10] Ms. Sem atribuição. Ausente de EC e de P/C.

165 REALIDADE
Sim, passava aqui frequentemente há vinte anos... 332
[70-55r] Misto. 15/12/1932.

166 *Que somos nós? Navios que passam um pelo outro na noite,* 334
[64-78r] Ms. Sem atribuição. Ausente de EC.

167 *E o esplendor dos mapas, caminho abstracto para a imaginação concreta,* 334
[69-19r] Dact. 14/1/1933.

168 *Na ampla sala de jantar das tias velhas* 335
[71¹-25av] Ms. Data aposta a um poema ortónimo escrito na folha contígua: 29/1/1933.

169 *A clareza falsa, rígida, não-lar dos hospitais* 335
[71¹-25ar] Ms. Data aposta a um poema ortónimo escrito na folha contígua: 29/1/1933.

170 *Ah o som de abanar o ferro da engomadeira* 336
[64-81r, 82r e 83r] Ms. Sem atribuição.

171 *E o som só dentro do relógio acentuado* 336
[71-36r] Ms.

172 *Névoas de todas as recordações juntas* 337
[71-48r] Ms.

173 *Que noite serena!* 337
Ática, testemunho único. Sem atribuição.

174 *Penso em ti no silêncio da noite, quando tudo é nada,* 339
[64-85] Ms. Sem atribuição. Posterior a 15/3/1933, data do carimbo do correio no envelope em que o poema foi escrito.

175 *Faze as malas para Parte Nenhuma!* 340
[71¹-26ʳ] Ms. 2/5/1933.

176 PSIQUETIPIA
Símbolos. Tudo símbolos... 341
[70-56ʳ] Dact. 7/11/1933.

177 MAGNIFICAT
Quando é que passará esta noite interna, o universo, ...342
[70-57ʳ] Dact. 7/11/1933.

178 PECADO ORIGINAL
Ah, quem escreverá a história do que poderia ter sido? 343
[70-59ʳ] Dact. «Mundo, 7 de Dezembro de 1933».

179 DACTILOGRAFIA
Traço, sozinho, no meu cubículo de engenheiro, o plano, ...344
[70-60ʳ] Misto. 19/12/1933. Publicado em *presença*, n.º1, Novembro, 1939, com pequenas diferenças em relação à edição da Ática. Podemos admitir que tenha sido enviado à *presença* o original do testemunho 70-60ʳ (que é uma cópia dactilografada) com emendas introduzidas por Pessoa.

180 *Não ter emoções, não ter desejos, não ter vontades,* 345
[71-28] Ms.

181 *Não será melhor* 346
[71¹-28ʳ] Ms. 12/4/1934.

182 *Puseram-me uma tampa –* 346
[71¹-27ʳ] Ms. 12/4/1934.

183 *Lisboa com suas casas* 347
[69-20ʳ] Dact. 11/5/1934. Prova de que os originais estiveram à mercê de tratos vários, no recto e no verso da folha, a sobrinha, na altura com nove anos, imitou a assinatura do tio, de A de C, e no verso escreveu «o tio é muito mau».

184 *Esta velha angústia,* 348
[69-21ʳ] Dact. 16/6/1934.

185 *Na casa defronte de mim e dos meus sonhos,* 349
[69-22ʳ] Dact. 16/6/1934.

186 *Saí do comboio,* 350
[71¹-29] Ms. 4/7/1934.

187 *Mas eu não tenho problemas; tenho só mistérios.* 351
[71-46ʳ] Ms.

188 *A música, sim, a música…* 351
[71¹-30] Ms. 19/7/1934.

189 *Começa a haver meia-noite, e a haver sossego,* 352
[69-24ʳ] Ms. 9/8/1934.

190 *Domingo irei para as hortas na pessoa dos outros,* 353
[69-23ʳ] Ms. 9/8/1934.

191 *Há tanto tempo que não sou capaz* 354
[71¹-32ʳ] Ms. 9/8/1934.

192 *Sem impaciência,* 355
[71¹-31ʳ] Ms. 9/8/1934.

193 *– O senhor engenheiro não conhece aquela cantiga?* 356
[11¹⁴X-2] Ms. Sem atribuição. Ausente da EC.

194 DOBRADA À MODA DO PORTO
Um dia, num restaurante, fora do espaço e do tempo, ...358
Ática, testemunho único.

195 VILEGIATURA
O sossego da noite, na vilegiatura no alto; 359
Ática, testemunho único.

196 *Depus a máscara e vi-me ao espelho…* 361
[69-25ʳ] Ms. 11/8/1934.

197 *Como, nos dias de grandes acontecimentos no centro da cidade,* 362
[71¹-33ʳ] Ms. 16/8/1934.

198 *Depois de não ter dormido,* 363
[62B-2] Ms. Sem atribuição. 5/9/1934.

199 *E deito um cigarro meio fumado fora* 364
[65-4ʳ] Ms. Sem atribuição. Ausente de EC e de P/C, apesar de nitidamente atribuível a Campos.

200 LÀ-BAS, JE NE SAIS OÙ…
Véspera de viagem, campainha… 365
Ática, testemunho único.

201 *Na véspera de não partir nunca* 367
Existe um testemunho manuscrito [69-26ʳ e 27ʳ], datado de 27/9/1934, seguido por EC e P/C, mas que não é a última vontade de Pessoa. A Ática usou indiscutivelmente um testemunho diferente, posterior (desaparecido), em que o autor terá introduzido modificações de palavras e de pontuação. Ver essas alterações em notas de rodapé.

202 *O que há em mim é sobretudo cansaço –* 368
[69-28ʳ] Misto. 9/10/1934.

203 *Tantos poemas contemporâneos!* 369
[62B-41ᵛ e ʳ] Ms. Sem atribuição. 1/11/1934. A EC ignorou a última estrofe do poema.

204 *Subiste à glória pela escada abaixo.* 370
[71¹-34ʳ] Ms. Sem atribuição. 30-11-1934.

205 *Símbolos? Estou farto de símbolos...* 371
(69-30ʳ] Ms. Sem atribuição. 18/12/1934.

206 *Às vezes tenho ideias felizes,* 372
[69-29ʳ] Ms. Sem atribuição. 18/12/1934.

207 *Ali não havia electricidade.* 373
[69-31ʳ] Ms. Sem atribuição. 20/12/1934.

208 *Não: devagar.* 374
[69-32ʳ] Ms. Sem atribuição. 30/12/1934.

209 *Os antigos invocavam as Musas.* 375
[69-33ʳ] Ms. Sem atribuição. 3/1/1935. A seguir à data, «First this year».

210 *Há mais de meia hora* 376
[69-34ʳ] Ms. Sem atribuição. 3/1/1935.

211 *Depois de quando deixei de pensar em depois* 377
[71¹-35ʳ] Ms. Sem atribuição. 3/1/1935.

212 *Eu, eu mesmo...* 378
[69-35ʳ] Ms. 4/1/1935.

213 *Não sei se os astros mandam neste mundo,* 379
[71¹-3ʳ] Ms. 5/1/1935.

214 *Ah! Ser indiferente!* 380
[71¹-3ᵛ] Ms. Sem atribuição. 12/1/1935.

215 REGRESSO AO LAR
Há quanto tempo não escrevo um soneto 381
[71¹-4ʳ] Ms. 3/2/1935.

216 *Sim, está tudo certo.* 382
[63-6ʳ] Ms. Sem atribuição. 5/3/1935. Poema publicado pela Aguilar e edições subsequentes como de Pessoa ortónimo.

217 *Estou cansado, é claro,* 383
[69-36ʳ] Ms. 24/6/1935.

218 *Não estou pensando em nada* 384
[69-37ʳ] Ms. 6/7/1935.

219 *O sono que desce sobre mim,* 385
[69-38ʳ] Dact. 28/8/1935.

220 *Estou tonto,* 386
[16A-24ʳ] Ms. 12/9/1935.

221 *Todas as cartas de amor são* 387
[69-39ʳ] Misto. 21/10/1935.

APÊNDICE
FRAGMENTOS DAS "GRANDES ODES"

222 *Ó noite, vem...* 393
[15⁴-44aᵛ] Ms. No verso, comunicações mediúnicas de Wardour e Margaret Mansel. Deve datar de 1916, do período das «grandes odes», em que outras vezes ocorre a invocação da noite. Inédito.

223 ODE MARCIAL
a *Ave guerra, som da luz e do fogo* 394
[64-42] Ms. Sem atribuição.
b *O que quer que seja que cria e mantém este mundo,* 394
[71-50ʳ] Ms.
c *(Campina e trigo, campina,* 394
[66C-74] Ms. Sem atribuição. As páginas fixadas trazem os números 2 e 3. Ausente de EC e P/C.
d *Chove fogo – ouro de barulho estruge...* 395
[58-2ᵛ] Ms. Sem atribuição.

224 SAUDAÇÃO A WALT WHITMAN
a *Portugal – Infinito, onze de Junho de 1915* 397
[71-6] Ms. Sem atribuição.
b *O pó que fica das velocidades que já se não vêem!* 398
[64-29ᵛ e ʳ] Ms. Sem atribuição.
c *A minha universalite –* 399
[64-72ʳ] Ms. Sem atribuição.
d *Com bandas militares à frente, compostas de volantes e hélices,* 399
[64-28ʳ] Ms. Sem atribuição.

e *Cá estamos no pincaro – nós dois.* 399
[64-96ᵛ e ʳ] Ms. Sem atribuição.

f *Para cantar-te,* 400
[71-4ᵛ] Ms. Sem atribuição.

g *Ah, de que serve* 400
[71-11ʳ] Ms. Sem atribuição. Anterior a 5/5/1918 - data profetizada por uma comunicação mediúnica, na mesma folha, para qualquer acontecimento futuro.

h *Choro como a criança a quem falta a lua perto,* 401
[64-71ʳ] Ms. Sem atribuição.

i *A expressão, aborto abandonado* 401
[71-8ʳ] Ms. Sem atribuição.

j *Eu, o ritmista febril* 402
[71-3ʳ] Ms. O autor hesita em identificar este fragmento como «Passagem das horas ou Walt Whitman».

225 A PASSAGEM DAS HORAS – PARTE II –
Grandes estandartes de fumo das chaminés das fábricas 403
[71-23 e 24] Ms. Sem atribuição.

226 *Mas mesmo assim, de repente, mas devagar, devagar,* 403
[66-5ʳ] Misto. Sem atribuição. No início deste fragmento, a indicação «fim», aparentemente, de uma das grandes odes. Ausente de P/C.

ESBOÇOS, RASCUNHOS, FRAGMENTOS

227 *Um tédio todo aos solavancos,* 408
[57-41] Ms. Atendendo à data, este poema fará parte dos primeiros de Campos que precederam a «Ode Triunfal». 25/7/1913. Inédito.

228 MANIFESTO DE ÁLVARO DE CAMPOS
Ora porra! 408
[58-9ᵛ] Ms. Sobre o poema, o autor fez um traço em cruz, provavelmente por tê-lo passado a limpo. O texto que se segue, declaradamente parte de um mencionado «Manifesto», poderia dele ser parte integrante. 27/6/1916 – Data aposta, noutro poema, na mesma folha.

229 *Arre, que tanto é muito pouco!* 409
[66-23] Ms. Sem atribuição.

230 *Ora porra!* 409
[133A-81ʳ] Ms. Sem atribuição. Este texto encontra-se também assinado Campos, com uma pequena diferença, num bilhete de Pessoa oferecido por A. Botto a Alberto de Serpa em cujo espólio se encontra na Biblioteca Municipal do Porto.

231 *Se o meu coração é aberto a todas as sensações* 409
[61-44ᵛ] Ms. Sem atribuição. Data no verso da folha: 3/9/1932. Inédito.

232 *Todas as horas faço gaffes de civilidade e etiqueta,* 410
[71-45ᵛ e 45a] Ms. É um prenúncio de «Poema em linha recta» mas muito mais que um rascunho, com versos ausentes desse poema. Ausente da EC.

233 *Este meu incidente* 410
[65-5ʳ] Ms. Esta afirmação desgarrada, com tal disposição, só pode ser de Campos, provável início de um poema ou ideia para isso. Posterior a 1920 – Data de um impresso da empresa M. Ávila Lima. Inédito.

234 *Estou vazio como um poço seco.* 411
[48B-13ʳ] Ms. Sem atribuição. Posterior a 1923, porque escrito no panfleto, contra os estudantes de Lisboa, em defesa de Raul Leal.

235 *Ah, quem me dera ser desempregado!* 411
[71¹-21] Ms. 28/2/1931.

236 *A incrível distância a que está cada alma de nós,* 411
[64-15ʳ] Ms. Inédito

237 *Onde é que os mortos dormem? Dorme algu*ém 411
[71¹-25a] Ms.

238 *Saudação a todos quantos querem ser felizes*: 412
[144F-4ᵛ] Ms. Escrito num bloco de apontamentos com datas dispersas do ano de 1935.

239 *Nas minhas veias, por onde corre, numa lava de asco,* 412
[64-65ʳ] Ms. Ausente da EC e de P/C.

240 *Estou escrevendo sonetos regulares* 413
[66-26ʳ] Ms. Sem atribuição.

241 *O horror sórdido do que, a sós consigo,* 413
[71-47ʳ] Ms.

242 *A água de aqui é boa, não é?* 414
[71-47ʳ] Ms.

NA FRONTEIRA ENTRE DUAS AUTORIAS

243 *Ah, os primeiros minutos nos cafés de novas cidades!* 416
[68-9ʳ] Ms. Precedido pela indicação «A.C.- 5 Odes», que pertence à série anunciada «Cinco odes futuristas», primitivamente atribuídas a Caeiro. Data, por isso, do período que vai de Março (em que Caeiro «nasceu») a Junho, em que Campos se manifestou, com a «Ode Triunfal».

244 TRAMWAY
Aqui vou eu num carro eléctrico, mais umas trinta ou quarenta pessoas, ...417
[44-12] Ms. Sem atribuição. 8/10/1919.

245 *O bêbado caía de bêbado* 418
[44-38ʳ] Ms. Sem atribuição.

246 *Os galos cantam e estou bebedíssimo.* 419
[61-45ʳ] Dact. Sem atribuição. 4/10/1931.

247 *Há cortejos, pompas, discursos,* 419
[66A-99ʳ] Ms. Sem atribuição.

248 *Durmo, remoto; sonho, diferente,* 419
[65-72ʳ] Ms. Sem atribuição.

249 *O cão que veio do abismo* 420
[62A-21ʳ] Ms. Sem atribuição. 24/6/1934. Não me parece que este poema, apelando para realidades e palavras tão antilíricas, possa ser considerado de Pessoa ortónimo puro-sangue...

250 *Estou cheio de tédio, de nada. Em cima da cama* 421
[62a-48ʳ] Ms. Sem atribuição. 8/8/1934. A ácida auto-ironia do poema, numa pose que lembra Campos, propiciou a sua inclusão nesta categoria.

251 *O Chiado sabe-me a açorda* 421
[66-78] Dact. Sem atribuição.

ÍNDICE DE TEXTOS POR ORDEM DE APARECIMENTO

Preâmbulo de Teresa Rita Lopes 11
Tão pouco heráldica a vida! 35
Viagem 36
Sonhar um sonho é perder outro. Tristonho 36
Lentidão dos vapores pelo mar... 37
Carnaval 39
A vida é uma tremenda bebedeira. 39
É Carnaval, e estao as ruas cheias 41
□ não tenho compartimentos estanques 42
Aquela falsa e triste semelhanca 44
Opiário 45
É antes do ópio que a minh'alma é doente. 45
Três sonetos 50
Quando olho para mim não me percebo. 50
A Praça da Figueira de manhã, ... 50
Olha, Daisy, quando eu morrer tu hás-de 51
Barrow-on-furness 52
Sou vil, sou reles, como toda a gente, ... 52
Deuses, forças, almas de ciência ou fé, ... 52
Corre, raio de rio, e leva ao mar 53
Conclusão a sucata!... Fiz o cálculo, ... 53
Há quanto tempo, Portugal, há quanto 54
Ode triunfal 57
À dolorosa luz das grandes lâmpadas eléctricas da fábrica 57
Dois excertos de odes 64
Vem, Noite antiquíssima e idêntica, ... 64
Ah o crepúsculo, o cair da noite, o acender das luzes nas grandes cidades, ... 67
Tudo se funde no movimento 69
Chove muito, chove excessivamente... 69
O melodioso sistema do Universo, ... 70
Os mortos! Que prodigiosamente 70
Através do ruído do café cheio de gente 71
O binómio de Newton é tão belo como a Vénus de Milo. 71
Ode marítima 72
Sozinho, no cais deserto, a esta manhã de verão, ... 72
A Fernando Pessoa [Depois de ler o seu drama estático «O marinheiro» em «Orpheu I»] 96
Depois de doze minutos 96
Ode marcial 97
Quem se mexe nas trevas? 97
A Guerra! 97

Clarins na noite,	98
♂□♄	99
Ruído longínquo e próximo não sei porquê	99
Hela hoho, helahoho!	101
Barcos pesados vindo para as melancólicas sombras	102
As mortes, o ruído, as violações, o sangue, o brilho das baionetas	103
Inúmero rio sem água – só gente e coisas,	103
Se eu tirar com uma pancada	104
Por aqueles, minha mãe, que morreram, que caíram na batalha	105
Ai de ti, ai de ti, ai de nós!	106
SAUDAÇÃO A WALT WHITMAN	107
Portugal-Infinito, onze de Junho de mil novecentos e quinze	107
Porta pra tudo!	111
Hé-lá que eu vou chamar	112
Por isso é a ti que endereço	113
Numa grande *marche aux flambeaux*-todas-as-cidades-da-Europa,	114
Onde não sou o primeiro prefiro não ser nada, não estar lá,	115
Um comboio de criança movido a corda, puxado a cordel	117
Heia? Heia o quê e porquê?	117
Heia o quê? Heia porquê? Heia pra onde?	119
Para saudar-te	120
Abram falência à nossa vitalidade!	120
Minha oração-cavalgada!	121
Abram todas as portas!	121
Para cantar-te,	122
O verdadeiro poema moderno é a vida sem poemas,	122
No meu verso canto comboios, canto automóveis, canto vapores,	123
Futilidade, irrealidade, estética de toda a arte,	123
Paro, escuto, reconheço-me!	125
Dá-nos a Tua paz,	126
A PASSAGEM DAS HORAS	128
Sentir tudo de todas as maneiras,	128
Sentir tudo de todas as maneiras,	131
Trago dentro do meu coração,	137
Viro todos os dias todas as esquinas de todas as ruas,	140
Clarim claro da manhã ao fundo	143
Estatelo-me ao comprido em toda a vida	144
Passo adiante, nada me toca; sou estrangeiro	145
Acordar da cidade de Lisboa, mais tarde do que as outras,	146
A PARTIDA	149
Agora que os dedos da Morte à roda da minha garganta	149
Ah, se afronto confiado a vida, a incerteza da sorte,	152

E se todos ligam pouca importância à morte, nem conseguem	152
Ave atque vale, ó assombroso universo!	154
E eu o complexo, eu o numeroso,	155
E quando o leito estiver quase ao pé do tecto	156
A morte – esse pior que tem por força que acontecer;	157
Entremos na morte com alegria! Caramba	158
Todos julgamos que seremos vivos depois de mortos.	159
Quando for a Grande Partida,	159
Da casa do monte, símbolo eterno e perfeito,	159
Não há abismos!	160
Eu cantarei,	162
Perto da minha porta	162
Meu amor perdido, não te choro mais, que eu não te perdi!	162
Grande Libertador,	163
Agora que estou quase na morte e vejo tudo já claro,	164
Desfraldando ao conjunto fictício dos céus estrelados	164
Minha imaginação é um Arco de Triunfo.	165
Com as malas feitas e tudo a bordo	167
Profunda e religiosa solidão do indefinido Universo,	169
Meu cérebro fotográfico...	173
Foi numa das minhas viagens...	174
Ah, estranha vida a de bordo! Cada novo dia	175
Episódios	176
... O tédio dos radidiotas e dos aerochatos,	176
Afinal, a melhor maneira de viajar é sentir,	178
Os emigrados	181
Sós nas grandes cidades desamigas,	181
Uma vontade física de comer o universo	182
E eu era parte de toda a gente que partia,	183
Ah, as horas indecisas em que a minha vida parece de um outro...	183
Toda a gente é interessante se a gente souber ver toda a gente.	184
O ter deveres, que prolixa coisa!	184
Poema em linha recta	185
Nunca conheci quem tivesse levado porrada.	185
Vou atirar uma bomba ao destino.	186
Duas horas e meia da madrugada. Acordo e adormeço.	186
O conto antigo da Gata Borralheira,	187
Ah, sempre me contentou que a plebe se divertisse.	187
Ah quem tivesse a força para desertar deveras!	187
Lisbon revisited (1923)	191
Não: não quero nada.	191
Passagem das horas	193

Nada me prende, a nada me ligo, a nada pertenço.	193
Encostei-me para trás na cadeira de convés e fechei os olhos,	194
Vai pelo cais fora um bulício de chegada próxima,	195
Mas eu, em cuja alma se reflectem	195
Ah, onde estou ou onde passo, ou onde não estou nem passo,	196
O tumulto concentrado da minha imaginação intelectual…	197
Cristãos, pagãos, maometanos,	198
O descalabro a ócio e estrelas…	199
Mas não é só o cadáver	200
O dia está a intentar raiar. As estrelas cosmopolitas	201
Quando nos iremos, ah quando iremos de aqui?	202
Ver as coisas até ao fundo.	204
Que lindos olhos de azul inocente os do pequenito do agiota!	204
Cruzou por mim, veio ter comigo, numa rua da Baixa	205
LISBON REVISITED (1926)	207
Nada me prende a nada.	207
A coisa estranha e muda em todo o corpo,	209
Se te queres matar, porque não te queres matar?	210
Faróis distantes,	213
O florir do encontro casual	214
Meu coração, bandeira içada	214
ODE MORTAL	215
Tu, Caeiro meu mestre, qualquer que seja o corpo	215
Nas praças vindouras – talvez as mesmas que as nossas –	218
Ai, Margarida,	219
O frio especial das manhãs de viagem,	220
Perdi a esperança como uma carteira vazia…	220
TABACARIA	221
Não sou nada.	221
Quase sem querer (se o soubéssemos!) os grandes homens saindo dos homens vulgares	226
GAZETILHA	227
Dos Lloyd Georges da Babilónia	227
No conflito escuro e besta	228
ESCRITO NUM LIVRO ABANDONADO EM VIAGEM	228
Venho dos lados de Beja.	228
APOSTILA	229
Aproveitar o tempo!	229
DEMOGORGON	231
Na rua cheia de sol vago há casas paradas e gente que anda.	231
ADIAMENTO	232
Depois de amanhã, sim, só depois de amanhã…	232
Mestre, meu mestre querido!	234

Às vezes medito,	236
O que é haver ser, o que é haver seres, o que é haver coisas,	237
O horror e o mistério de haver ser,	238
Ah, perante esta única realidade, que é o mistério,	239
Se nada houvesse para além da morte,	240
NA ÚLTIMA PÁGINA DE UMA ANTOLOGIA NOVA	241
Tantos bons poetas!	241
No ocaso, sobre Lisboa, no tédio dos dias que passam,	242
Na noite terrível, substância natural de todas as noites,	243
NUVENS	245
No dia triste o meu coração mais triste que o dia...	245
Ao volante do Chevrolet pela estrada de Sintra,	246
NOCTURNO DE DIA	247
... Não: o que tenho é sono.	247
"THE TIMES"	248
Sentou-se bêbado à mesa e escreveu um fundo	248
CANÇÃO À INGLESA	248
Cortei relações com o sol e as estrelas, pus ponto no mundo.	248
CANÇÃO ABRUPTA	249
O céu de todos os invernos	249
O FUTURO	250
Sei que me espera qualquer coisa	250
Não tenho sinceridade nenhuma que te dar.	250
Ora até que enfim..., perfeitamente...	251
O soslaio do operário estúpido para o engenheiro doido –	252
APONTAMENTO	253
A minha alma partiu-se como um vaso vazio.	253
Talvez não seja mais do que o meu sonho...	255
INSÓNIA	256
Não durmo, nem espero dormir.	256
O sorriso triste do ante-dia que começou	258
ACASO	259
No acaso da rua o acaso da rapariga loura.	259
Ah, abram-me outra realidade!	260
MARINETTI, ACADÉMICO	262
Lá chegam todos, lá chegam todos...	262
A luz cruel do estio prematuro	262
Meu coração, mistério batido pelas lonas dos ventos...	263
QUASI	264
Arrumar a vida, pôr prateleiras na vontade e na acção.	264
Não ter deveres, nem horas certas, nem realidades...	265
Ah a frescura na face de não cumprir um dever!	265

Poema de canção sobre a esperança	266
Dá-me lírios, lírios,	266
Usas um vestido	266
Já sei: alguém disse a verdade...	268
Não se preocupem comigo: também tenho a verdade.	268
Ah, no terrível silêncio do quarto	268
E eu que estou bêbado de toda a injustiça do mundo –	269
Diluente	270
A vizinha do número catorze ria hoje da porta	270
Bem sei que tudo é natural	271
De la musique...	273
Ah, pouco a pouco, entre as árvores antigas,	273
P-há	274
Hoje, que sinto nada a vontade, e não sei que dizer,	274
Esse é um génio, é o que é novo é □	274
Nunca, por mais que viaje, por mais que conheça	275
Passo, na noite da rua suburbana,	276
Hoje que tudo me falta, como se fosse o chão,	278
Há tantos deuses!	279
Cesário, que conseguiu	279
Carry nation	280
Não uma santa estética, como Santa Teresa,	280
Chega através do dia de névoa alguma coisa do esquecimento.	281
Paragem. Zona	282
Tragam-me esquecimento em travessas!	282
Aniversário	283
No tempo em que festejavam o dia dos meus anos,	283
Estou cansado da inteligência.	285
Diagnóstico	286
Pouca verdade! Pouca verdade!	286
Bicarbonato de soda	287
Súbita, uma angústia...	287
A rapariga inglesa, tão loura, tão jovem, tão boa	288
Cul de lampe	290
Pouco a pouco,	290
Sim, é claro,	292
Contudo, contudo,	293
Gostava de gostar de gostar.	294
Meu pobre amigo, não tenho compaixão que te dar.	295
A vida é para os inconscientes (ó Lydia, Celimène, Daisy)	296
Vendi-me de graça aos casuais do encontro.	297
Não! Só quero a liberdade!	300

A liberdade, sim, a liberdade!	301
Grandes são os desertos, e tudo é deserto.	302
O mesmo Teucro *duce et auspice* Teucro	304
TRAPO	305
O dia deu em chuvoso.	305
Começo a conhecer-me. Não existo.	306
Tenho escrito mais versos que verdade.	306
No fim de tudo dormir.	306
A plácida face anónima de um morto.	307
Tenho uma grande constipação,	311
OXFORDSHIRE	312
Quero o bem, e quero o mal, e afinal não quero nada.	312
Sim, sou eu, eu mesmo, tal qual resultei de tudo,	313
AH, UM SONETO...	314
Meu coração é um almirante louco	314
Meu coração, o almirante errado	316
Não fales alto, que isto aqui é vida –	316
Sim, não tenho razão...	317
É inútil prolongar a conversa de todo este silêncio.	318
Acordo de noite, muito de noite, no silêncio todo.	319
NOTAS SOBRE TAVIRA	320
Cheguei finalmente à vila da minha infância.	320
Quero acabar entre rosas, porque as amei na infância.	321
Não, não é cansaço...	322
Sucata de alma vendida pelo peso do corpo,	323
A alma humana é porca como um ânus	326
São poucos os momentos de prazer na vida...	327
Ah, que extraordinário,	328
COSTA DO SOL	329
Todas as coisas são impressionantes.	329
Deixo, deuses, atrás a dama antiga.	329
Somos meninos de uma primavera.	330
Ah, como outrora era outra a que eu não tinha!	331
REALIDADE	332
Sim, passava aqui frequentemente há vinte anos...	332
Que somos nós? Navios que passam um pelo outro na noite,	334
E o esplendor dos mapas, caminho abstracto para a imaginação concreta,	334
Na ampla sala de jantar das tias velhas	335
A clareza falsa, rígida, não-lar dos hospitais	335
Ah o som de abanar o ferro da engomadeira	336
E o som só dentro do relógio acentuado	336
Névoas de todas as recordações juntas	337

Que noite serena!	337
Penso em ti no silêncio da noite, quando tudo é nada,	339
Faze as malas para Parte Nenhuma!	340
PSIQUETIPIA	341
Símbolos. Tudo símbolos...	341
MAGNIFICAT	342
Quando é que passará esta noite interna, o universo,	342
PECADO ORIGINAL	343
Ah, quem escreverá a história do que poderia ter sido?	343
DACTILOGRAFIA	344
Traço, sozinho, no meu cubículo de engenheiro, o plano,	344
Não ter emoções, não ter desejos, não ter vontades,	345
Não será melhor	346
Puseram-me uma tampa –	346
Lisboa com suas casas	347
Esta velha angústia,	348
Na casa defronte de mim e dos meus sonhos,	349
Saí do comboio,	350
Mas eu não tenho problemas; tenho só mistérios.	351
A música, sim, a música...	351
Começa a haver meia-noite, e a haver sossego,	352
Domingo irei para as hortas na pessoa dos outros,	353
Há tanto tempo que não sou capaz	354
Sem impaciência,	355
– O senhor engenheiro não conhece aquela cantiga?	356
DOBRADA À MODA DO PORTO	358
Um dia, num restaurante, fora do espaço e do tempo,	358
VILEGIATURA	359
O sossego da noite, na vilegiatura no alto;	359
Depus a máscara e vi-me ao espelho...	361
Como, nos dias de grandes acontecimentos no centro da cidade,	362
Depois de não ter dormido,	363
E deito um cigarro meio fumado fora	364
LÀ-BAS, JE NE SAIS OÙ...	365
Véspera de viagem, campainha...	365
Na véspera de não partir nunca	367
O que há em mim é sobretudo cansaço –	368
Tantos poemas contemporâneos!	369
Subiste à glória pela escada abaixo.	370
Símbolos? Estou farto de símbolos...	371
Às vezes tenho ideias felizes,	372
Ali não havia electricidade.	373

Não: devagar.	374
Os antigos invocavam as Musas.	375
Há mais de meia hora	376
Depois de quando deixei de pensar em depois	377
Eu, eu mesmo...	378
Não sei se os astros mandam neste mundo,	379
Ah! Ser indiferente!	380
REGRESSO AO LAR	381
Há quanto tempo não escrevo um soneto	381
Sim, está tudo certo.	382
Estou cansado, é claro,	383
Não estou pensando em nada	384
O sono que desce sobre mim,	385
Estou tonto,	386
Todas as cartas de amor são	387
Ó noite, vem...	393
ODE MARCIAL	394
Ave guerra, som da luz e do fogo,	394
O que quer que seja que cria e mantém este mundo,	394
(Campina e trigo, campina,	394
Chove fogo – ouro de barulho estruge...	395
SAUDAÇÃO A WALT WHITMAN	397
Portugal – Infinito, onze de Junho de 1915	397
O pó que fica das velocidades que já se não vêem!	398
A minha universalite –	399
Com bandas militares à frente, compostas de volantes e hélices,	399
Cá estamos no píncaro – nós dois.	399
Para cantar-te,	400
Ah, de que serve	400
Choro como a criança a quem falta a lua perto,	401
A expressão, aborto abandonado	401
Eu, o ritmista febril	402
A PASSAGEM DAS HORAS	403
Grandes estandartes de fumo das chaminés das fábricas	403
Mas mesmo assim, de repente, mas devagar, devagar,	403
Um tédio todo aos solavancos,	408
MANIFESTO DE ÁLVARO DE CAMPOS	408
Ora porra!	408
Arre, que tanto é muito pouco!	409
Ora porra!	409
Se o meu coração é aberto a todas as sensações	409
Todas as horas faço *gaffes* de civilidade e etiqueta,	410

Este meu incidente	410
Estou vazio como um poço seco.	411
Ah, quem me dera ser desempregado!	411
A incrível distância a que está cada alma de nós,	411
Onde é que os mortos dormem? Dorme alguém	411
Saudação a todos quantos querem ser felizes:	412
Nas minhas veias, por onde corre, numa lava de asco,	412
Estou escrevendo sonetos regulares	413
O horror sórdido do que, a sós consigo,	413
A água de aqui é boa, não é?	414
Ah, os primeiros minutos nos cafés de novas cidades!	416
Tramway	417
Aqui vou eu num carro eléctrico, mais umas trinta ou quarenta pessoas,	417
O bêbado caía de bêbado	418
Os galos cantam e estou bebedíssimo.	419
Há cortejos, pompas, discursos,	419
Durmo, remoto; sonho, diferente.	419
O cão que veio do abismo	420
Estou cheio de tédio, de nada. Em cima da cama	421
O Chiado sabe-me a açorda.	421
Posfácio	423

ÍNDICE ALFABÉTICO DE TÍTULOS E INCIPIT DOS TEXTOS

♂□♄	99
A água de aqui é boa, não é?	414
A alma humana é porca como um ânus	326
A clareza falsa, rígida, não-lar dos hospitais	335
A coisa estranha e muda em todo o corpo,	209
À dolorosa luz das grandes lâmpadas eléctricas da fábrica	57
A expressão, aborto abandonado	401
A Fernando Pessoa [Depois de ler o seu drama estático «O marinheiro» em «Orpheu I»]	96
A Guerra!	97
A incrível distância a que está cada alma de nós,	411
A liberdade, sim, a liberdade!	301
A luz cruel do estio prematuro	262
A minha alma partiu-se como um vaso vazio.	253
A minha universalite –	399
A morte – esse pior que tem por força que acontecer;	157
A música, sim, a música...	351
A partida	149
A passagem das horas	128
A passagem das horas – parte II –	403
A plácida face anónima de um morto.	307
A Praça da Figueira de manhã,	50
A rapariga inglesa, tão loura, tão jovem, tão boa	288
A vida é para os inconscientes (ó Lydia, Celimène, Daisy)	296
A vida é uma tremenda bebedeira.	39
A vizinha do número catorze ria hoje da porta	270
Abram falência à nossa vitalidade!	120
Abram todas as portas!	121
Acaso	259
Acordar da cidade de Lisboa, mais tarde do que as outras,	146
Acordo de noite, muito de noite, no silêncio todo.	319
Adiamento	232
Afinal, a melhor maneira de viajar é sentir,	178
Agora que estou quase na morte e vejo tudo já claro,	164
Agora que os dedos da Morte à roda da minha garganta	149
Ah a frescura na face de não cumprir um dever!	265
Ah o crepúsculo, o cair da noite, o acender das luzes nas grandes cidades,	67
Ah o som de abanar o ferro da engomadeira	336
Ah quem tivesse a força para desertar deveras!	187
Ah! Ser indiferente!	380
Ah, abram-me outra realidade!	260

Ah, as horas indecisas em que a minha vida parece de um outro...	183
Ah, como outrora era outra a que eu não tinha!	331
Ah, de que serve	400
Ah, estranha vida a de bordo! Cada novo dia	175
Ah, no terrível silêncio do quarto	268
Ah, onde estou ou onde passo, ou onde não estou nem passo,	196
Ah, os primeiros minutos nos cafés de novas cidades!	416
Ah, perante esta única realidade, que é o mistério,	239
Ah, pouco a pouco, entre as árvores antigas,	273
Ah, que extraordinário,	328
Ah, quem escreverá a história do que poderia ter sido?	343
Ah, quem me dera ser desempregado!	411
Ah, se afronto confiado a vida, a incerteza da sorte,	152
Ah, sempre me contentou que a plebe se divertisse.	187
AH, UM SONETO...	314
Ai de ti, ai de ti, ai de nós!	106
Ai, Margarida,	219
Ali não havia electricidade.	373
ANIVERSÁRIO	283
Ao volante do Chevrolet pela estrada de Sintra,	246
APONTAMENTO	253
APOSTILA	229
Aproveitar o tempo!	229
Aquela falsa e triste semelhança	44
Aqui vou eu num carro eléctrico, mais umas trinta ou quarenta pessoas,	417
Arre, que tanto é muito pouco!	409
Arrumar a vida, pôr prateleiras na vontade e na acção.	264
As mortes, o ruído, as violações, o sangue, o brilho das baionetas	103
Às vezes medito,	236
Às vezes tenho ideias felizes,	372
Através do ruído do café cheio de gente	71
Ave atque vale, ó assombroso universo!	154
Ave guerra, som da luz e do fogo,	394
Barcos pesados vindo para as melancólicas sombras	102
BARROW-ON-FURNESS	52
Bem sei que tudo é natural	271
BICARBONATO DE SODA	287
Cá estamos no píncaro – nós dois.	399
(Campina e trigo, campina,	394
CANÇÃO À INGLESA	248
CANÇÃO ABRUPTA	249
CARNAVAL	39

CARRY NATION	280
Cesário, que conseguiu	279
Chega através do dia de névoa alguma coisa do esquecimento.	281
Cheguei finalmente à vila da minha infância.	320
Choro como a criança a quem falta a lua perto,	401
Chove fogo – ouro de barulho estruge...	395
Chove muito, chove excessivamente...	69
Clarim claro da manhã ao fundo	143
Clarins na noite,	98
Com as malas feitas e tudo a bordo	167
Com bandas militares à frente, compostas de volantes e hélices,	399
Começa a haver meia-noite, e a haver sossego,	352
Começo a conhecer-me. Não existo.	306
Como, nos dias de grandes acontecimentos no centro da cidade,	362
Conclusão a sucata!... Fiz o cálculo,	53
Contudo, contudo,	293
Corre, raio de rio, e leva ao mar	53
Cortei relações com o sol e as estrelas, pus ponto no mundo.	248
COSTA DO SOL	329
Cristãos, pagãos, maometanos,	198
Cruzou por mim, veio ter comigo, numa rua da Baixa	205
CUL DE LAMPE	290
Da casa do monte, símbolo eterno e perfeito,	159
DACTILOGRAFIA	344
Dá-me lírios, lírios,	266
Dá-nos a Tua paz,	126
DE LA MUSIQUE	273
Deixo, deuses, atrás a dama antiga	329
DEMOGORGON	231
Depois de amanhã, sim, só depois de amanhã...	232
Depois de doze minutos	96
Depois de não ter dormido,	363
Depois de quando deixei de pensar em depois	377
Depus a máscara e vi-me ao espelho...	361
Desfraldando ao conjunto fictício dos céus estrelados	164
Deuses, forças, almas de ciência ou fé,	52
DIAGNÓSTICO	286
DILUENTE	270
DOBRADA À MODA DO PORTO	358
DOIS EXCERTOS DE ODES	64
Domingo irei para as hortas na pessoa dos outros,	353
Dos Lloyd Georges da Babilónia	227

Duas horas e meia da madrugada. Acordo e adormeço. 186
Durmo, remoto; sonho, diferente. 419
É antes do ópio que a minh'alma é doente. 45
É Carnaval, e estão as ruas cheias 41
E deito um cigarro meio fumado fora 364
E eu era parte de toda a gente que partia, ... 183
E eu o complexo, eu o numeroso, ... 155
E eu que estou bêbado de toda a injustiça do mundo – 269
É inútil prolongar a conversa de todo este silêncio. 318
E o esplendor dos mapas, caminho abstracto para a imaginação concreta, ... 334
E o som só dentro do relógio acentuado 336
E quando o leito estiver quase ao pé do tecto 156
E se todos ligam pouca importância à morte, nem conseguem 152
Encostei-me para trás na cadeira de convés e fechei os olhos, ... 194
Entremos na morte com alegria! Caramba 158
Episódios 176
Escrito num livro abandonado em viagem 228
Esse é um génio, é o que é novo é □ 274
Esta velha angústia, ... 348
Estatelo-me ao comprido em toda a vida 144
Este meu incidente 410
Estou cansado da inteligência. 285
Estou cansado, é claro, ... 383
Estou cheio de tédio, de nada. Em cima *da* cama 421
Estou escrevendo sonetos regulares 413
Estou tonto, ... 386
Estou vazio como um poço seco. 411
Eu cantarei, ... 162
Eu, eu mesmo... 378
Eu, o ritmista febril 402
Faróis distantes, ... 213
Faze as malas para Parte Nenhuma! 340
Foi numa das minhas viagens... 174
Futilidade, irrealidade, estética de toda a arte, ... 123
Gazetilha 227
Gostava de gostar de gostar. 294
Grande Libertador, ... 163
Grandes estandartes de fumo das chaminés das fábricas 403
Grandes são os desertos, e tudo é deserto. 302
Há cortejos, pompas, discursos, ... 419
Há mais de meia hora 376
Há quanto tempo não escrevo um soneto 381

Há quanto tempo, Portugal, há quanto	54
Há tanto tempo que não sou capaz	354
Há tantos deuses!	279
Heia o quê? Heia porquê? Heia pra onde?...	119
Heia? Heia o quê e porquê?...	117
Hela hoho, helahoho!	101
Hé-lá que eu vou chamar	112
Hoje que tudo me falta, como se fosse o chão,	278
Hoje, que sinto nada a vontade, e não sei que dizer,	274
Insónia	256
Inúmero rio sem água – só gente e coisas,	103
Já sei: alguém disse a verdade...	268
Lá chegam todos, lá chegam todos...	262
Là-bas, je ne sais où...	365
Lentidão dos vapores pelo mar...	37
Lisboa com suas casas	347
Lisbon revisited (1923)	191
Lisbon revisited (1926)	207
Magnificat	342
Manifesto de Álvaro de Campos	408
Marinetti, académico	262
Mas eu não tenho problemas; tenho só mistérios.	351
Mas eu, em cuja alma se reflectem	195
Mas mesmo assim, de repente, mas devagar, devagar,	403
Mas não é só o cadáver	200
Mestre, meu mestre querido!	234
Meu amor perdido, não te choro mais, que eu não te perdi!...	162
Meu cérebro fotográfico...	173
Meu coração é um almirante louco	314
Meu coração, bandeira içada	214
Meu coração, mistério batido pelas lonas dos ventos...	263
Meu coração, o almirante errado	316
Meu pobre amigo, não tenho compaixão que te dar.	295
Minha imaginação é um Arco de Triunfo.	165
Minha oração-cavalgada!	121
Na ampla sala de jantar das tias velhas	335
Na casa defronte de mim e dos meus sonhos,	349
Na noite terrível, substância natural de todas as noites,	243
Na rua cheia de sol vago há casas paradas e gente que anda.	231
Na última página de uma antologia nova	241
Na véspera de não partir nunca	367
Nada me prende a nada.	207

Nada me prende, a nada me ligo, a nada pertenço.	193
... Não: o que tenho é sono.	247
Não durmo, nem espero dormir.	256
Não estou pensando em nada	384
Não fales alto, que isto aqui é vida –	316
Nao há abismos!	160
Não se preocupem comigo: também tenho a verdade.	268
Não sei se os astros mandam neste mundo,	379
Não será melhor	346
Não sou nada.	221
▫ não tenho compartimentos estanques	42
Não tenho sinceridade nenhuma que te dar.	250
Não ter deveres, nem horas certas, nem realidades...	265
Não ter emoções, não ter desejos, não ter vontades,	345
Não uma santa estética, como Santa Teresa,	280
Não! Só quero a liberdade!	300
Não, não é cansaço...	322
Não: devagar.	374
Não: não quero nada.	191
Nas minhas veias, por onde corre, numa lava de asco,	412
Nas praças vindouras – talvez as mesmas que as nossas –	218
Névoas de todas as recordações juntas	337
No acaso da rua o acaso da rapariga loura.	259
No conflito escuro e besta	228
No dia triste o meu coração mais triste que o dia...	245
No fim de tudo dormir.	306
No meu verso canto comboios, canto automóveis, canto vapores,	123
No ocaso, sobre Lisboa, no tédio dos dias que passam,	242
No tempo em que festejavam o dia dos meus anos,	283
Nocturno de dia	247
Notas sobre Tavira	320
Numa grande *marche aux flambeaux*-todas-as-cidades-da-Europa,	114
Nunca conheci quem tivesse levado porrada.	185
Nunca, por mais que viaje, por mais que conheça	275
Nuvens	245
O bêbado caía de bêbado	418
O binómio de Newton é tão belo como a Vénus de Milo.	71
O cão que veio do abismo	420
O céu de todos os invernos	249
O Chiado sabe-me a açorda.	421
O conto antigo da Gata Borralheira,	187
O descalabro a ócio e estrelas...	199

O dia deu em chuvoso.	305
O dia está a intentar raiar. As estrelas cosmopolitas	201
O florir do encontro casual	214
O frio especial das manhãs de viagem,	220
O FUTURO	250
O horror e o mistério de haver ser,	238
O horror sórdido do que, a sós consigo,	413
O melodioso sistema do Universo,	70
O mesmo Teucro *duce et auspice* Teucro	304
Ó noite, vem...	393
O pó que fica das velocidades que já se não vêem!	398
O que é haver ser, o que é haver seres, o que é haver coisas,	237
O que há em mim é sobretudo cansaço –	368
O que quer que seja que cria e mantém este mundo,	394
– O senhor engenheiro não conhece aquela cantiga?	356
O sono que desce sobre mim,	385
O sorriso triste do ante-dia que começou	258
O soslaio do operário estúpido para o engenheiro doido –	252
O sossego da noite, na vilegiatura no alto;	359
... O tédio dos radidiotas e dos aerochatos,	176
O ter deveres, que prolixa coisa!	184
O tumulto concentrado da minha imaginação intelectual...	197
O verdadeiro poema moderno é a vida sem poemas,	122
ODE MARCIAL	394
ODE MARCIAL	97
ODE MARÍTIMA	72
ODE MORTAL	215
ODE TRIUNFAL	57
Olha, Daisy, quando eu morrer tu hás-de	51
Onde é que os mortos dormem? Dorme alguém	411
Onde não sou o primeiro prefiro não ser nada, não estar lá,	115
OPIÁRIO	45
Ora até que enfim..., perfeitamente...	251
Ora porra!	408
Ora porra!	409
Os antigos invocavam as Musas.	375
OS EMIGRADOS	181
Os galos cantam e estou bebedíssimo.	419
Os mortos! Que prodigiosamente	70
OXFORDSHIRE	312
Para cantar-te,	122
Para cantar-te,	400

Para saudar-te..	120
Paragem. Zona	282
Paro, escuto, reconheço-me!...	125
Passagem das horas	193
Passo adiante, nada me toca; sou estrangeiro...	145
Passo, na noite da rua suburbana, ...	276
Pecado original	343
Penso em ti no silêncio da noite, quando tudo é nada, ...	339
Perdi a esperança como uma carteira vazia...	220
Perto da minha porta..	162
P-há...	274
Poema de canção sobre a esperança	266
Poema em linha recta	185
Por aqueles, minha mãe, que morreram, que caíram na batalha...	105
Por isso é a ti que endereço	113
Porta pra tudo!..	111
Portugal – Infinito, onze de Junho de 1915	397
Portugal-Infinito, onze de Junho de mil novecentos e quinze...	107
Posfácio...	423
Pouca verdade! Pouca verdade!	286
Pouco a pouco,..	290
Preâmbulo de Teresa Rita Lopes	11
Profunda e religiosa solidão do indefinido Universo, ...	169
Psiquetipia	341
Puseram-me uma tampa –	346
Quando é que passará esta noite interna, o universo, ...	342
Quando for a Grande Partida, ...	159
Quando nos iremos, ah quando iremos de aqui?	202
Quando olho para mim não me percebo.	50
Quase sem querer (se o soubéssemos!) os grandes homens saindo dos homens vulgares	226
Quasi...	264
Que lindos olhos de azul inocente os do pequenito do agiota!	204
Que noite serena!	337
Que somos nós? Navios que passam um pelo outro na noite, ...	334
Quem se mexe nas trevas?..	97
Quero acabar entre rosas, porque as amei na infância.	321
Quero o bem, e quero o mal, e afinal não quero nada.	312
Realidade	332
Regresso ao lar..	381
Ruído longínquo e próximo não sei porquê...	99
Saí do comboio, ...	350
São poucos os momentos de prazer na vida...	327

Saudação a todos quantos querem ser felizes:	412
Saudação a Walt Whitman	107
Saudação a Walt Whitman	397
Se eu tirar com uma pancada	104
Se nada houvesse para além da morte,	240
Se o meu coração é aberto a todas as sensações	409
Se te queres matar, porque não te queres matar?	210
Sei que me espera qualquer coisa	250
Sem impaciência,	355
Sentir tudo de todas as maneiras,	128
Sentir tudo de todas as maneiras,	131
Sentou-se bêbado à mesa e escreveu um fundo	248
Sim, é claro,	292
Sim, está tudo certo.	382
Sim, não tenho razão...	317
Sim, passava aqui frequentemente há vinte anos...	332
Sim, sou eu, eu mesmo, tal qual resultei de tudo,	313
Símbolos. Tudo símbolos...	341
Símbolos? Estou farto de símbolos...	371
Somos meninos de uma primavera	330
Sonhar um sonho é perder outro. Tristonho	36
Sós nas grandes cidades desamigas,	181
Sou vil, sou reles, como toda a gente,	52
Sozinho, no cais deserto, a esta manhã de verão,	72
Subiste à glória pela escada abaixo.	370
Súbita, uma angústia...	287
Sucata de alma vendida pelo peso do corpo,	323
Tabacaria	221
Talvez não seja mais do que o meu sonho...	255
Tantos bons poetas!	241
Tantos poemas contemporâneos!	369
Tão pouco heráldica a vida!	35
Tenho escrito mais versos que verdade.	306
Tenho uma grande constipação,	311
"The times"	248
Toda a gente é interessante se a gente souber ver toda a gente.	184
Todas as cartas de amor são	387
Todas as coisas são impressionantes.	329
Todas as horas faço *gaffes* de civilidade e etiqueta,	410
Todos julgamos que seremos vivos depois de mortos.	159
Traço, sozinho, no meu cubículo de engenheiro, o plano,	344
Tragam-me esquecimento em travessas!	282

Trago dentro do meu coração,	137
TRAMWAY	417
TRAPO	305
TRÊS SONETOS	50
Tu, Caeiro meu mestre, qualquer que seja o corpo	215
Tudo se funde no movimento	69
Um comboio de criança movido a corda, puxado a cordel	117
Um dia, num restaurante, fora do espaço e do tempo,	358
Um tédio todo aos solavancos,	408
Uma vontade física de comer o universo	182
Usas um vestido	266
Vai pelo cais fora um bulício de chegada próxima,	195
Vem, Noite antiquíssima e idêntica,	64
Vendi-me de graça aos casuais do encontro.	297
Venho dos lados de Beja.	228
Ver as coisas até ao fundo...	204
Véspera de viagem, campainha...	365
VIAGEM	36
VILEGIATURA	359
Viro todos os dias todas as esquinas de todas as ruas,	140
Vou atirar uma bomba ao destino.	186

Copyright de organização e edição de texto © **Teresa Rita Lopes, 2017.**
1ª edição. São Paulo: Global Editora, 2019.

    Jefferson L. Alves – diretor editorial
    Jiro Takahashi – edição executiva
    Luiz Maria Veiga – revisão
    Eduardo Okuno – execução da capa
    Evelyn Rodrigues – diagramação
    Homem de Melo & Troia Design – projeto de miolo e capa
    (sobre manuscrito de Fernando Pessoa)

Obra atualizada conforme o
NOVO ACORDO ORTOGRÁFICO DA LÍNGUA PORTUGUESA.

CIP-BRASIL. CATALOGAÇÃO NA PUBLICAÇÃO
SINDICATO NACIONAL DOS EDITORES DE LIVROS, RJ

P567v

Pessoa, Fernando, 1888-1935
    Vida e obras do engenheiro Álvaro de Campos / Fernando Pessoa ; edição Teresa Rita Lopes. - 1. ed. - São Paulo : Global, 2019.
472p.; 24cm.

    Apêndice
    ISBN 978-85-260-2457-1

    1. Poesia portuguesa. I. Lopes, Teresa Rita. II. Título.

18-54077   CDD:P869.1
                              CDU:82-1(469)

Meri Gleice Rodrigues de Souza - Bibliotecária CRB-7/6439

---

global editora
Direitos Reservados

global editora e distribuidora ltda.
Rua Pirapitingui, 111 – Liberdade
CEP 01508-020 – São Paulo – SP
Tel.: (11) 3277-7999 – Fax: (11) 3277-8141
e-mail: global@globaleditora.com.br
www.globaleditora.com.br

Colabore com a produção científica e cultural.
Proibida a reprodução total ou parcial desta obra
sem a autorização do editor.

Nº de Catálogo: **4388**